大学生核心素养系列教材

大学生体育与健康教程

（第2版）

主　编　姚　鑫　杨　柳
副主编　王　瑛　郭姜丰　徐　宏　孟　刚　常　智　曾晓进
参　编　揭光华　彭　刚　黄　健　王松涛

北京师范大学出版集团
北京师范大学出版社
BEIJING NORMAL UNIVERSITY PUBLISHING GROUP

图书在版编目(CIP)数据

　大学生体育与健康教程/姚鑫，杨柳主编. —2版. —北京：
北京师范大学出版社，2018.9(2023.7重印)
　(大学生核心素养系列教材)
　ISBN 978-7-303-23936-8

　Ⅰ. ①大… Ⅱ. ①姚… ②杨… Ⅲ. ①体育－高等学校－教
材②健康教育－高等学校－教材 Ⅳ. ①G807.4②G647.9

　中国版本图书馆 CIP 数据核字(2018)第 159267 号

图书意见反馈：gaozhifk@bnupg.com　010-58805079
营销中心电话：010-58806880　58801876

出版发行：北京师范大学出版社　www.bnupg.com
　　　　　北京市西城区新街口外大街 12-3 号
　　　　　邮政编码：100088
印　　刷：三河市兴达印务有限公司
经　　销：全国新华书店
开　　本：787 mm×1092 mm　1/16
印　　张：19.25
字　　数：420 千字
版　　次：2018 年 9 月第 1 版
印　　次：2023 年 7 月第 9 次印刷
定　　价：39.00 元

策划编辑：庞海龙　　　　　责任编辑：郭　瑜
美术编辑：陈　涛　焦　丽　装帧设计：高　霞
责任校对：陈　民　　　　　责任印制：马　洁

前言

　　大学生是我国现代化建设的主力军，担负着实现伟大民族复兴的历史重任。中共中央办公厅、国务院办公厅在《关于全面加强和改进新时代学校体育工作的意见》中提出到 2035 年基本建成高质量学校体育体系。高质量发展是党的二十大对中国式现代化提出的本质要求，是全面建设社会主义现代化的首要任务，是实现全面育人目标的关键。同时，党的二十大指出，要加强青少年体育工作；人民健康是民族昌盛和国家强盛的重要标志，要把保障人民健康放在优先发展的战略位置。学校要树立"健康第一"的指导思想，切实加强体育工作。高校是培养人才的摇篮，培养体魄强健、具有竞争意识、开拓进取精神、全面发展的高素质人才，这也是高等教育改革和发展的方向。

　　为了适应当前高等教育改革与发展的需要，我们组织了部分专家，在北京师范大学出版社的指导和组织下，编写了《大学生体育与健康教程》。本教材以习近平新时代中国特色社会主义思想及党的二十大精神为指导，以"健康第一"为编写原则，把培养终身体育意识、提高体育素质和运动技能、增强身体健康作为出发点和落脚点，以加强高校体育课程的建设，提高体育教育教学质量为目的，使大学生学习和掌握体育与健康的科学知识、培养对体育活动的兴趣和爱好，学会锻炼身体的科学方法，增强体质，促进大学生身心健康，提高体育运动水平，培养体育意识、能力和习惯及良好的思想品质，使其成为德、智、体、美、劳全面发展的高素质人才。

　　教材共分为两大部分：第一部分体育理论篇、第二部分体

1

育实践篇，共20章。本书编写符合时代精神，呈现了以下四大特点：其一，体系新颖。该教材摒弃了诸多此类教材以"竞技体育为主"的指导思想，树立"健康第一"的新观念，围绕体育锻炼与增进健康的关系进行阐述，使学生在学习过程中，能充分认识到体育锻炼的益处，激发学习热情，领悟终身体育锻炼的重要性和必要性。其二，内容精练。该教材在强调"健康第一"的同时，突出了体育的文化内涵，使人文体育充分彰显，提高了学生应有的审美情趣与综合素质。该书积极吸收了许多最新的研究成果，做到了精练、实用、具有时代气息。其三，科学性强。该教材以大量翔实的科学事实和科研成果为依据，叙述严谨、科学，力避议题的争论和空洞的说教，做到言之有理、论之有据。其四，实用性强。该教材含理论篇和实践篇，内容丰富、图文并茂、通俗易懂。同时注重了理论联系实际，在内容上还考虑到地域和民族的特点，具有较强的针对性，贴近了大学生的生活实际，可学以致用。

本教材编写工作由姚鑫、杨柳、王瑛共同策划。理论知识篇由姚鑫统稿，实践篇由杨柳、王瑛统稿，全书由姚鑫统编定稿。参加本教材编写的有(按姓氏笔画排列)：王松涛、王瑛、杨柳、孟刚、姚鑫、徐宏、郭姜丰、黄健、常智、揭光华、彭刚、曾晓进。本书既是可教可学的教材，供普通高等学校公共体育课程教学使用，又是普通群众健身锻炼和健康指导的良师益友。

教材在编写过程中引用了诸多资料，在此谨向所有原作者致以诚挚的谢意。由于本书编写是各位作者分头编写，虽有严格要求，但因时间较为仓促，加之存在写作风格差异之原因，编写中疏漏之处在所难免，恳请同行和读者不吝赐教，以便修订。

目 录

1

第一篇　体育基本理论知识

第一章　体育与现代社会

▶ 第一节　体育的概念与构成

一、体育的起源与发展

体育作为人类文化的重要组成部分是随着人类社会的发展而逐渐形成和发展起来的。据史学家和考古学家的研究，人类早在原始时代就把走、跑、跳跃、投掷、攀登、爬越等作为最基本的生产劳动和日常生活的技能和本领传授给下一代。这是人类教学的萌芽，也是体育活动的萌芽。体育的发展与教育、军事、科学技术的发展，以及人们的宗教活动、休闲娱乐活动有着密切的关系。必须指出，体育在其整个历史发展过程中，是受一定的政治经济所制约，并为一定的政治经济服务的。体育的发展大致经过了以下三个时期：原始体育萌芽时期；自觉从事体育时期；形成与完善体育制度时期。经过这三个时期，逐步形成了现代的体育体系，其中竞技体育的发展更是推动现代体育发展的主要动力。

二、体育的概念

"体育"一词，据世界体育资料记载，最早是法国人于1760年在法国的报刊上论述儿童身体教育问题时首先起用的（Education Physique〈法〉），现在国际上普遍用"Physical Education"泛指"体育"。本意是指以身体活动为手段的教育，直译为身体的教育。"Sport"一词一般认为源于拉丁文"Disport"，本意是指离开工作去游戏、玩耍、进行娱乐活动等。后来逐渐形成具有新含义的一个概念，即竞技运动（竞技体育）。

三、我国体育概念的传入

我国是近百年来才从国外传入"体育"一词的，体育史界一般认为最早是从日本传入的。当时还有从德国传入的"体操"一词。中华人民共和国成立后，都用"体育"、"体育运动"作为体育的总概念或第一位概念。"体育"有广义和狭义的体育，体育理论界对

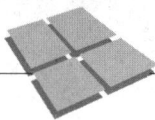

它的定义有不同的观点,目前比较普遍且较有群众基础的观点是:它是指根据人类社会生活的需要,依据人体生长发育、动作技能形成和机体机能提高的规律,以身体练习为基本手段,达到发展身体、增强体质、提高运动技术水平、丰富社会文化生活的一种有意识、有目的、有组织的社会活动,及其在人类社会发展中形成的全部财富。

我国现代体育基本上由:社会体育(群众体育、大众体育)、竞技体育、学校体育三方面所组成。

第一,社会体育。社会体育是指群众体育或大众体育,是以健身、娱乐、休闲、医疗和保健为目的的群众体育活动。其特点是不要求严格训练,形式灵活多样,娱乐性、趣味性强,参加对象多为一般群众,活动领域遍及整个社会。

第二,竞技体育。竞技体育是指以取得优异成绩为目的,为了追求"更高、更快、更强"的竞技比赛目标,最大限度地挖掘人的体力、智力以及运动能力等方面的潜能而进行的科学训练和各种竞赛活动。

第三,学校体育。学校体育是教育的重要组成部分,是以增强体质,掌握体育知识、技术和技能,培养学生良好的道德品质和顽强进取的拼搏精神,它与德育、智育相结合,是有组织、有计划、有目的的教学过程。

▶ 第二节　体育与现代社会及生活方式

随着工业化、信息化和知识经济时代的到来,科学技术和生产力的发展都达到了人类社会前所未有的新水平,体育的社会地位也日益提高。体育作为人类社会的一种文化,它对人类社会的发展、文明和进步起到了积极的作用。

今天我们所提倡的是创造文明、健康、科学的生活方式。文明健康、科学的生活既是社会进步的标志,也是现代人在解决温饱等问题的条件下,对需要层次逐步提高所产生的。

一、现代生活中的体育

体育进入现代生活,成为人们日常生活方式的一个重要内容,与体育社会的推进和体育人口的增加有着密切的联系。在现代社会生活条件下,由于通信工具的现代化,各种体育报刊的增加,网络的普及,大大加强了体育向人们传播的速度,并影响着人们生活的各个方面。据资料显示:目前,我国经常参加体育运动的人数大幅增长,约占总人数的 20%,并且有不断增加的趋势。在经济发达的国家中,经常参加体育运动的人数在总人口中所占的比例还要大得多。从体育人口的不断增长可以看出,与现代社会相适应的现代体育,正以它特有的多姿多彩的内容和形式吸引着越来越多的人参与其中,体育已成为人们现代生活方式的一个重要组成部分,同时也成为建设社会精神文明的一项内容。体育以它独特的方式锻炼人们的意志品质,完善人们的心智,增强人们的体质,陶冶人们的性情,而且,它还和社会的文化、娱乐、卫生保健活动密切结合,成为一种高尚、优雅的生活内容,使人们在一种愉快的精神享受中,达到满足身体和心理发展的需要。

二、体育运动有助于形成和谐的人际关系

现代社会快节奏的生活方式，使人们越来越趋向封闭状态，造成了人与人之间感情交流的缺乏，人际关系疏远，体育活动使人与人之间产生亲切感，特别是在竞争中，不同职业、年龄、性别、文化素质的人聚在运动场上，使个人之间、集体之间的交流更加频繁和协调，是对个人心理品质严峻的考验和磨炼。

体育运动能增加人与人之间的接触和交流的机会。体育运动的魅力在于使人们冲破隔阂，相聚在运动场上，建立起平等、亲密、和谐的关系。体育运动不分地位、肤色、贫富、职业、年龄，任何人都可以参与，而且超越世俗的界限，让世人平等而真诚地为一个目标而奔跑，为一场比赛而呐喊、兴奋、激动，分散的人们在运动场上相聚，重建人际关系。人们通过彼此的交往，增进相互间的情感交流，产生亲密感，消除误会和隔阂，使心情感到愉快、舒畅，同时也会促进信息交流。而良好的人际关系是人的身心健康不可缺少的部分，为了保持身心健康，人们除了营养、休息、体育锻炼和安全的需要外，更需要满足感、归属感、爱和尊重。人们渴望同他人有一种深情的关系，渴望自己在所属群体和家庭中有一个位置。在体育运动中，参与者之间形成了亲密的"战友"关系，使原本陌生而互不了解的人成了朋友，使已经认识的人彼此更加了解，友谊更加长久。在体育运动中，通过与他人的交往，可以使自己忘却烦恼和痛苦，消除孤独，提高自己的社会适应能力。体育的这种特质贯穿于锻炼与比赛活动中，成为每个参与者信守的原则，它完善了人们的言行，改善了家庭成员的关系，使家庭更加紧密融洽，形成了相互尊重和诚实待人的人际关系，体育是一种人类平衡的工具，并且是形成凝聚力、社会一致性的一种手段，体育是一种休闲度假的理想方式，它可以给家庭带来融洽与幸福。

三、体育对人生命过程的影响

体育锻炼影响着人的一生，即婴幼儿阶段是体育锻炼的起点，对婴幼儿的生长发育、身心健康、生命运动具有重要影响；青少年阶段是体育锻炼的入门期、关键期，对于青少年生长发育的身心健康起保障和促进作用，同时也为成人体育奠定基础；中老年阶段是身体发育的扩展期，根据个人的实际情况，灵活自主地从事体育锻炼。

体育锻炼可使人学会竞争、分享、合作和"遵守规则"。许多人从体育活动中学到的技能可转化为"生活技能"。勇敢、自我控制、尊重他人、爱护环境、树立目标、团结精神、耐心、成就感、自尊、不屈不挠和正义感，所有这些都从体育运动中获得。

综上所述，现代社会生活对体育的需求已经不仅仅是个体的需要、而且是整个社会的需要，不仅是提高社会生产的需要，而且是保证人体健康发展和人类正常生命活动的需要，可以说现代社会生活不能没有体育，体育是现代社会生活不可分割的一部分。同时，体育不仅是一种身体教育活动，而且是形成所希望的个性和社会生活特征的重要途径。还给个人和社会带来众多好处。

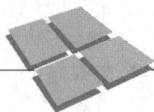

▶ 第三节　体育的功能

体育在促进人体生长、发育、发展，防止疾病等方面具有不可替代的作用。体育功能是指体育在社会发展和人的自我完善的过程中所表现出来的价值。随着社会的进步和发展，体育自身的规律与其他各种现象之间的关系不断被揭示，体育的功能进一步被认识、被开发，体育本身也从具有单一的健身功能拓宽到一个多目标的综合性新兴科学。体育的功能是多方面的，如，教育功能、政治功能、经济功能、健身功能、娱乐功能等。

一、教育功能

体育是文化教育的重要组成部分，是培养和造就全面发展各类专业人才的重要内容和手段。它传播体育知识、技术和技能，提高学生体育的理论水平，在学校的体育教学中，体育与德育、智育相结合，可以促进形成健康文明的体育观念、竞争进取的行为品格。

现代体育文化教育，不仅为利用身心参与过程提供有利条件，促进生长发育，增强学生体质，掌握必要的运动技能，获得基本的体育健身基础理论知识和良好的组织纪律性，而且还有助于学会科学的锻炼身体的方法，提高体育实践能力，培养终生体育兴趣，养成体育锻炼习惯，改进生活习惯，提高生活质量。

体育运动竞赛具有群众性、国际性的特点。在国际比赛中，每当运动员取得冠军，赛场上奏起国歌，升起国旗时，举国欢庆，全民振奋，从而激发起全民族的爱国热情，使得体育竞赛超越了本身的价值，产生了不可估量的教育作用。

正如党的二十大指出，北京冬奥会、冬残奥会的成功举办，青年一代更加积极向上，全党全国各族人民文化自信明显增强、精神面貌更加奋发昂扬。

二、政治功能

体育具有超越语言和社会障碍的国际交往功能。体育为促进各国人民的相互了解和友谊，在国际体育技术交流中起了重大作用，它的兴衰直接反映着社会的发展，它的荣辱直接反映着国家和民族的尊严。在国际比赛中，比赛的胜负往往直接影响着一个国家的民族情绪和国际地位。在第23届奥运会比赛的第一天，许海峰勇夺首枚金牌，为中国实现了奥运会金牌"零"的突破，极大地提高了我国的国际威望，使海内外中华儿女扬眉吐气，振奋了民族精神，鼓舞了国人士气，增强了民族自信心和自豪感。

长期以来，人们把体育视为一种文化交往的手段。20世纪70年代，中美两国乒乓球队互访，打开了两国建交的大门，被世界誉为"小球推动大球"的"乒乓外交"，在世界外交史上留下了光辉的一页，至今仍被人们传为体育外交的佳话。体育比赛作为新世纪最广泛的国际文化交流活动，它为促进世界各国人民之间的了解和友谊，加强国与国之间的文化交流和合作，在缓和国际关系，创造和平氛围，打开外交通道等方面发挥着积极的作用。

三、经济功能

在现代生活中，旅游体育、娱乐体育、家庭体育等名目繁多的新项目应运而生，促进了体育大踏步地走向生活、进入家庭，促进了社会体育消费、体育用品、练习器材、场地设施等产品的极大发展，创造了更多的经济价值，作为第三产业在商品经济中迅速发展。体育服装、体育广告、器材、食品、旅游等综合服务都能获得可观的经济收入。在国际体育运动中，体育的经济目的已成为最大特点之一。美国旅游业商人用经营商业的方式经营第23届奥运会，最后获利在1亿5千万美元以上。1988年汉城奥运会使韩国产品销售额达54亿美元，国民经济收入增加了29亿美元，产生了巨大的经济效益。2008年奥运会，为经济投资市场提供了广泛商机，大批国际体育经营和管理公司纷至沓来，国内的体育产业范围也在不断拓宽。除了极具魅力的体育产业外，由于健康已成为中国百姓最关心的事情，全国健身热潮的持续升温，使群众体育锻炼和休闲体育的市场展现出了不可估量的庞大需求。体育产业在中国国民经济中的地位将进一步提升，对推动中国经济在新世纪继续保持增长发挥越来越大的作用，从而促进我国改革开放和经济事业不断向前发展。

四、健身功能

"强身健体"是体育最本质的功能。所谓"健身"就是健全体魄，增强体质。体育以身体运动为基本表现形式，并通过身体运动锻炼的多次重复过程，对各器官系统一定强度和量的刺激，使身体在形态结构、生理机能和生化等方面发生一系列的适应反应，由此对机体产生积极影响，促进身体健康发展和增强体质。

体育锻炼对增进健康的作用主要表现在改善和提高中枢系统的工作能力和对内脏器官的调节作用，使各器官系统灵活协调，从而提高机体的工作能力，促进机体的生长发育，提高运动系统的功能，可使管状骨变粗，骨质增厚，骨骼结实，抗压性强，肌肉工作加强，血液供应增加，蛋白质营养物质的吸收与储存能力增强，使肌纤维增粗，肌肉粗壮、结实、有力，提高人体对外界的适应能力，改善内循环系统，促进身体发展，增强人的体质。

体育锻炼对一个人的精神状态有着至关重要的作用，因为通过各种体育锻炼可以增强意志，催人奋进，培养集体观念，加强组织纪律，协调人际关系，从而促进心理调解能力的提高，有利于排除各种不健康的心理因素，使个体在和谐统一的环境中获得欢快和轻松，最终达到精神健康的目的。

五、娱乐功能

随着生产力和人民生活水平的不断提高，人们的生活方式也产生了显著的变化，人们为了享受生活和善度余暇，体育的娱乐功能有了更广泛的发挥。人们结合自己的兴趣，参加一些个人喜爱和擅长的体育运动项目，以达到松弛神经、调节心理、满足精神生活的需要，起到丰富文化生活、愉悦身心的作用。人们在休闲时欣赏精彩体育

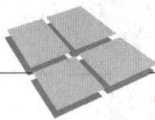

比赛，具有德、智、体、美的高度统一性。赛场上跌宕起伏的戏剧性，稍纵即逝的机遇性，激烈的对抗性，胜败的悬念性，音乐、色彩及力与美的协调性，以及运动员与观众之间的情感共性等特点，使体育具有极大的魅力和刺激，常使人们在欣赏时如醉如痴，使人们由于工作和劳动带来的紧张、疲劳得到积极有益的调节。所以说，体育是一种积极、健康的娱乐方式，可使人们在和谐的氛围中获得精神快感，情绪得到释放，情感得到净化，从而充分享受生活的乐趣。

▶ 第四节　体育与人的素质发展

素质教育是指通过教育途径，充分发挥人的先天素质条件，提高人的各种素质水平，使人得到全面、和谐的发展。

素质教育是指按照人与社会发展的实际需要，遵循教育规律，面向全体学生，全面培养受教育者高尚的思想道德情操，使他们学习丰富的科学文化知识，提高的身体和心理素质，以发展较强的实践和动手能力与审美能力及健康个性为宗旨的，全面提高教育质量，培养合格人才。体育为素质教育服务，是具体的，可操作的。

一、发展体能素质

体能是指身体素质和身体的基本活动能力，通常是指速度、力量、耐力、灵敏和协调性，身体素质是掌握运动技术，提高运动成绩及增进健康的基础。提高学生身体素质是开发学生体能的重要内容，同时也是学生智能开发的一项重要措施，一个身体素质好，动作协调的学生往往就是一个思想活跃、头脑聪明的学生。

人除了这几项基本的身体素质外，必须具有奔跑、投掷、跳跃、攀爬、抬举等生活能力，还应有适应环境变化的能力和对疾病的免疫力，如环境的高温严寒变化、高空作业、颠簸失重的动态变化等。具有这些体能素质的社会公民才能作为生产力，才能向自然挑战，参与社会竞争。

二、提高体育的心理素质

体育运动是增强体质，促进身心健康的有效措施。保持乐观、进取的生活态度，正确对待生活中不可避免的困难和挫折，充分发挥自己的认识能力，对人的一生来说是非常重要的。积极主动的参与体育活动，可以改善人体对环境的适应能力，控制情感情绪，协调人际关系，预防和治疗生理疾病，是促进心理健康的重要途径。

第一，保持完整和健康统一的人格品质。人的性格、气质、能力等特征的总和，人格完整是指构成人格要素的气质、能力、性格和理想、信念、人生观等各方面平衡发展。心理健康的人所思、所言、所做协调一致，有积极进取的人生观，并能将其运用到生活的各个方面，公平竞争，协调合作，遵法守约，宽容大度，扶助弱小等，这些都能锻炼优良的人格素质。

第二，在不同环境中有良好的心理适应能力与和谐的人际关系，能正确地认识环境以及处理个人和环境的关系；有积极的处世态度，与社会广泛接触，对社会状况有较清晰正确的认识；能适应社会文化的进步趋势，勇于改造现实环境；能使自己的思想、行为与社会协调一致，从而达到自我实现与社会奉献的协调一致。

保持和谐的人际关系是心理健康必不可少的条件，又是获得心理健康的重要途径，人际关系和谐的人乐于与他人交往，能用尊重、信任、友爱、宽容、理解的态度与人相处。和谐的人际关系有助于充实人的体力和精力，发挥人的潜在能力，有利于身心健康。

第三，培养竞争意识。竞争和开拓精神是现代人必备的素质，即对人生、对事业有追求，有理想，做事讲效率，知难而进，顽强拼搏，具有脚踏实地的奋斗精神，这些良好品格和心理素质的培养是学校责无旁贷的任务和本职工作。

三、培养体育的文化素质

体育文化，是通过体育运动而形成并集中体现出人类的力量、智慧与进取心等积极意识的总和，是体育运动的最高级产物。学校体育教育在潜移默化地培养和教育学生，从体育的竞争精神中充分调动学生争强好胜之心，培养学生的竞争意识和竞争能力。体育的超越自我、超越极限的精神培养了学生的自信心、自强心及自我意识，塑造了学生的个性，使学生在今后的工作和学习中不断进取，超越自我。体育的公平竞争精神，培养了学生忠实、坦诚、率直的品格，从而养成良好的社会行为规范。体育的胜利与失败培养了学生不屈不挠、勇于进取的优秀心理品质。集体项目的团结协作意识，提高了学生的凝聚力和集体意识，培养了学生的集体主义和爱国主义精神。运动场上的无畏拼搏，培养了学生不惧风险、勇于探索的开创精神。体育运动中的友谊培养了学生的美好情感，建立良好的人际关系，通过尊重教师、尊重对手、尊重裁判而表现出优秀的品德和人格。体育教育对学生进行的体育文化素质的培育，正是学校体育教育功能的根本所在。

体育是一项强健身心的实践活动，如果没有科学文化的支撑很可能是盲目的活动，从而导致劳而无功，甚至起反作用。体育文化素质好更能在多功能的体育中获得更多的体育文化享受。现代社会的人无论如何都不能是一个体育盲。

体育文化素质包括：一般的人体知识；科学的生命观、人生观；人体身心发育发展的顺序和阶段性规律的知识；体育的含义和评价知识；选择身体锻炼项目和控制运动负荷知识；相关运动竞赛的观赏知识；运动卫生等。

不同的国家、民族对体育文化有着不同的看法和要求，所提倡的体育文化观念、文化理念以及运动员的价值都不尽相同，如东方与西方的体育文化在表现形态上都有不同的历史背景和文化内涵。但是，体育能够增强体质、获得技能、塑造品格、丰富生活、创造价值，这是大家所公认的。

>>>>>>>>>>>>>>>>>>>>>>>> 复习思考题 <<<<<<<<<<<<<<<<<<<<<<<<

1. 体育的概念是什么？中国现代体育由哪几个方面构成？

2. 为什么说体育是现代社会生活不可分割的一部分？

3. 体育文化素质包括哪几个方面？为什么好的体育文化素质更能在体育中获得更多的体育文化享受？

第二章　体育锻炼的科学基础

▶ 第一节　体育锻炼的生理学基础

体育的生理学基础，主要反映在体育运动过程中人体的生命活动现象和生命活动规律。人体是由许多器官系统组成的统一体，主要是通过其生理功能的调节控制，使各器官系统互相协调，共同完成各种基本生命活动的过程。人体运动时，运动器官（骨骼、肌肉、关节）完成各种各样的动作，而内脏器官（呼吸、循环、血液、排泄等）的活动，保证有充分的能量供应和代谢废物的及时排除。没有运动器官和内脏器官的这种共同作用，运动就不能持续下去。因此，体育运动不仅可以提高运动器官的功能能力，而且可以使内脏器官的功能能力得到提高，从而达到增进健康，增强体质的目的。

一、人体运动的肌肉工作过程

人体的运动是由运动系统实现的。运动系统由 206 块骨骼和 400 多块肌肉以及关节等构成。骨骼构成人体的支架，关节使各部位骨骼联系起来，而最终是由肌肉的收缩放松来实现人体的各种运动。

（一）肌肉的结构

组成肌肉的基本单位是肌纤维，许多肌纤维排列成肌束，表面有肌束膜包绕，许多肌束聚集在一起构成一块肌肉。在肌肉的化学组成中，约 3/4 是水，1/4 是固体物（包括蛋白质、能量物质、酶等），同时肌肉中有着丰富的毛细血管网及神经纤维，保证肌肉的氧气和养料供应及神经协调指挥。

（二）肌肉的成分和收缩形式

人体肌肉由多种组织构成，其中肌组织和结缔组织分别构成肌肉的收缩成分和弹性成分。肌纤维是肌肉的收缩成分，通过肌纤维的主动收缩放松，实现各种运动。肌肉中的结缔组织是肌肉中的弹性成分，它与肌肉中的收缩成分并联或串联，称并联（或平行）弹性成分或串联弹性成分。当收缩成分缩短时，弹性成分被拉长并将前者释放的能量部分吸收储存起来，然后再以弹性反作用力的形式发挥出来，以促使肌肉产生更强大的力量和更快的运动速度。

根据肌肉在完成各种动作时，整块肌肉长度的变化，可将肌肉的收缩分为多种形式，这里仅简单介绍向心收缩、等长收缩和超等长收缩三种形式。

1. 向心收缩

向心收缩是肌肉长度发生缩短的收缩形式，在力量练习中属于最普通的一种。例

如，利用哑铃、沙袋、杠铃、拉力器等锻炼肌肉均属于此类。目前已经有多种运动练习器，锻炼增加力量的效果比一般向心练习方法要好。

2. 等长收缩

当肌肉收缩产生的张力与外力相等，或是维持身体某一种姿势时，肌纤维虽然积极收缩，但肌肉的总长度没有改变，这种收缩称为等长肌肉收缩。肌肉处于等长收缩时，从整块肌肉外观看，肌肉长度不变，但实际上肌肉的收缩成分(肌纤维)是处在收缩中而使弹性成分拉长，从而整块肌肉长度保持不变。

3. 超等长收缩

超等长收缩是肌肉先进行离心收缩后紧接着进行向心收缩的形式。例如，跳起落地紧接着再向上跳，此时股四头肌先落地时离心收缩(被拉长)，紧接着又立刻做猛烈的向心收缩实现向上跳起。这种练习方法对肌肉锻炼价值较大，又称离心向心收缩或弹性离心练习。

(三)影响肌肉收缩力量的因素

肌肉力量的大小与很多生理因素有关。主要有以四个方面。

1. 肌肉的生理横断面

肌肉生理横断面增大是由于肌纤维增粗造成的，而肌纤维的增粗则主要是收缩性蛋白质含量的增加，因而其收缩滑行时产生的力量就增大。负重肌肉力量练习对增大肌肉生理横断面有良好效果。

2. 肌群的协调能力

在现实生活中，常可见到两个人肌肉粗细程度相似，但两人力量并不相同，这就是肌肉中肌纤维的运动程度及各肌群之间的协调能力的差异。例如，一个不经常锻炼的人，用力最大时大约只能动员60%肌纤维参加活动，而经常训练的运动员，则可动员90%的肌纤维参加活动，力量当然就大。

3. 肌肉收缩前的肌长度

肌肉收缩时的力量与收缩时所处的长度状态有关。如果肌肉收缩时已经处在缩短状态或过分拉长状态，就不能发挥最大力量。只有当肌肉收缩处在适宜的预先拉长状态，才能发出最大力量。很多的运动技术多包含这一因素，如标枪前的引弹、引枪，踢足球时前腿的后摆等均是为了取得最佳的初长度。因此掌握正确规范的运动技术动作，也是发挥最大肌肉力量的重要条件。

4. 肌肉收缩的代谢适应

肌肉的收缩放松有赖于能量的供应，经常进行力量锻炼，能使肌肉产生一系列代谢适应性变化。例如，肌肉中毛细血管网增加，保证氧气及养料的供给；肌肉中能源物质如肌糖原等含量增加；肌肉内各种酶活性提高等，从而保证肌力的发挥。

二、人体运动时的能量代谢

(一)运动时能量的来源

人体运动时，需要有能量供应，人体活动的直接能量来源于三磷酸腺苷(ATP)的分解，而最终的能量则来源于糖、脂肪和蛋白质的氧化分解。糖是人体内最主要的能源物质，主要以血糖和肝糖原的形式存在，机体 60％的热能都是由糖来供给的。脂肪是含能量最多的物质，人体内脂肪贮量很大，脂肪最主要的功能就是氧化供能，也是长时间肌肉运动的主要能源。蛋白质是生命的基础，是修补、建造和再生组织的主要材料，蛋白质参与各种生理和机能的调节，它分解时产生能量，是体内能量的来源之一。

（二）人体运动时的三大供能系统

1. 磷酸原系统

磷酸原系统是由细胞内的腺苷三磷酸（ATP）和磷酸肌酸（CP）这两种高能磷化物构成。它的特点是供能绝对值不大，持续时间很短，但是它供能速度快，腺苷三磷酸是细胞唯一能直接利用的能源，其能量输出的功率也最高。在体育运动中短跑、跳投、旋转、冲刺等爆发性的动作，全部依靠磷酸原系统的贮备供能。

2. 乳酸能系统（也叫无氧糖酵解系统）

乳酸能系统的能量产生是靠肌糖原的无氧酵解，最后产生乳酸，而放出的能量被二磷酸腺苷（ADP）接受，再合成腺苷三磷酸。它是在机体处于缺氧的情况下的主要能量来源。乳酸能系统地对人体进行能量供应，它的作用与磷酸原系统一样，能在暂时缺氧的情况下迅速供能。如田径运动中的 400 米、800 米、1500 米跑主要靠乳酸能系统来供能。

3. 有氧氧化系统

有氧氧化系统供能是指糖和脂肪在供氧充分的情况下，分解成二氧化碳和水，同时产生大量的能量，使二磷酸腺苷再合成腺苷三磷酸。有氧氧化系统生成丰富的腺苷三磷酸，且不生成乳酸这类导致疲劳的副产品，它是人进行长时间耐力活动的主要供能系统，如田径运动中的长跑项目、马拉松等主要靠有氧氧化供能。作为一般的健身跑，如 10～50 分钟或半小时慢跑也是有氧氧化系统供能。

（三）运动时对糖和水的补充

1. 糖的补充

运动时能量消耗多，运动前应以糖类食品作为膳食的主要成分，运动前 1.5～2 小时服糖的效果最好。因为这种服糖方式，在运动开始前已完成肝糖原合成过程，在运动开始后，肝糖原供给运动员血糖需要，保持较高的血糖水平。在长时间的运动中饮用低糖度的饮料对运动有利。

2. 水的补充

水主要储存在肌肉、皮肤、肝脏、脾脏等组织器官中。人在运动时会大量排汗，水就从这些组织器官中进入血液，保持人体水的平衡。但必须注意，运动员不能由于有渴的感觉而暴饮，这样会对心脏造成有害的影响。在人体进行运动时，水的补充量要大于平常的饮用量，并且还要在补充的水中加入适量的盐和无机盐等，以维持体内的多种平衡，维持人体正常的生理机能。

三、人体运动中的氧供应

在组成人体健康的众多因素中，决定人体氧供应能力的心肺功能是健康的重要因

素，同时对人体运动能力有重要的影响。

（一）氧运输系统

氧运输系统对人的健康及生命活动有十分重要的作用，它把氧气从体外吸入体内并输送到各器官组织，供人体生命活动的需要。氧运输系统由呼吸系统、血液与心血管系统组成。呼吸系统把氧气从体外吸入体内，氧气进入血液，与血液中血红蛋白结合，由心脏这个血液循环的动力站不停推动，使血液流遍全身，将氧送到各组织器官。人体从外界环境摄取氧的能力受氧运输系统中各个环节功能能力的制约。

氧运输系统工作的第一个环节是肺的呼吸运动，实现与外界环境的气体交换及肺泡与肺毛细血管间的气体交换。肺活量是指最大可能深吸气后做最大可能的呼气所呼出的气体量。健康成年男性肺活量值为 3 500~4 000 毫升，女性为 2 500~3 500 毫升。

我国健康男性每 100 毫升血液中血红蛋白含量 12~15 克，女性 11~14 克。

在整个氧运输系统中，心血管系统的功能处于最重要的地位，心脏是推动血液不断向前流动的动力所在，血管则是血液流动的管道，起着运输血液与物质交换的重要作用。健康成年人每分钟心跳约 75 次。心脏每搏动一次大约向血管射血 70 毫升（称为每搏输出量），心脏每分钟大约向血管射血 5 升（每分钟输出量）。心脏射出的血液在血管内流动时对血管壁有一定侧压力，这就是血压。我国健康成年人安静时收缩压为10.2~12.2kPa(100~120mmHg)，舒张压为 6.1~9.2kPa(60~80mmHg)，脉压为3.0~4.0kPa(30~40mmHg)。血压可随年龄、性别和体内生理状况的变化而有所变动。

正是由上述呼吸系统、血液与心血管系统共同组成的人体氧运输系统，保证了生命活动对氧的需要。

（二）氧运输系统功能的重要标志——最大吸氧量

衡量人体氧运输系统功能的强弱除了可用呼吸系统或心血管系统的一些指标外，常用的衡量氧运输系统整体功能的综合性指标就是最大吸氧量。

1. 最大吸氧量概念及正常值

最大吸氧量是指人体在剧烈运动时，呼吸和循环系统功能达到最大能力时人体每分钟所能摄取的氧量。简单地说，就是运动时每分钟能够吸入并被身体利用的氧的最大量。最大吸氧量直接反映个人的最大有氧代谢能力，标志一个人氧运输系统功能的强弱。

最大吸氧量受年龄、性别、健康状况、训练水平、疾病以及遗传等多方面因素的影响。普通健康人最大吸氧量为每分钟 2~3 升，而经常锻炼的人或运动员可达 4~5 升，优秀的耐力运动员甚至可达到 6~7 升。

2. 最大吸氧量与运动员能力

运动时，肌肉的激烈活动使得肌体对氧的需要比平时大大增强，因此人体的最大摄氧能力的高低直接影响运动能力，尤其是以氧代谢为主的耐久性运动与最大吸氧量关系更紧密。因此，经常运动的人比不经常运动者的最大吸氧量要大，而在不同项目的运动中，耐力性要求越高的运动项目的运动员的最大吸氧量也越高。

四、人体运动时生理功能的调节

(一)呼吸系统的调节

呼吸系统是氧运输系统的重要组成部分，其主要机能是实现肌体与外界环境之间的气体交换。人体运动时，肌体代谢旺盛，所需氧气量及二氧化碳产生量大大增加，人体在新陈代谢过程中，需要不断从外界环境中摄取氧气并排出二氧化碳，人体这种与外界环境的气体交换是通过呼吸来进行的。人体运动时呼吸的调节是通过神经和血液来完成的。呼吸是中枢神经系统产生的自我节律性活动。运动时呼吸量骤升，是由于大脑皮层发出冲动到达脑干呼吸中枢，引起呼吸加强。人体在运动时动脉血流量随着呼吸而呈现较大幅度的周期性波动，这种波动对呼吸起着重要作用，它可以加速呼吸的频率。

(二)循环系统的调节

循环系统是分布于全身各部的连续封闭管道系统，包括心血管系统和淋巴系统。血液流向全身各器官，以保证它们的氧和营养物质供给，并排出代谢过程中产生的废物，维持正常的生理功能。人体在运动时，由于代谢加强，需氧气量显著增加，因此要求循环系统能随着机体活动强度的增加而产生相适应的反应。人体运动时循环系统的调节是通过心脏和血管活动来完成的。人体在运动时，神经对心脏和血管有兴奋作用，可使心率加快，血管收缩加快，血流量增大，保证肌肉运动时血液的重新分配，使血液大量流过骨骼肌，以满足其代谢增强的需要。

(三)神经系统的调节

神经系统是人体主要的机能调节系统，人体各器官、系统的活动，都是直接或间接地在神经系统的控制下进行的。通过神经系统的调节作用，人体对内外环境的变化产生相适应的反应，人体内部与周围环境达到协调统一，从而使人体的生命活动得以正常进行。人体正常姿势的维持，以及各种各样动作的完成，主要是由于肌肉收缩作用于骨骼的结果，而由肌肉收缩所实现的人体运动都是在神经系统调节下进行的。

▶ 第二节　体育锻炼的心理学基础

体育锻炼的心理学基础，主要反映在运动过程中参与者的个体心理方面。心理是心理过程(即心理活动过程)和个性心理特征的简称。心理品质是心理过程(知、情、意)和个性心理特征(能力、性格、气质)的质和量的总称。心理品质在体育运动中有着特殊的作用及其变化发展的规律性，不同的体育运动对人的心理品质具有特殊的要求。为了获得良好的体育运动效果，不仅要遵循运动技能形成的规律，同时还要掌握人体特殊的心理活动变化和发展的规律，这样才能达到目的。因此，体育运动不仅可以增强体质，促进心理品质的发展，同时，良好的心理状态和品质也为体育运动提供保证。

一、体育动机

动机是指能引起、维持人的活动，并将该活动导向某一目标，以满足个体某种需

要的念头、愿望、理想等。动机是人体的内在过程，行为是这种内在过程的结果，动机有始发机能、指向选择机能、强化机能。引起动机需要两种条件：一是内在条件；二是外在条件。前者就是"需要"，即因个体对某种东西的缺乏而引起的内部紧张状态和不舒服感，动机就是由这些需要构成的，需要使人产生欲望和动力，引起活力。后者是人体之外的各种刺激，这些刺激包括物质因素和社会因素，统称为环境因素，它们也是引起动机的原因之一。心理学家把凡能引起个体动机并能满足个体需要的外在刺激称为"诱因"。行为可由需要引起，也可由环境因素引起，但往往是内在条件和外在条件交互影响的结果。同是体育运动，青少年是出于活动和身心发展的需要，而中老年人多出于健康的需要。

二、情绪

情绪是指有机体受到生活环境中的刺激时，其生物需要是否获得满足而产生的暂时性的较剧烈的态度及体验，包括愉快、悲哀、愤怒、恐惧、忧愁、赞叹等。客观事物的不同特点及客观事物与人之间的不同关系，使人在情绪上产生不同的态度和体验。情绪是人及其他动物所共有的一种心理活动，例如，人在恐惧时，可使意识变狭窄，判断力、理解力降低，甚至丧失理智和自制力，造成正常行为的瓦解。如果动机情绪经常反复出现，如神经功能紊乱、内分泌功能失调、血压持续地升高等，可能转变为某些器官、系统的疾病。体育运动能促进产生脑啡肽，刺激下丘脑，进而产生愉快的情绪体验，这是体育运动对情绪产生的积极调节作用。另外，经常从事体育运动，在体育运动中享受成功的喜悦，承受挫折的压力，可以大大提高情绪的适应性，也有利于以更积极的态度迎接生活的挑战，适应各种生活环境。

三、心理活动过程

人脑对客观现实的反映过程是心理活动的主要方面，由认识过程、情绪过程和意志过程三个方面构成。人脑的认识过程又称"休息加工活动"，由感觉、知觉、记忆、思维和想象等活动构成。人在认识客观事物时所产生的态度体验称为"情绪"或"情感"。根据对客观事物的认识，自觉地确定目标、克服困难、力求实现的心理过程，称为"意志"。认识过程、情感过程和意志过程显然有区别，但又相互联系。认识过程是其他心理活动的基础。例如，人们认识到体育运动能够增强体质，并在亲身体验中验证了这一点，由此产生了喜爱的情感，从而更加自觉、主动地进行自我锻炼，使体质在进一步锻炼中得到增强。

四、个性心理特征

心理学认为，人在通过认识、情感和意志反映客观世界的过程中会形成各种各样的心理特征，造成人与人之间的心理差异。体育运动可以塑造和改善一个人的能力、气质和性格。

（一）能力

能力是完成一项目标或者任务所体现出来的综合素质。人们在完成活中所表现出来的能有所不同。它是指能力是直接影响活动效率，并使活动顺利完成的个性心理特征。能力的发展和发挥要在具体的社会实践中表现出来。身体的整体素质水平是能力发展的条件，身体器官系统功能的健全是能力发展的基础，环境和教育的因素对能力的发展有着重要的作用。

（二）气质

气质是心理活动稳定的动力特征，主要表现在心理过程的强度、速度、稳定性、灵活性及指向性上，如情绪的强弱、思维的快慢、注意力集中时间的长短、注意转移的难度，以及心理活动倾向于外部事物还是内心世界等。气质较多地受到遗传素质的制约，它比其他的心理特点更具有天然的、稳定的特征，是一种较难改变的个性心理特征。

（三）性格

性格是对现实稳定的态度以及与之相适应的习惯行为方式，是个性心理特征的一个最重要的方面。人的性格是在一个人生理素质的基础上，通过社会实践和体育运动逐步形成的，由于每个人所处的具体环境和教育条件的不同，他们所形成的性格具有不同的特征。性格一经形成就比较稳定，也正因为性格的稳定，性格才能突出反映一个人的心理面貌和风格。由于环境的变化，性格也可能发生改变，特别是处于形成过程中的性格具有较大的可塑性，也就为教育提供了良好的条件。此外，体育运动对性格的影响是巨大的，在体育环境条件和体育教育中，公平公开的竞争、相互间的协调和尊重、集体的委托和依赖、严格的规则等，对人的性格形成和发展起着特殊的作用。

▶ 第三节　体育与心理健康

一、健康概念的演进

在社会进化的过程中，随着生产力水平的提高，生活条件的变化，人们对什么是健康的认识在不断地发展、提高。这个认识过程大致可以分为下列三种健康观。

（一）健康的生命观

在原始社会中，由于生活条件的极度恶劣，人们的生命随时受到威胁。在这种情况下，不论是部落整体还是个体，健康就是能够生存下去，使个体生命得以延续，部落能够繁荣。这时，在人们心目中，健康等于生命。

（二）健康的疾病观

随着社会的发展，生产力的进步，生活物质资料逐渐增多，人们不再仅仅满足于生命的延续。人们开始渴望和追求更高层次的健康生活，即身体没有病痛，没有残疾，保证自己有充足的体力去从事生产劳动。这时，人们崇拜的大多是"力拔山兮气盖世"的英雄，羡慕的是精力充沛、体健豪爽的勇士。这时，人们认为健康就是身体健壮，没有疾病。这种健康观在人类发展史上，统治了相当长的时间，甚至至今还有相当部

分人保持着这一健康的疾病观。这个阶段对健康的重视表现在人们开始进一步考虑战胜疾病，甚至预防疾病。

(三)健康的全面观

随着社会的进一步发展，生产资料越来越丰富，科学的进步，人们已经能够在很大程度上预防和控制疾病，人类的平均寿命得到延长。但是，到了20世纪中期，伴随着现代科技的迅猛发展和知识的日新月异，人们的生活质量受自己心理因素的影响越来越大。在现代社会里，人们不得不面临激烈的竞争、快节奏的生活、知识更新、周期缩短……巨大的心理压力使人们不堪重负，成了影响人们健康水平的重要因素。人们认识到，仅有健全的体魄已经不能保证人们顺利适应现代社会生活的要求了，还必须要有乐观的性格、坚韧的毅力、合作的精神。其实，早在20世纪30年代美国健康教育家鲍尔和霍尔(Bauer, W. W. & Hull, H. G.)就认为："健康是人们在身体、心情和精神方面都自觉良好、精力充沛的一种状态。"1947年，世界卫生组织(WHO)在成立宪章中指出："健康乃是一种身体、心理和社会适应的健全状态，而不只是没有疾病或虚弱现象。"这说明了人们已经明确地认识到健康应该是一个包括了身体、心理和社会适应三个方面内容的概念。1989年，世界卫生组织(WHO)进一步指出："健康不仅仅是没有疾病，而且包括躯体健康、心理健康、社会适应良好和道德健康。"

在世界卫生组织的推动下，人们逐渐更新了健康的观念，认识到，健康涉及了人们的身体、心理、社会适应和道德等方面，是社会进步的一个重要标志和潜在动力。保护和增进人们的健康不仅仅是卫生部门的责任，也是教育部门的责任，是全社会的责任。人们要树立全面的健康观，增强健康意识，重视健康价值，努力提高健康水平。

二、心理健康的概念

关于心理健康的定义，由于不同的学者所处的社会文化背景、价值观念不同，研究问题的立场和方法的不同，提出的定义各不相同，至今也还没有一个公认的定义。

麦灵格(K. Menninger)认为，心理健康是指人们对于环境及相互间具有最高效率及快乐的适应情况。

英格力士(H. B. English)认为，心理健康是一种持续的心理状态。主体在任何一种情况下能够做出良好的反应，具有生命的活力，能充分发挥自己的潜力。

剀兹和列维斯(Kate, B. & Lewis, R.)认为，心理健康指的是人情绪稳定、智慧敏锐以及社会适应良好。

第三届国际心理卫生大会把心理健康定义为："在身体、智能，以及情感上与他人的心理健康不相矛盾的范围内，将个人的心境发展成最佳的状态。"

英国《简明不列颠百科全书》指出，心理健康指个体在本身及环境条件许可的范围内所能达到的最佳功能状态，但不是十全十美的状态。

综上所述，我们认为，心理健康指的是个体拥有持续稳定的心理，最大限度地发挥潜力，适应社会的一种状态，这种状态是动态的、发展的，而且心理健康还是相对的。

三、心理健康的标准

心理健康的标准问题和心理健康的定义一样，也是"仁者见仁，智者见智"的。不同流派的学者有自己的认识，比较有代表性的有：

1948 年，第三届国际心理卫生大会上明确指出，心理健康的标准是：①身体、情绪、智力十分协调；②适应环境，人际关系中能够彼此谦让；③有幸福感；④在工作和职业中，尽情充分发挥自己的能力，过有效率的生活。

英国《简明不列颠百科全书》指出，心理健康的具体标准是：①认知过程正常，智力正常；②情绪稳定乐观，心情舒畅；③意志坚强，做事有目的；④人格健全，性格、能力、价值观等均正常；⑤养成健康习惯和行为，无不良行为；⑥精力充沛地适应社会，人际关系良好。

美国人格心理学家奥尔波特(G. W. Allport)认为，心理健康的标准是：①力争自我的成长；②能客观地看待自己；③人生观的统一；④有与他人建立亲睦关系的能力；⑤人生所需的能力、知识和技能的获得；⑥有同情心和对生命的关爱。

美国心理学家罗杰斯(C. Rogers)认为，心理健康的标准是：①开朗、大方的人生态度；②重视生命的过程；③渴望人生的宁静致远与进退有度；④渴望人与人之间真实可靠的亲密关系；⑤渴望成为整合的人；⑥自我接纳和自我认识；⑦以问题为中心；⑧有超然脱俗的本质，静居独处的需要；⑨不受文化背景和周围环境的影响；⑩有民主的性格，有哲理、无敌意的幽默感，有创造力。

上述的心理健康标准实际是心理学家们的不同方法论和研究侧重点的反映。结合这些研究，我们认为，大学生的心理健康标准应该如下。

第一，有正常发展的智力。

发展正常的智力是人们适应环境，正常学习、生活和工作的必要条件，也是心理健康的重要表现之一。智力发育正常的儿童虽然也会表现出各不相同的智力特点，但都能比较好地对待面临的问题，寻找恰当的解决问题的方式和途径。智力有缺陷的儿童在适应、学习和问题解决上不同程度地表现出问题。

第二，情绪稳定乐观。

情绪稳定乐观是心理健康的显著标志。心理健康的人首先表现为情绪稳定，不会经常地表现出情绪的大起大落，阴晴不定，喜怒无常。虽然也有喜怒哀乐等全面的情绪，但是以积极、乐观、愉快的情绪体验为主，稳定的、经常地表现出对生活充满希望。因为心理健康的人善于调节自己的烦闷、抑郁等消极情绪，能够比较快地从中解脱出来，不因为一点儿小事过分恐惧、忧虑和惶惶不安，善于调节自己的情绪。

第三，心理和反应适度。

心理与行为反应适度，首先，表现为心理活动、行为与年龄相符合，儿童应该表现出儿童的天真，少年难免有少年的冲动，青年可以是热血沸腾的，而中年应该是心平气和的。其次，应该与刺激强度相符合，也就是"当喜就喜，该悲就悲"。心理和行为反应与刺激是相吻合的。再次，知、情、行协调一致，行为始终一贯地表现出一定

的连续性和稳定性。

第四，人际关系和谐。

人际关系指的是人们在相互交往中形成的直接的心理关系，人际关系形成的基础是人际吸引。人际关系和谐的人表现出较强的人际吸引。这种人乐于与人交往，有真诚、尊重、宽容、信任的态度，能够合作、关爱、共处，具备一定的人际交往技能，进退有度，能够恰当处理个人和他人、个人和集体的关系与利益，有广泛的人际关系，又有比较知心的朋友。人际关系和谐既是心理健康的表现，也是增进心理健康的重要途径。良好的人际关系可以给个体强大的社会性支持，帮助解决矛盾，缓解心理压力。相反，一个人人际交往有障碍或困难，人际不和谐不仅是心理不健康的表现，也使得个体在社会生活中更加的孤独无助，进一步强化了不健康的心理。

第五，有良好的自我意识。

自我意识指的是一个人对自己的认识、自我体验和自我控制。心理健康的学生一般能够比较客观地认识自我，既不妄自尊大，也不妄自菲薄，自尊、自爱、自强、自律，有较强的自我控制能力，意志行为有明确的目的性，能够用对事物本来面貌的态度来对待自己和他人，接纳自己。

第六，有幸福感。

心理健康的人既不是"生活在昨天"，也不是"生活在明天"，而是"生活在今天"；既不会没完没了地追悔昨天，也不会没完没了地做明天的白日梦，而是"生活在今天"；能够细心、在意、愉快地生活，能够对自己现在所拥有的感到满足和愉悦，对平凡的事物有敏锐的感受能力，有一颗感恩的心，并竭尽全力让生活更美好。

四、体育运动对大学生心理健康的影响

心理健康教育不是一个抽象的概念，它具体地表现在学校教育的各个环节、各方面之中。心理健康教育和体育是健康教育的两个方面，两者是相辅相成的。

第一，改善情绪状态。

情绪状态是衡量体育运动对心理健康影响的最主要标志，也是人的自然需要是否得到满足而产生的一种体验。情绪几乎参与人的所有活动，对人的行为起着很大的调节作用。体育运动能直接给人带来愉快和喜悦，并能降低紧张和不安，从而调控人的情绪，改善心理健康。大学生因各种繁重的考试、互相间的竞争，心理上会产生一定程度的紧张、焦虑和不安。通过体育运动，可以宣泄不良情绪，消除心理紧张，放松身心，调节心理状态，维持心理平衡。

第二，提高智力水平。

正常的智力是正确认识世界的前提，是心理健康的基础，是心理健康的第一标准。一方面，经常参加体育运动，可以促进大脑的开发，增强神经系统功能。现代医学研究表明，人的右脑的信息容量、记忆容量和形象思维能力都大大超过左脑，体育运动可以使右脑得到充分的锻炼，提高人的记忆能力和抽象思维能力；另一方面，体育运动可以使神经系统的兴奋和抑制过程更加集中，对外刺激的反应更加迅速、准确，还可以提高人的视觉、听觉、感

觉、神经传导速度、神经过程的均衡性和灵活性，促进神经系统功能的增强。人在学习过程中，大脑皮层的有关区域处于高度兴奋状态，随着学习时间的延长而产生疲劳，导致学习效率下降。这时，参加体育运动，由于体力活动和脑力活动的合理交替，导致运动神经中枢兴奋，使得与文化学习有关区域的脑细胞得到休息，这样就能消除脑力劳动所产生的疲劳，提高学习效率。

第三，确定良好的自我概念。

自我概念是个体主观上对自己的身体、思想和感情等的整体评价，它是由许许多多的自我认识所组成的。自我概念是相对稳定的，在适应社会和人格的形成方面起很大作用。众多研究表明，参加体育运动能使体格强健，精力充沛。因而体育运动对于改善人的身体表象、身体自尊至关重要。身体肥胖的学生可能有身体表象和身体自尊方面的障碍。无论男性还是女性，对身体表象不满，会使个体自尊变低（自尊是指自我概念的积极程度）。研究表明，肌肉力量与身体自尊、情绪稳定性、外向性格和自信心呈正相关，通过强力量训练会使个体的自我概念显著增强。

第四，培养坚强意志品质。

意志品质是指一个人的果断性、坚韧性、自制力以及勇敢顽强等品质，是在克服困难的过程中培养起来的。在体育运动中，要不断地克服客观困难（如气候条件、动作难度或外部障碍等）和主观困难（如胆怯和畏惧的心理、疲劳和运动损伤等），越是努力克服主观方面的困难，就越能培养良好的意志品质。

第五，改善人际关系。

体育运动使人们相聚在运动场上，进行平等、友好和谐的练习与比赛，使人们相互之间产生亲近感，他们无须用语言，只需一个手势、一个眼神，就可以直接或间接地沟通信息，交流心声，产生一种默契。尤其是集体竞赛项目，可以使直接参与者通过体育运动结识更多的朋友，使每个人都融入集体中，使每个人为自己成为集体中的一员而心情舒畅，精神振奋。

第六，消除疲劳。

疲劳是一种综合状态，与人的生理和心理有关。当一个人的情绪消极或任务超出个人的能力时，生理上和心理上都会很快地产生疲劳。大学生持续紧张的学习压力极易造成身心疲劳和神经衰弱，保持良好的情绪和参加中等强度的体育运动则可以使他们的身心得到放松。

第七，消除心理障碍。

激烈的社会竞争和生活压力可能使人产生悲观失望的情绪，从而导致忧郁、孤独等心理障碍。体育运动能使他们的心理机能、身体素质得到改善，并掌握一些运动技能和技巧。体育运动能使有心理障碍的人获得心理满足，产生积极的成就感，从而增强自信心，摆脱压抑、悲观等消极情绪，并消除心理障碍。在国外，体育运动已被公认为是一种心理治疗方法。

>>>>>>>>>>>>>>>>>>>>>>>>> **复习思考题** <<<<<<<<<<<<<<<<<<<<<<<<<<<<<

1. 人体运动时的三大供能系统是什么?

2. 心理健康的概念是什么? 大学生的心理健康标准有哪些?

第三章　健康概述

　　科学的进步已经深深地影响着每一个人，如自动化的生产过程、电脑资讯的来临、便捷的交通、电气化的生活等，不仅大幅减少了必须亲自操作才能完成事物的比例，同时也改变了日常生活的方式。诚然，科学进步的结果使我们的生活比以前更为便捷与先进，但也因此生活变得比较机械而不活泼，人际互动的关系也越来越陌生，因此，生活在 21 世纪的人类，如果还有危机的话，那可能就是身心健康问题。

▶ 第一节　健康的科学内涵

一、健康的定义

　　身体的健康状态是确保生活品质与国家整体发展的基础条件。通常人们认为，一个人只要不生病、不打针、不吃药就是健康，这是古老的健康观或是狭义的健康观，单指生理的健康。随着社会的进步与发展，人们对健康有了更加深刻和全面的认识，包含多元化的层面，如健康管理、健康体适能、健康膳食、健康检查、不吸烟、安全、排除心血管危险因子、药物控制、癌症预防、精神状态以及健康教育等，这就是多元的或广义的健康。世界卫生组织于 1948 年在其《组织法》中指出："健康不仅是没有疾病或不虚弱，而且是精神上、身体上和社会适应方面的完美状态。"

(一)精神的健康

　　有健全的心理，才能有健康的身体，即心理的健康是生理健康的基础。然而什么是健康的心理呢？在不同的社会与文化背景，各有不同的定义与主张，而就心理学与精神医学的观点而言，所谓心理的健康，应具以下几点特征：①对自己有信心，对自己的人生抱有希望。②关心家庭，喜欢亲近他人或人群。③喜欢自己的工作，满意自己的成就。④保持广泛的兴趣与活动。⑤能发挥自己的潜在优点，也能利用机会。⑥知道自己的短处，也愿意接受他人的帮助。⑦能接受失败或挫折，并且愿意面对或接受痛苦。⑧能接受环境的变化，并适应它。⑨时时充实自己，促进自我成长与成熟。⑩享受人生，使自己的生活过得有意义。

　　心理的健康并非指超人的非凡状态，而是每个人都可以追求，而且都能变得正常的健康状况。其目的是避免心理疾病或情绪障碍，同时也在掠取有意义与舒适的健康心理生活。

(二)生理的健康

生理的健康,意指生理各组织器官功能的正常运作,目的在使生命得以延续。良好的生理健康,需要运动、环境及营养三方面的配合,也是维持与促进生理健康的必要条件。包括:①养成良好的生活习惯,如清洁、睡眠、饮食、运动及娱乐等。②按时接受疫苗接种。③定期实施健康检查。④戒除不良嗜好,如烟、酒等。⑤改善生活环境,如居住环境与工作环境之清洁、光线、通风、温度及湿度等。⑥创造生活能力。

(三)良好的适应能力

适应是一种对生活环境的调适过程,细指个体与环境的互动关系。良好的适应能力(社会适应)应具以下三个基本条件:①适应行为能促使个人的需要获得满足,内在的紧张得以解除或缓和。②适应行为能够同时为他人所接受及社会所赞许。③适应结果可以促进个人未来之适应。

二、影响健康的层面

影响身体健康的主要因素,大约可归纳为五个层面,每一层面不仅影响健康的状态,而且也互为关系,如图 3-1 所示。

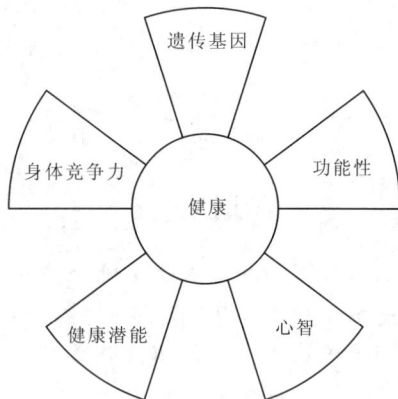

三、影响健康的因素

影响健康的因素主要为内在因素和外在因素。

内在因素:遗传的特性、年龄、性别、生活习惯、免疫力。外在因素:教育程度、经济因素、人口因素、环境因素、医疗服务品质和保健设施。

图 3-1

四、亚健康

(一)亚健康概念

世界卫生组织认为:健康是一种身体、精神和交往上的完美状态,而不只是身体无病。根据这一定义,经过严格的统计学统计,人群中真正健康(第一状态)和患病者(第二状态)不足 2/3,有 1/3 以上的人群处在健康和患病之间的过渡状态,世界卫生组织称其为"第三状态",常常被称为"亚健康"状态,是非病非健康状态。这是一类次等健康状态(亚即次等之意),是介于健康与疾病之间的状态,故又有"次健康""第三状态""中间状态""游移状态""灰色状态"等称谓。

(二)亚健康状态表现

亚健康状态大体有以躯体症状为主的躯体亚健康状态、以心理症状为主的心理亚健康状态、以人际交往中的不良症状为主的人际交往亚健康及慢性疲劳综合征。主要表现在:躯体亚健康状态;心理亚健康状态;人际交往亚健康;慢性疲劳综合征。

(三)亚健康的调控

亚健康包含着前后衔接的几个阶段,其中,与健康紧紧相邻的可称作"轻度心身失调"，它常以疲劳、失眠、胃口差、情绪不稳定等为主症，但是这些失调容易恢复，恢复了则与健康人并无不同。从亚健康产生的原因我们可以看到，社会环境压力和人的自我调节能力是与亚健康密切相关的外部和内部因素。因此，要摆脱亚健康的困扰，应当：①保证合理的膳食和均衡的营养，其中，维生素和矿物质是人体所必需的营养素；②人体不能合成维生素和矿物质，而维生素 C、B 族维生素和铁等对人体尤为重要，因此每天应适当地补充多元维生素片；③调整心理状态并保持积极、乐观的精神；④及时调整生活规律，劳逸结合，保证充足睡眠；⑤增加户外体育锻炼活动，每天保证一定运动量。

对绝大多数亚健康患者来说，一个重要表现是平日里运动少，饭量小，食物越来越精，对维生素和各种矿物质的摄取常难以满足需要。为了尽快摆脱亚健康状态，建议每日摄取一定量的维生素和矿物质补充剂。

▶ 第二节 健康管理

一、健康管理概述

(一)健康管理的概念

世界卫生组织于 1948 年在《组织法》中指出："健康不仅是没有疾病或不虚弱，而且是精神上、身体上和社会适应方面的完美状态。"健康管理是依据此定义，在管理学理论和方法指导下，综合多个相关学科的理论和方法进行的，旨在提高社会健康意识，改善群体健康行为，提高个体生活质量的有计划、有组织的系统活动过程。简单地说，是指一种对个人或群体的健康危险因素进行全面管理的过程。

健康管理的基本思想是"有病早治，无病早防，预防为先"，最终目的在于降低个人健康风险和疾病发生率，及早发现疾病，提高临床疾病治愈率和降低死亡率，合理配置社会资源、降低国家医疗费用，全面提高个人、社区的健康水平和生活质量。目前，健康管理主要运用于慢性病的防治与管理。实践证明，健康管理不仅带来了巨大的社会效益，如疾病负担、群体精神压力的减轻。而且，通过健康管理系统收集和积累的个人健康信息，可以为卫生部门研究疾病的趋势和原因，制定医疗卫生政策和策略提供十分重要的数据。健康管理确实是一种行之有效的方法。

(二)健康管理的内容

健康管理的理论涉及医学、行为科学、管理学、经济学、营养学、社会学、教育学、体育学、传播学等多个学科的基本理论和基本原则。它的基本内容是：①健康调查；②讲课检查诊断活动；③检查诊断后的对策；④健康干预；⑤健康增进活动；⑥健康教育；⑦个人健康管理日记；⑧效果分析。

二、健康自我管理

健康自我管理是在系列健康教育课程帮助下，掌握健康生活方式的基本知识和管

理技能，充分利用各种社区资源，通过个人的努力对自身不良的行为和生活方式进行校正，降低健康危险因素，提高健康水平的自我管理活动。因此通过健康自我管理活动促进健康，提高生活质量就显得更为重要。

健康自我管理的内容包括健康评估、健康计划、健康计划监督反馈、社会支持四个方面。

健康自我管理的基本技巧主要有：①做积极的自我管理者；②尝试一步一步地完成某一行动；③注意学习他人的经验；④积极寻求他人的理解和支持；⑤及时消除不良情绪，保持积极向上的情感状态。

解决问题的技巧主要有：①找出问题；②列出解决问题的办法；③选择一种方法尝试；④评价尝试的结果；⑤用另一种方法代替第一种效果不佳的方法，继续尝试；⑥进一步寻找社会支持；⑦接受现实，此问题可能目前无法解决。

制订计划的技巧主要有：①决定自己要做的事并拟订要达到的目标；②分解目标，寻找可行的方法和途径；③制订短期行动计划；④执行行动计划；⑤检验执行结果；⑥进行中期调整(解决问题)；⑦及时奖励自己。

与医生交流的技巧是按 P.A.R.T 的模式，即 P—准备，A—询问，R—复述，T—行动四个步骤来进行。

三、健康体适能

健康是人类社会的宝贵财富，是人类生存和发展的重要保障，而具有良好的体适能是人类健康的最重要的标志，是人类享受生活、提高工作效率和增强对紧急突发事件应变能力的重要物质基础。健康体适能是体适能的重要组成部分，主要由身体成分、心肺适能、肌肉力量、肌肉耐力和柔韧性等与人体健康密切相关的要素组成。健康水平高低受遗传、营养、环境和运动等多种先天和后天因素的影响，而运动是发展体适能和增进健康最为积极和有效的手段之一。越来越多的科学实验研究还发现，缺乏运动是当代人类健康的四大隐患之一，而经常运动能够明显增强心脏功能，预防心血管疾病。能够有效改善血管弹性，减少患高血压、高胆固醇症和肥胖症等疾病的危险。能够在一定的程度上改善机体免疫功能，提高机体的抗病能力，减缓机体的衰老速度。运动还有助于改善糖尿病、骨质疏松、关节炎、精神紧张、焦虑和抑郁等身心疾病的病情。

体适能一词来自英文 Physical fitness，一般是指身体适应能力或者完成身体运动的能力。但是，作为一个科学概念，体适能有着自己特定的内涵。健康体适能包含身体成分、心血管适能、肌肉适能(肌肉力量和耐力)、柔软性等。

▶ 第三节 《国家学生体质健康标准》测量与评价

一、《国家学生体质健康标准》概述

《学生体质健康标准》自 2002 年试行以来，各地认真组织推广试行，取得了很好的成果。教育部、国家体育总局根据《学生体质健康标准》试行五年来的实际情况和调研所发现的问题，对《学生体质健康标准》进行了修订和完善，并定名为《国家学生体质健康标准》，于 2007 年正式颁布实施。《国家学生体质健康标准》的正式颁布实施，对于加强素质教育、提高我国青少年体质健康水平发挥了积极的作用，产生了深远的影响。2014 年，教育部对《国家学生体质健康标准》进行了修订，并于 2014 年 7 月 7 日颁布了《国家学生体质健康标准(2014 年修订)》。

（一）《国家学生体质健康标准》名称的含义

《国家学生体质健康标准》的内涵是测量学生体质健康状况和锻炼效果的评价标准，是国家对不同年龄段学生体质健康方面的基本要求，是学生体质健康的个体评价标准。健康的概念包括身体健康、心理健康和社会适应。《国家学生体质健康标准》涵盖的是与学校体育密切相关的学生身体健康范畴。为了界定它的内涵，又避免与三维的健康概念相混淆，故将"体质"作为"健康"的定语以示其内涵。

《国家学生体质健康标准》名称的外延涉及它的教育激励、反馈调整和引导锻炼功能。

教育激励功能。《国家学生体质健康标准》是促进学生体质健康发展、激励学生积极进行身体锻炼的教育手段。所选用的指标可以反映与身体健康关系密切的身体成分、心血管系统功能、肌肉的力量和耐力以及关节和肌肉的柔韧等要素的基本状况。《国家学生体质健康标准》的实施将使学生和社会能够对影响身体健康的主要因素有一个更加明确的认识和理解，引导和帮助人们去积极追求身体的健康状态，实现学校体育的目标。《国家学生体质健康标准》实施办法还规定，对达到合格以上等级的学生颁发证章，以激发学生对体育锻炼的内在积极性。

反馈调整功能。《国家学生体质健康标准》是学生体质健康的个体评价标准，并规定了各校应将每年测试的数据按时上报至国家学生体质健康标准数据管理系统。该系统具有按各种要求进行统计、分析、检索的功能，并定期向社会公布。该系统为学生及其家长提供了在线查询和在线评估服务，向学生提供了个性化的身体健康诊断，使学生能够在准确了解自己体质健康状况的基础上进行锻炼；该系统还可为各级政府机关、教育行政部门、学校提供翔实的统计和分析数据，使之了解学生的体质健康状况，及时采取科学的干预措施。

引导锻炼功能。《国家学生体质健康标准》增加了一些简便易行、锻炼效果较好的项目，并提高了部分锻炼项目指标的权重，对指导学生进行体育锻炼具有较强的实效性；同时通过国家学生体质健康标准数据管理系统，学生还可以查询到针对性较强的

运动方案,用于自身因地制宜地进行科学的体育锻炼,提高身体健康水平。

(二)制定《国家学生体质健康标准》的基本原则

《国家学生体质健康标准》强调的是促进学生身体的正常生长和发育,促进形态机能的全面协调发展,促进身体健康素质的全面提高和激励学生主动自觉地参加经常性的体育锻炼。《国家学生体质健康标准》在研制过程中,始终把握了以下几个基本原则。

第一,有利于促进学生、家长乃至全社会对健康概念的重新认识,建立符合现代社会发展趋势的体质健康的新理念,认识到身体成分、身体形态、身体机能、身体素质和运动能力是影响人体健康水平的重要因素。

第二,有利于明确地帮助和督促学生实现健康目标。

第三,有利于引导学生选择简便易行、实效性强的项目进行锻炼,并促进学生运动技能水平的提高。

第四,有利于科学、综合地评价学生个体的体质健康状况,对每一名学生的体质健康状况进行监控和及时反馈,激发学生自觉参加体育锻炼,培养学生终身追求健康生活方式的行为和习惯。

第五,有利于减轻学生的负担(包括身体和心理负担)。

第六,有利于促进学校在"健康第一"思想指导下将体育课程与《国家学生体质健康标准》相结合,两者既各有侧重,又相互配合,促进体育课程内容的改革,激励学生主动上好体育课,积极参与体育锻炼,全面实现体育与健康课程的目标。

第七,有利于行政部门和学校的管理。

(三)实施《国家学生体质健康标准》的重要意义

1. 贯彻实施《中华人民共和国体育法》

《国家体育锻炼标准》是经国务院批准实施的我国重要的体育制度。《中华人民共和国体育法》明确规定:学校必须实施国家体育锻炼标准,对学生在校期间每天用于体育活动的时间给予保证。《国家学生体质健康标准》是《国家体育锻炼标准》在学校的具体实施,目的在于鼓励广大青少年自觉积极地锻炼身体,促使身体的正常发育和全面发展,增强体质,为全面建设社会主义现代化国家,为培养德、智、体、美全面发展的人才服务。《国家学生体质健康标准》的实施不仅会促进学生积极锻炼,纠正和改变目前学生体质健康状况出现的突出问题,使学生拥有健康的体魄和健全的人格,而且还是依法办学、依法执教的重要内容。

2. 贯彻落实"健康第一"的指导思想和全国学校体育工作会议的精神

学校教育,特别是学校体育直接肩负着"增强学生体质"和"促进学生健康"的使命。《国家学生体质健康标准》是积极贯彻落实《中共中央国务院关于深化教育改革,全面推进素质教育的决定》所提出的"健康体魄是青少年为祖国和人民服务的基本前提,是中华民族旺盛生命力的体现。学校教育要树立健康第一的指导思想,切实加强体育工作"这一思想的重大举措,也是深化学校体育教学改革、推进素质教育的重要步骤。《国家学生体质健康标准》是学生体质健康的个体评价标准和学生是否能够毕业的参考条件之一;是激励学生积极参加体育锻炼、促进学生体质健康发展的一种教育手段;引导广大青少年学生努力拥有健康的体魄和健全的人格，将"健康第一"的指导思想落到实处。

3. 满足社会发展对人体健康的需要

现代文明在带给人们充分物质享受的同时，也给人类的健康带来了新的威胁。由于精神紧张、营养过剩、运动不足、环境污染等因素所引发的非传染性疾病在全球不断蔓延，处于"亚健康状态"的人群不断扩大。关爱生命、追求健康是现代人追求的目标。实施《国家学生体质健康标准》对于唤起学生的健康意识、改变学生不良的生活习惯和生活方式、促进学生健康的成长必将起到积极的作用。《国家学生体质健康标准》是激励学生积极进行身体锻炼的教育手段，而不是为了甄别和选拔优秀体育运动员。《国家学生体质健康标准》采用的是个体评价标准，针对身体形态、身体机能、身体素质和运动能力设置了专门的测评项目，有些项目还具有简便易行、实效性较强等特点。测评能够帮助学生发现自身的不足或个体差异，并促进学生积极参加体育锻炼，通过锻炼改善体质健康状况，促进身体全面发展，成为具有正确的体育意识和健康的生活方式的高素质的建设者，进而使学校体育在促进国民健康素质方面起到应有的作用。

4. 发展和完善学生体质健康评价体系

学生体质健康评价是学校体育工作中的重要环节，也是学校教育评价体系中的重要组成部分。正确、合理地对学生进行体质健康评价，对于促进学校体育和教育工作有着重要的意义。《国家学生体质健康标准》是在继承了《国家体育锻炼标准》的成功经验，认真总结了《学生体质健康标准》试行工作的基础上，根据当前学校体育工作中的有关问题，特别是学生体质调研发现的肺活量水平继续呈下降趋势，速度、爆发力、耐力素质水平进一步下降，肥胖检出率继续上升等问题，参考国际上有关研究的成功经验和先进做法，对《学生体质健康标准》进行了修改和完善后正式颁布实施的。《国家学生体质健康标准》对于评价学生的体质健康状况，引导学生积极锻炼都有了新的发展。《国家学生体质健康标准》从建立和完善我国学校教育评价体系的目标出发，体现了学校体育的价值，回答了学校体育为什么要以"体质健康"为本和怎样以"体质健康"为本的问题，明确了"体质健康"不仅应是学校体育追求的目标，而且是学校体育课程存在的根本理由。《国家学生体质健康标准》的实施将对我国深化学校体育改革，完善体质健康评价体系，提高全体学生综合素质，具有深刻的影响和深远的历史意义。

二、大学生《国家学生体质健康标准》

（一）大学生《国家学生体质健康标准》测试内容

《国家学生体质健康标准》规定，大学生测试指标均为必测指标。大学生测试项目单项指标与权重见表3-1。

表 3-1　大学生《国家学生体质健康标准》测试项目单项指标与权重

单项指标	权重（%）
体重指数（BMI）	15
肺活量	15

续表

单项指标	权重(%)
50 米跑	20
坐位体前屈	10
立定跳远	10
引体向上(男)/1 分钟仰卧起坐(女)	10
1000 米跑(男)/800 米跑(女)	20

注:体重指数(BMI)＝体重(千克)/身高^2(米^2)。

(二)大学生《国家学生体质健康标准》测试方法

1. 身高

(1)测试目的。

测试学生身高,与体重测试相配合,评定学生的身体匀称度,评价学生生长发育水平及营养状况。

(2)场地器材。

身高测量计。使用前应校对 0 点,钢尺测量基准板平面至立柱前面红色刻线的高度以 10.0 厘米为标准,误差不得大于 0.1 厘米。同时应检查立柱是否垂直,连接处是否紧密,有无晃动,零件有无松脱等情况,并及时加以纠正。

(3)测试方法。

受试者赤足,立正姿势站在身高计的底板上(上肢自然下垂,足跟并拢,足尖分开约成 60 度)。足跟、骶骨部及两肩胛区与立柱相接触,躯干自然挺直,头部正直,耳屏上缘与眼眶下缘呈水平位。测试人员站在受试者右侧,将水平压板轻轻沿立柱下滑,轻压于受试者头顶。测试人员读数时双眼应与压板水平面等高。记录员复述后进行记录。以厘米为单位,精确到小数点后一位。测试误差不得超过 0.5 厘米。

(4)注意事项。

①身高测量仪应选择平坦靠墙的地方放置,立柱的刻度尺应面向光源。

②严格掌握"三点靠立柱""两点呈水平"的测量姿势要求,测试人员读数时两眼一定与压板等高,两眼高于压板时要下蹲,低于压板时应垫高。

③水平压板与头部接触时,松紧要适度,头发蓬松者要压实,头顶的发辫、发结要放开,饰物要取下。

④读数完毕,立即将水平压板轻轻推向安全高度,以防碰坏。

⑤测量身高前,受试者应避免进行剧烈的体育活动和体力劳动。

2. 体重

(1)测试目的。

测试学生的体重,与身高测试相配合,评定学生的身体匀称度,评价学生生长发育的水平及营养状况。

（2）场地器材。

杠杆秤或电子体重计。使用前需检验其准确度和灵敏度。准确度要求误差不超过0.1%，即每百千克误差小于0.1千克。检验方法是：以备用的10千克、20千克、30千克标准砝码（或用等重标定重物代替）分别进行称量，检查指标读数与标准砝码误差是否在允许范围。灵敏度的检验方法是：放置100克重砝码，观察刻度尺变化，如果刻度抬高了3毫米或游标向远移动0.1千克而刻度尺维持水平位时，则达到要求。

（3）测试方法。

测试时，杠杆秤应放在平坦地面上，调整0点至刻度尺水平位。受试者赤足，站在秤台中央。测试人员放置适当砝码并移动游标至刻度尺平衡。读数以千克为单位，精确到小数点后一位。记录员复诵后进行记录。测试误差不超过0.1千克。

（4）注意事项。

①测量体重前受试者不得进行剧烈体育活动和体力劳动。

②受试者站在秤台中央，上下杠杆秤动作要轻。

③每次使用杠杆秤时均需校正。测试人员每次读数前都应校对砝码重量避免差错。

3. 肺活量

（1）测试目的。

测试学生的肺通气功能。

（2）场地器材。

电子肺活量计。

（3）测试方法。

房间通风良好，使用干燥的一次性口嘴（非一次性口嘴，则每换测试对象需消毒一次。每测一人时将口嘴朝下倒出唾液，并注意消毒后必须使其干燥）。肺活量计主机放置在平稳桌面上，检查电源线及接口是否牢固，按工作键液晶屏显示"0"，即表示机器进入工作状态，预热5分钟后测试为佳。

首先告知被测者不必紧张，以中等速度和力度尽全力吹气效果最好。令被测试者手持吹气口嘴，面对肺活量计站立试吹1～2次，首先看仪表有无反应，还要试口嘴或鼻处是否漏气，调整口嘴位置和使用鼻夹（或自己捏鼻孔）；学会深吸气（避免耸肩提气，应该像闻花式的慢吸气）。测试时，受试者进行一两次较平日深一些的呼吸动作后，更深的吸一口气，向口嘴处慢慢呼出至不能再呼出为止，防止此时从口嘴处吸气，测试中不得中途二次吸气。吹气完毕后，液晶屏上最终显示的数字即为肺活量毫升值。每位受试者测三次，每次间隔15秒，记录三次数值，选取最大值作为测试结果。以毫升为单位，不保留小数。

（4）注意事项。

①电子肺活量计的计量部位的通畅和干燥是仪器准确的关键，吹气筒的导管必须在上方，以免口水或杂物堵住气道。

②每测试10人及测试完毕后用干棉球及时清理和擦干气筒内部。严禁用水、酒精等任何液体冲洗气筒内部。

③导气管存放时不能弯折。

④定时校对仪器。

4. 800 米或 1000 米跑

(1)测试目的。

测试学生耐力素质的发展水平,特别是心血管呼吸系统的机能及肌肉耐力。

(2)场地器材。

400 米、300 米、200 米田径场跑道,地质不限。也可使用其他不规则场地,但必须丈量准确,地面平坦。秒表若干块,使用前需要校正,要求同 50 米跑。

(3)测试方法。

受测者至少两人一组进行测试,站立式起跑。当听到"跑"的口令后开始起跑。计时员看到旗动开表计时,当受试者的躯干部位到达终点线垂直面时停表。以分、秒为单位记录测试成绩,不计小数。

(4)注意事项。

①如果在非 400 米标准场地上测试,测试人员应向受试者报告剩余圈数,以免跑错距离。

②测试人员应告知受试者在跑完后应保持站立并缓缓走动,不要立刻坐下,以免发生意外。

③受试者不得穿皮鞋、塑料凉鞋、钉鞋参加测试。

④对分、秒进行换算时要细心,防止差错。

5. 坐位体前屈

(1)测试目的。

测量学生在静止状态下的躯干、腰、髋等关节可能达到的活动幅度,主要反映这些部位关节、韧带、肌肉的伸展性和弹性及学生身体柔韧素质的发展水平。

(2)场地器材。

坐位体前屈测试计。

(3)测试方法。

受测者两腿伸直,两脚平蹬测试纵板坐在平地上,两脚分开 10～15 厘米,上体前屈,两臂伸直向前,用两手中指尖逐渐向前推动游标,直到不能前推为止。测试计的脚蹬纵板内沿平面为 0 点,向内为负值,向前为正值。记录数值以厘米为单位,保留一位小数。测试两次,取最好成绩。

(4)注意事项。

①身体前屈,两臂向前推游标时两腿不能弯曲。

②受试者应匀速向前推动游标,不得突然发力。

6. 仰卧起坐

(1)测试目的。

测试腹肌耐力。

(2)场地器材。

垫子若干块(或代用品),铺放平坦。

(3)测试方法。

受试者仰卧于垫上,两腿稍分开,屈膝呈 90 度左右,两手指交叉贴于脑后。另一同伴压住其踝关节,以便固定下肢。受试者起坐时两肘触及或超过双膝为完成一次,仰卧时两肩胛必须触垫。测试人员发出"开始"口令的同时开表计时,记录 1 分钟内完成次数。1 分钟到时,受试者虽已坐起但肘关节未达到双膝者不计该次数,精确到个位。

(4)注意事项。

①如发现受试者借用肘部撑垫或臀部起落的力量坐起时,该次不计数。

②测试过程中,观测人员应向受试者报数。

③受试者双脚必须放于垫上。

7. 引体向上

(1)测试目的。

测试学生的上肢肌肉力量和耐力的发展水平。

(2)场地器材。

高单杠或高横杠,杠粗以手能握住为准。

(3)测试方法。

受试者跳起双手正握杠,两手与肩同宽成直臂垂悬。静止后,两臂同时用力引体(身体不能有附加动作),上拉到下巴超过横杠上缘为完成一次,记录引体次数。

(4)注意事项。

①受试者应双手正握单杠,待身体静止后开始测试。

②引体向上时,身体不得做大的摆动,也不得借助其他附加动作撑起。

③两次引体向上的间隔时间超过 10 秒终止测试。

8. 50 米跑

(1)测试目的。

测试学生速度、灵敏素质及神经系统灵活性的发展水平。

(2)场地器材。

50 米直线跑道若干条,地面平坦,地质不限,跑道线要清楚。发令旗一面,口哨一个,秒表若干块(一道一表)。秒表使用前,应用标准秒表校正,每分钟误差不得超过 0.2 秒。标准秒表的选定,以北京时间为准,每小时误差不超过 0.3 秒。

(3)测试方法。

受试者至少两人一组测试。站立起跑,受试者听到"跑"的口令后开始起跑。发令员在发出口令的同时要摆动发令旗。计时员视旗动开表计时。受试者躯干部位到达终点线的垂直面停表。以秒为单位记录测试成绩,精确到小数点后一位。小数点后第二位数按非"0"时则进 1,如 10.11 秒读成 10.2 秒,并记录。

(4)注意事项。

①受试者测试最好穿运动鞋或平底布鞋,赤足亦可。但不得穿钉鞋、皮鞋、塑料凉鞋。

②发现有抢跑者,要当即召回重跑。

③如遇风时一律顺风跑。

9. 立定跳远

(1)测试目的。

测试学生下肢肌肉爆发力及身体协调能力的发展水平。

(2)场地器材。

沙坑、丈量尺。沙面应与地面平齐。如无沙坑,可在土质松软的地上进行。起跳线离沙坑近端不得少于30厘米。起跳地面要平坦,不得有坑凹。

(3)测试方法。

受试者两脚自然分开站立,站在起跳线后,脚尖不得踩线(最好用线绳做起跳线)。两脚原地同时起跳,不得有垫步或连跳动作。丈量起跳线后缘至最近着地点后缘的垂直距离。每人试跳三次,记录其中最好一次的成绩。以米为单位,保留两位小数。

(4)注意事项。

①发现犯规时,此次成绩无效。三次试跳均无成绩者,再跳至取得成绩为止。

②可以赤足,但不得穿钉鞋、皮鞋、塑料凉鞋测试。

三、大学生《国家学生体质健康标准》评分表

《国家学生体质健康标准》是国家学校教育工作的基础性指导文件和教育质量基本标准,是评价学生综合素质、评估学校工作和衡量各地教育发展的重要依据,是《国家体育锻炼标准》在学校的具体实施,适用于全日制普通高等学校的学生。

本标准从身体形态、身体机能和身体素质等方面综合评定学生的体质健康水平,是促进学生体质健康发展、激励学生积极进行身体锻炼的教育手段,是国家学生发展核心素养体系和学业质量标准的重要组成部分,是学生体质健康的个体评价标准。

本标准的学年总分由标准分与附加分之和构成,满分为120分。标准分由各单项指标得分与权重乘积之和组成,满分为100分。附加分根据实测成绩确定,即对成绩超过100分的加分指标进行加分,满分为20分。大学的加分指标为男生引体向上和1000米跑,女生1分钟仰卧起坐和800米跑,各指标加分幅度均为10分。根据学生学年总分评定等级:90.0分及以上为优秀,80.0~89.9分为良好,60.0~79.9分为及格,59.9分及以下为不及格。大学男、女生体重指数(BMI)单项评分见表3-2。大学男生评分标准见表3-3。大学女生评分标准见表3-4。加分指标评分见表3-5。

表 3-2 大学生体重指数(BMI)单项评分表

等级	单项得分	男生体重指数(千克/米^2)	女生体重指数(千克/米^2)
正常	100	17.9~23.9	17.2~23.9
低体重	80	≤17.8	≤17.1
超重		24.0~27.9	24.0~27.9
肥胖	60	≥28.0	≥28.0

表 3-3　大学男生评分标准

等级	单项得分	肺活量（毫升）		50 米跑（秒）		坐位体前屈（厘米）		立定跳远（厘米）		引体向上（次）		1000 米跑（分·秒）	
		大一大二	大三大四	大一大二	大三大四	大一大二	大三大四	大一大二	大三大四	大一大二	大三大四	大一大二	大三大四
优秀	100	5040	5140	6.7	6.6	24.9	25.1	273	275	19	20	3′17″	3′15″
	95	4920	5020	6.8	6.7	23.1	23.3	268	270	18	19	3′22″	3′20″
	90	4800	4900	6.9	6.8	21.3	21.5	263	265	17	18	3′27″	3′25″
良好	85	4550	4650	7.0	6.9	19.5	19.9	256	258	16	17	3′34″	3′32″
	80	4300	4400	7.1	7.0	17.7	18.2	248	250	15	16	3′42″	3′40″
及格	78	4180	4280	7.3	7.2	16.3	16.8	244	246			3′47″	3′45″
	76	4060	4160	7.5	7.4	14.9	15.4	240	242	14	15	3′52″	3′50″
	74	3940	4040	7.7	7.6	13.5	14.0	236	238			3′57″	3′55″
	72	3820	3920	7.9	7.8	12.1	12.6	232	234	13	14	4′02″	4′00″
	70	3700	3800	8.1	8.0	10.7	11.2	228	230			4′07″	4′05″
	68	3580	3680	8.3	8.2	9.3	9.8	224	226	12	13	4′12″	4′10″
	66	3460	3560	8.5	8.4	7.9	8.4	220	222			4′17″	4′15″
	64	3340	3440	8.7	8.6	6.5	7.0	216	218	11	12	4′22″	4′20″
	62	3220	3320	8.9	8.8	5.1	5.6	212	214			4′27″	4′25″
	60	3100	3200	9.1	9.0	3.7	4.2	208	210	10	11	4′32″	4′30″
不及格	50	2940	3030	9.3	9.2	2.7	3.2	203	205	9	10	4′52″	4′50″
	40	2780	2860	9.5	9.4	1.7	2.2	198	200	8	9	5′12″	5′10″
	30	2620	2690	9.7	9.6	0.7	1.2	193	195	7	8	5′32″	5′30″
	20	2460	2520	9.9	9.8	−0.3	0.2	188	190	6	7	5′52″	5′50″
	10	2300	2350	10.1	10.0	−1.3	−0.8	183	185	5	6	6′12″	6′10″

表 3-4　大学女生评分标准

等级	单项得分	肺活量（毫升）		50 米跑（秒）		坐位体前屈（厘米）		立定跳远（厘米）		一分钟仰卧起坐（次）		800 米跑（分·秒）	
		大一大二	大三大四	大一大二	大三大四	大一大二	大三大四	大一大二	大三大四	大一大二	大三大四	大一大二	大三大四
优秀	100	3400	3450	7.5	7.4	25.8	26.3	207	208	56	57	3′18″	3′16″
	95	3350	3400	7.6	7.5	24.0	24.4	201	202	54	55	3′24″	3′22″
	90	3300	3350	7.7	7.6	22.2	22.4	195	196	52	53	3′30″	3′28″
良好	85	3150	3200	8.0	7.9	20.6	21.0	188	189	49	50	3′37″	3′35″
	80	3000	3050	8.3	8.2	19.0	19.5	181	182	46	47	3′44″	3′42″

续表

等级	单项得分	肺活量(毫升)		50 米跑(秒)		坐位体前屈(厘米)		立定跳远(厘米)		仰卧起坐(次)		800 米跑(分·秒)	
		大一大二	大三大四	大一大二	大三大四	大一大二	大三大四	大一大二	大三大四	大一大二	大三大四	大一大二	大三大四
及格	78	2900	2950	8.5	8.4	17.7	18.2	178	179	44	45	3'49"	3'47"
	76	2800	2850	8.7	8.6	16.4	16.9	175	176	42	43	3'54"	3'52"
	74	2700	2750	8.9	8.8	15.1	15.6	172	173	40	41	3'59"	3'57"
	72	2600	2650	9.1	9.0	13.8	14.3	169	170	38	39	4'04"	4'02"
	70	2500	2550	9.3	9.2	12.5	13.0	166	167	36	37	4'09"	4'07"
	68	2400	2450	9.5	9.4	11.2	11.7	163	164	34	35	4'14"	4'12"
	66	2300	2350	9.7	9.6	9.9	10.4	160	161	32	33	4'19"	4'17"
	64	2200	2250	9.9	9.8	8.6	9.1	157	158	30	31	4'24"	4'22"
	62	2100	2150	10.1	10.0	7.3	7.8	154	155	28	29	4'29"	4'27"
	60	2000	2050	10.3	10.2	6.0	6.5	151	152	26	27	4'34"	4'32"
不及格	50	1960	2010	10.5	10.4	5.2	5.7	146	147	24	25	4'44"	4'42"
	40	1920	1970	10.7	10.6	4.4	4.9	141	142	22	23	4'54"	4'52"
	30	1880	1930	10.9	10.8	3.6	4.1	136	137	20	21	5'04"	5'02"
	20	1840	1890	11.1	11.0	2.8	3.3	131	132	18	19	5'14"	5'12"
	10	1800	1850	11.3	11.2	2.0	2.5	126	127	16	17	5'24"	5'22"

表 3-5　加分指标评分表

加分	男生引体向上(次)		男生 1000 米跑(分·秒)		女生 1 分钟仰卧起坐(次)		女生 800 米跑(分·秒)	
	大一大二	大三大四	大一大二	大三大四	大一大二	大三大四	大一大二	大三大四
10	10	10	−35"	−35"	13	13	−50"	−50"
9	9	9	−32"	−32"	12	12	−45"	−45"
8	8	8	−29"	−29"	11	11	−40"	−40"
7	7	7	−26"	−26"	10	10	−35"	−35"
6	6	6	−23"	−23"	9	9	−30"	−30"
5	5	5	−20"	−20"	8	8	−25"	−25"
4	4	4	−16"	−16"	7	7	−20"	−20"
3	3	3	−12"	−12"	6	6	−15"	−15"
2	2	2	−8"	−8"	4	4	−10"	−10"
1	1	1	−4"	−4"	2	2	−5"	−5"

　　注：引体向上、1 分钟仰卧起坐均为高优指标，学生成绩超过单项评分 100 分后，以超过的次数所对应的分数进行加分；1000 米跑、800 米跑均为低优指标，学生成绩低于单项评分 100 分后，以减少的秒数所对应的分数进行加分。

表 3-6　《国家学生体质健康标准》登记卡（大学样表）

姓　名		性　别		学　号	
院（系）		民　族		出生日期	

单项指标	大一 成绩	大一 得分	大一 等级	大二 成绩	大二 得分	大二 等级	大三 成绩	大三 得分	大三 等级	大四 成绩	大四 得分	大四 等级	毕业成绩 得分	毕业成绩 等级
体重指数（BMI）（千克/米²）														
肺活量（毫升）														
50米跑（秒）														
坐位体前屈（厘米）														
立定跳远（厘米）														
引体向上（男）/ 1分钟仰卧起坐（女）（次）														
1000米跑（男）/ 800米跑（女）（分·秒）														
标准分														

加分指标	大一 成绩	大一 附加分	大二 成绩	大二 附加分	大三 成绩	大三 附加分	大四 成绩	大四 附加分	
引体向上（男）/ 1分钟仰卧起坐（女）（次）									
1000米跑（男）/ 800米跑（女）（分·秒）									
学年总分									
等级评定									
体育教师签字									
辅导员签字									

学校签章：　　　　年　　月　　日

注：高等职业学校、高等专科学校参照本样表执行。

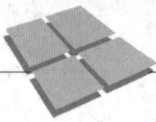

每个学生每学年评定一次，记入《〈国家学生体质健康标准〉登记卡》(见表 3-6)。特殊学制的学校，在填写登记卡时可以按规定和需求相应地增减栏目。学生毕业时的成绩和等级，按毕业当年学年总分的 50% 与其他学年总分平均得分的 50% 之和进行评定。

学生测试成绩评定达到良好及以上者，方可参加评优与评奖；成绩达到优秀者，方可获体育奖学分。测试成绩评定不及格者，在本学年度准予补测一次，补测仍不及格，则学年成绩评定为不及格。普通高等学校学生毕业时，测试的成绩达不到 50 分者按结业或肄业处理。

学生因病或残疾可向学校提交暂缓或免予执行《国家学生体育健康标准》的申请，经医疗单位证明，体育教学部门核准，可暂缓或免予执行《国家学生体育健康标准》，并填写《免予执行〈国家学生体质健康标准〉申请表》(表 3-7)。

表 3-7　免予执行《国家学生体质健康标准》申请表(样表)

姓　　名		性　　别		学　　号	
班　级/院（系）		民　　族		出生日期	
原因				申请人： 　　年　月　日	
体育教师签字		家长签字			
学校体育部门意见				学校签章： 　　年　月　日	

注：中等职业学校及普通高等学校的学生，"家长签字"由学生本人签字。

存入学生档案。确实丧失运动能力、被免予执行《国家学生体育健康标准》的残疾学生，仍可参加评优与评奖，毕业时《国家学生体育健康标准》成绩需注明免测。

>>>>>>>>>>>>>>>>>>>>>>> 复习思考题 <<<<<<<<<<<<<<<<<<<<<<<<

1. 健康的科学内涵是什么？影响健康的层面有哪几个方面？
2. 亚健康概念是什么？如何摆脱亚健康的困扰？
3. 如何有效地进行健康自我管理？
4. 健康体适能概念是什么？
5. 在健康体能测试中必测项目有哪几项？选测项目又有哪几项？

第四章 健康膳食与肥胖的控制

▶ 第一节 营养素

营养是指获得与利用食物的综合过程。营养素是指能在体内消化吸收,具有供给热能、构成机体组织和调节生理机能,为机体进行正常物质代谢所必需的物质。

营养素是构成机体组织的物质基础,运动可以增强肌体活动能力,运动与营养的科学结合,可有效促进身体的生长发育及提高健康水平。

一、蛋白质

蛋白质的营养功用主要有:①构成和修补机体组织;②调节生理功能;③供给热能;④对高级神经的影响。

蛋白质需求受人体生理状况和蛋白质质量影响,因此,成年人的供给量为每日每千克体重1～1.5克。

蛋白质来源非常广泛,主要在动物性食物和植物中的豆类、谷类和坚果类食物中。鸡蛋蛋白质的氨基酸最理想,它与人体的需求比较接近,生物价高达94%。

二、脂肪

脂肪的功用主要有:①供给热能;②构成机体的重要成分;③促进脂溶性维生素的吸收和利用;④增加食物的美味和饱腹感。

脂肪供给的能量占总能量的百分比,青少年以25%～30%为宜,成年人以20%～25%为宜。

三、糖

糖的营养功用主要有:①供给热能;②构成机体的重要物质;③保护肝脏;④维持中枢神经系统的功能;⑤促进蛋白质的吸收与利用;⑥抗生酮作用;⑦维持心肌和骨骼肌的正常功能。

成年人糖的供给量以占总能量的50%～70%为宜。糖在膳食中所占比例较高,一般在膳食热量充足的情况下不会缺糖。因此,通常情况下,没有必要在额外再补充糖。

糖在自然界中分布很广,主要在植物食物中,粮食和根茎植物含糖丰富。此外,水果、瓜类也含糖。

四、维生素

维生素是维持人体生命和正常人体生理功能不可缺少的一种营养素，也是一类（低分子）有机物。它的种类很多，化学性质不同，生理功能各异，既不参与构成组织，也不供给热能，却对体内生物氧化等代谢过程有重要作用，能促进机体吸收大量能源物质和构成基本物质原料，调节物质代谢和能量转换，总的来说就是调节物质代谢，保证生理功能。

目前已知的维生素有 30 多种，按其溶解性质，分为脂溶性和水溶性，脂溶性维生素有维生素 A、维生素 D、维生素 E、维生素 K，水溶性维生素有维生素 B_1、维生素 B_2、维生素 C 等。其中人体所需有 10 多种，它在体内不能合成或合成甚微，在体内储藏量很小，因此，必须经常从食物中摄取。此外，合理选择、正确加工和烹饪食物，对保证人体必需的维生素起重要作用。

当膳食中维生素长期不足或缺乏，可能会引起代谢紊乱或缺乏症。长期轻度缺乏，可使人的劳动能力、抵抗力及运动能力下降。过多也会对机体有害，会导致不良反应，使机体中毒等。

预防维生素缺乏或过多的主要措施是通过食物摄取维生素，保持平衡膳食。

五、矿物质（无机盐也称矿物质）

矿物质的功用有构成机体组织、调节生理机能、维持正常代谢。

矿物质包括除碳、氢、氧、氮以外的存在于体内的其他各种元素，含量较多的有钙、磷、钠、钾、铁、锌、镁 7 种，被称为常量元素，含量较少的铁、碘硒、锌、铜存在数量较少，有的只有微量存在，故称为微量元素。

六、水

水的生理功能主要有：①机体重要组成成分；②参与物质代谢；③参与维持体温的恒定；④体内物质运输；⑤水是润滑剂；⑥保持腺体正常分泌；⑦维持脏器形态和机能。

人体需水量取决于排水量，正常成年人每日需水 2000～2500 毫升，每日摄入的水量应与机体经过各种途径排出的水量保持平衡为标准。

体内水的主要来源是来自饮料水、食物水和代谢水（也称体内氧化水）。在摄入水时除考虑机体平衡外，还应考虑水的卫生状况。

▶ 第二节　合理营养

人类为了维持生命与健康，必须每天从食物中获取身体必需的各种营养物质，供给细胞所需要的能量，维持各组织器官的正常运行。人的生命就像一棵小树，它需要不断地浇水、施肥、培土才能茁壮成长。所以，只有合理、科学地补充营养，才能从

营养中获得健康，提升生命的质量。

一、合理营养概念

所谓合理营养，是指对人体提供符合卫生要求的平衡膳食，使膳食的质和量适应人体的生理、生活、劳动以及一切活动的需要，符合合理营养要求的膳食一般称为平衡膳食。

二、合理营养的要求

营养的核心是"合理"，也就是"吃什么""吃多少""怎么吃"。

合理营养是一个综合性概念，它既要求通过膳食调配提供满足人体生理需要的能量和各种营养素，又要考虑合理的膳食制度和烹调方法，以利于各种营养素的消化、吸收与利用，此外，还应避免膳食构成的比例失调。某些营养素摄入过多，以及在烹调过程中营养素的损失或有害物质的形成，这些都会影响身体健康。

第一，膳食中的热量和各种营养素必须满足生理和活动的需要。即膳食中必须含有蛋白质、脂肪、糖类、维生素、无机盐及微量元素、水和膳食纤维等人体必需的营养素，且保持各营养素之间的物量平衡，避免有的缺乏、有的过剩。因此，食物应多样化，因为任何一种天然食物都不能提供人体所必需的一切营养素。所以多样化的食物是保证膳食平衡的必要条件。

第二，合理的饮食制度。如安排多少得当，可采取早晨吃好、中午吃饱、晚上吃少的原则。

第三，适当的烹调方法。要以利于食物的消化吸收，且有良好的食品感官性状，能刺激食欲为原则。

第四，食品必须卫生且无毒。在社会进步、生活水平不断提高的今天，补充营养的物质条件已经基本具备，但是，生活、工作压力大，饮食无规律等的不良生活习惯却难以避免。因此，选择适合自己的营养助餐就成为帮助人们达到合理营养、促进健康的绝好办法。

▶ 第三节　肥胖的控制

人有胖瘦之分，体重过轻则为瘦，过重则为胖，那么以什么样的标准来衡量是胖还是瘦呢？当然必须有个参照值，这个参照值，我们就把它称之为标准体重。

一、体重与标准体重测算

体重是指人体各部分的总质量，受年龄、性别、种族、遗传、饮食及地理环境的影响。虽体重是在不断变化的，但在某一个时期内是相对保持恒定的。

成年：〔身高（厘米）－100〕×0.9＝标准体重（kg）

男性：身高（厘米）－105＝标准体重（kg）

女性：身高（厘米）－100＝标准体重（kg）

二、肥胖程度的判定

以超过标准体重的百分比来判定肥胖的程度。把肥胖分成轻、中、重三个等级，其中超过标准体重 20％为轻度肥胖；超过 30％为中度肥胖；超过 50％为重度肥胖；而超过标准体重 10％时，称为偏胖或超重，此时揭示人们要注意自己的体重增加了。事实上，通过运动维持体重在标准范围内，对自身健康大有好处，身体也显得特别健壮。

另外，我国有些地方采用测皮脂厚度的方法及体重指数计算的方法。

（一）标准体重（100％）测定

实测体重超过标准体重，小于 20％者称为超重；实测体重超过标准体重 20％以上，并有脂肪百分率（F％）超过 30％者则可诊断为肥胖病。体重超过标准体重的 30％～50％，F％超过 35％～45％者称中度肥胖病；超过标准体重 50％以上，F％超过 45％以上者称为重度肥胖病。

（二）体重指数测定

体重指数（BMI）＝体重（kg）/身长（m）；体重指数<25 者属Ⅰ级；体重指数为 25～30 者属Ⅱ级；体重指数为 30～40 者属Ⅲ级；体重指数>40者属Ⅳ级。

（三）肥胖度测定

肥胖度＝（实测体重－身高标准体重）÷身高标准体重×100％

三、肥胖的常见原因

第一，遗传与环境因素。

相当多的肥胖者有一定的家族倾向，父母肥胖者其子女及兄弟姐妹间的肥胖亦较多，大约有 1/3 的人肥胖与父母有关。

第二，物质代谢与内分泌功能的改变。

肥胖的物质代谢异常，主要是碳水化合物的代谢、糖代谢、脂肪代谢的异常。内分泌功能的改变主要是胰岛素、肾上腺皮质激素、生长激素等代谢的异常。

第三，能量的摄入过多，消耗减少。

能量的摄入过多主要表现在食欲亢进，消耗的减少是活动减少及摄入与排出的不平衡。

第四，脂肪细胞数目的增多与肥大。

脂肪细胞数目的逐渐增多与年龄增长及脂肪堆积程度有关，很多从少儿时期开始肥胖的人，成年后仍肥胖，则是体内脂肪细胞的数目明显增多。而缓慢持续的肥胖，则既有脂肪细胞的肥大又有脂肪细胞的增多，一个肥胖人的全身脂肪细胞可比正常人的脂肪细胞增加 3 倍以上。

第五，神经精神因素。

表现为对某种食物的强烈食欲，以及人们通过视觉、嗅觉和人为地吞食比赛的刺激反射地引起食欲，食量倍增，如某些精神病人表现的食欲亢进症。

第六，生活及饮食习惯。

欧洲人过多地食肉及奶油；游牧民族的大量食肉；南非人的过多糖饮食等。

第七，其他因素。

性别不同、年龄差异、职业不同、环境因素、吸烟饮酒等也会导致肥胖。然而肥胖的产生，一般都是几种因素综合的结果，因此，大多采取综合性治疗方案，效果更佳。

四、肥胖的危害

肥胖不仅影响人的工作、生活、学习和美观，而且对身体器官也会有影响，肥胖者易患糖尿病、高血压、胆结石、痛风、心血管疾病、关节炎、骨骼疾病、呼吸机能障碍等，其严重程度与肥胖程度成正比。此外肥胖及瘦弱者均会影响仪态与情绪。另外，青少年肥胖还易导致肥胖性生殖无能症。

五、控制肥胖的手段

仍应维持均衡的营养，摄取充足的蛋白质、维生素及矿物质，配合适当的运动，例如，走路、慢跑、游泳、有氧舞蹈、跳绳、爬山、骑脚踏车、球类等可活动全身肌肉的有氧运动。

减重不宜太快，一周以 0.5～1 千克为原则，每天减少 500 大卡热量的摄取或增加 500 大卡热量的消耗。

(一)饮食

①忌食甜腻、油炸，含高脂肪、高热量及热量浓缩型食物，如肥肉、糕点、坚果、汽水、可乐等，以白开水取代含糖饮料。②多用蒸、煮、凉拌等低油烹饪方式。③吃到八分饱。④营养平均分配，不偏废任何一餐。定时定量，勿暴饮暴食。点心应列入饮食计划，晚餐不过量，不吃宵夜，不无谓应酬。⑤选用热量低，体积大，膳食纤维丰富的食物，可考虑采用代糖调味。⑥细嚼慢咽，延长进食时间。⑦不要吃太咸太辣，口味重易增加食欲，要控制血压，减轻心脏负荷。⑧改变用餐顺序，先喝汤，再吃蔬菜，再慢慢吃肉类和米饭。⑨饿得受不了时，先吃些全麦高纤的小点心，再喝一杯水，亦可准备一些低热量点心作为解馋之用。⑩多吃新鲜蔬果。水果宜尽量选择糖分低的种类，如番茄等。

(二)生活习惯

①多走路，少坐车。②不要过度地看电视(看电视时消耗的热量比休息时还低)，尤应避免边看电视边吃零食。③饭后立刻刷牙，可避免饭后继续吃，并维持口腔卫生。④不要因为失恋、无聊、心情不好而暴饮暴食。⑤吃饱才去采购食物，买菜应有计划。⑥定时测重记录，适时给予自己奖惩。

(三)运动

①运动是减肥中不可或缺的角色，可帮助脂肪的消除。但光靠运动减肥效果是有限的，一定要搭配饮食控制。②依身体状况、年龄选择适合的运动及合理的运动计划，必要时应请教医师。③循序渐进：每周的运动频率至少三次以上，每天的运动时间由 15 分钟(运动到出汗)慢慢增加。运动强度应视个人体能状况而定，约为最大心跳数的

60%～90%（最大心跳数＝200－年龄）。④在生活中增加运动的机会，如走楼梯，提早两站下车走路回家等。⑤运动项目宜多样化，并应适时休息与补充水分。⑥持之以恒。一旦停止运动，就会胖回来，体重控制无快捷方式，"少吃多动"而已。

　　减重是减到一个可以达到、亦可长期维持的"合理体重"。最好的减肥方法，还是由饮食（低热量又含均衡的营养）、运动、行为调整，并建立良好的生活态度的减重方式（称之为"学院派"减肥法，也是没有药害顾虑的鸡尾酒疗法）。它不但能减重，去脂肪，并能促进健康而不反弹。

>>>>>>>>>>>>>>>>>>>>>>>>>>> 复习思考题 <<<<<<<<<<<<<<<<<<<<<<<<<<<<<<<

1. 营养、营养素的概念是什么？
2. 蛋白质、脂肪、糖各有哪些功能？
3. 合理营养概念是什么？有哪些要求？
4. 肥胖形成的原因是什么？有哪些危害？如何有效控制肥胖？

第五章 运动与保健

体育运动是我们顺应新的生活节奏，提高身心健康的重要辅助手段。19 世纪初，德国著名医生戈菲朗特曾经指出："世界上没有一个懒人可以长寿；凡长寿的人，其一生总是积极活动的。"

▶ 第一节 生命在于运动

现代科技的发展为我们提供了许多可以偷懒的机会：发达的交通和通信网络大大缩短了时空距离，人们徒步越来越少，家用电器的产生使人们从繁重的家务劳动中解放出来，体力劳动的强度大幅度降低。可见，随着科学技术的发展，人类运动呈相对下降趋势，人类缺乏运动的状况已十分严重。国外一些学者，曾做过限制人运动的科学实验。将若干 20～30 岁的健康男子分成两组，要求第一组被试在 20 天里静卧在床，不做任何活动，第二组被试也接受同样的规定，不同的是允许该组被试每天躺在床上可以在专门的器械上锻炼 4 次。20 天后，让两组被试下床活动，第一组被试感到头昏眼花、四肢乏力、心慌气短、肌肉酸痛和不想吃饭。第二组被试依然可以保持试验前的工作能力，没有出现第一组被试那样剧烈的身体反应。这一实验表明，如果没有运动，人的健康就会受到很大影响，甚至会使生命受到威胁，运动得少，生命力就脆弱。要保持健康旺盛的生命力，就需要进行有规律的运动。长期不活动，各组织器官将发生退化和机能衰退，以至于危及生命。运动是人类生命的基础，体育锻炼是通向健康的重要手段。

▶ 第二节 运动对身心健康的影响

前面已经阐述过健康的概念和标准，并且知道了人体的健康受多种因素的影响，它们相互作用、相互渗透和相互制约。但运动对身心健康的影响是最大的，有不可替代的作用。法国医学家蒂素说过："运动的作用可以代替药物，但所有的药物都不能代替运动。"有调查表明，一半以上的人在离开学校后就中断了体育运动。我国已出现了大量"亚健康"状态的人群，他们不可能都涌进医疗机构接受诊治，也没有必要都去接受医生和心理大夫的诊治，他们应该面向体育运动。体育运动可以降低应激反应，缓解在工作、生活中产生的身心疲劳，消除因不当负荷和困苦创伤产生的紧张情绪，使锻炼者达到消除烦恼、遣乐于身的目的。

一、体育运动可提高身体素质

体育运动能改善神经系统的平衡性和灵活性：运动能改善大脑的供血供氧状况，使人头脑清醒，思维敏捷，从而提高大脑的分析、综合能力。由此，中枢神经系统对身体各器官系统的调节作用显著提高，身体的适应能力和工作能力得到增强。

体育运动能促进人体内脏器官构造的改善和功能的提高。运动时，由于人的体内能量消耗增加，代谢产物增多，新陈代谢旺盛，血液循环加速，从而使血液循环系统、呼吸系统、消化系统、排泄系统的机能都得到改善，特别是能使心脏产生运动性增大、心肌收缩力增强、心脏容积增大、每搏输出量增大、安静时频率变慢，从而出现心脏工作"节省化"现象；肺活量增大，呼吸深度加深，肺通气量增大；血管弹性增加，血流量加速加大，因此，经常锻炼可预防高血压、高血脂、动脉硬化和冠心病等。

体育运动还能提高机体的免疫功能。有研究表明，长期坚持长跑的人，其血清免疫球蛋白增多，免疫调节功能增强，自然杀伤细胞活性增强，这有利于提高肌体应激能力，增强肌体对疾病的免疫力和病后康复力，并能推迟人体衰老的生理过程，从而达到防病治病，延年益寿的效果。

二、体育运动能增进心理健康

随着生产力发展水平的提高和科学技术的不断进步，人们对健康的要求越来越高。人类的生活方式与生存环境加重了人们的心理负荷，甚至导致身心障碍与身心疾病。体育运动可以提高心理应激水平，避免一般的刺激对人体的损害，在遇到强刺激时也能保持心理平衡。长期坚持锻炼能使人形成良好的生活方式，大大降低"生活方式病"（各种性病、癌症、心脏病、痛风、中风等），能显著提高心理承受能力和健康水平。

体育运动可以培养人们良好的意志品质、道德意识、道德情感与道德行为习惯，同时能提高人们的审美情趣、审美意识与审美能力。

体育运动可以调节人的情感，愉悦身心。体育运动所体现出来的价值已为越来越多的人所接受，因为体育运动能调节心理，使人精神振奋，心情愉快，可以调理人的心理疾患，增强人们在快节奏生活中的自信心。人们通过参加体育活动，特别是那些自己擅长的项目，可以获得非常微妙的快感，满足现实生活中得不到的成就需要和尊重需要，使由于工作和生活所带来的紧张、焦虑、疲劳等不良情绪得到有益的调节与放松。体育运动能转移不愉快的情绪，使人的头脑从担忧及紧张思维活动中解脱出来，摆脱烦恼和痛苦。体育运动能提高人们对社会和自然环境的适应能力。经常参加体育活动，可以提高人对同伴、对集体和社会的适应力，使人具有团结合作的精神、豁达合群的性格、愉快乐观的情绪，从而适应各种人际关系，胜任各种社会角色。

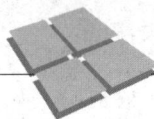

▶ 第三节　根据个人实际合理选择运动项目

人体的生理结构虽然相同，但由于年龄、性别、身体功能、基本活动能力、个人锻炼目的等都存在很大的差异，同时各运动项目对人体的作用特点也不一样，如果是体弱、运动能力较差的，体育锻炼的主要任务则是提高人体的抵抗力和适应性；体质状况与运动能力较好并具备一定运动基础的人，身体锻炼的目标可以定为达到某项运动水平等。因此，为避免锻炼的盲目性，应根据个人实际，合理选择运动项目，才能达到应有的锻炼效果。

一、根据年龄选择运动项目

老年人各组织器官的机能逐渐衰退，关节、韧带的灵活性、弹性都较差，不宜完成幅度较大或用力过猛的动作，以免造成肌肉或韧带断裂。同时，老年人的骨组织疏松，容易发生骨折，锻炼时尤其要防止跌倒、碰撞等事故发生。老年人可选择一些活动量相对平稳的散步、健身跑、门球、太极拳、节奏轻缓的健身舞等。

青壮年时期是整个人生中体质最发达时期，能承受较大的练习强度。依据自己的兴趣爱好，可选择一些对抗性强、活动较剧烈、负荷较大的运动项目，如球类、爬山、游泳、器械练习、节奏较快的健身操等。对于在校大学生来说，锻炼的内容可以多种多样，丰富多彩，除认真完成学校安排的学习计划外，课余时间可根据身体素质测试情况，按照自己的锻炼目标、兴趣和特长，选择适合自己的锻炼项目，有意识地加强弱项，把锻炼的内容进行合理的搭配和安排，使课内与课外、身体素质与动作技能、局部练习与全面锻炼等有机结合，不断增强自身的体质，养成锻炼的好习惯，打好终身体育的基础。

少年儿童处于身体发育的阶段，骨骼硬度小，韧性大，心肺功能尚未完善，所以在全面锻炼身体的同时，要避免过分剧烈的运动和过大的负荷。

二、根据性别选择运动项目

男性肌肉发达，肩宽，髋窄，完成力量、速度、跳跃等练习的能力较强。女性的肌肉不如男性发达，因此运动负荷也应小于男性，但其髋部宽，重心低，关节韧带的灵活性较好，适合完成平衡性、柔软性要求较高的动作。同时，一般情况下，女性喜欢动作轻盈、优美、富于韵律的项目与动作，男性偏爱刚健有力、冒险性强、对抗性强的项目与动作。

三、根据身体情况和职业特点选择运动项目

任何年龄组的人都需要根据身体各部位的机能情况，选择锻炼的项目和运动负荷。另外，不同职业者，劳动强度差别非常大，身体活动部位也不相同，劳动环境更是千差万别。即使是脑力劳动者，劳动强度也不尽相同，个人一定要根据客观实际，有针对性地选择锻炼项目，以达到锻炼的目的。

▶ 第四节　运动必须遵循的原则

运动的原则也就是身体锻炼的原则，是指在进行锻炼过程中必须遵守的行为准则。它既是人们长期身体锻炼经验的概括与总结，又是身体锻炼客观规律的反映。为了使身体锻炼达到最佳的效果，参与任何一项运动都应遵循以下原则。

一、主动性原则

积极主动是参加并坚持身体锻炼的首要条件。主动性是指锻炼者在充分理解运动的目的、意义的基础上，自觉、自愿、主动、积极地进行身体练习。比如，有的是为了更健全的生长发育；有的是为了调节紧张的学习生活；有的是为了某项运动技能与成绩得以提高；有的是为了更结实健美；有的则是为了锻炼意志、防病治病等。

二、全面性原则

全面性原则是指在锻炼中，统筹兼顾，使身体各部位、各器官、各系统的机能及各种身体素质和活动能力都得到均衡的发展。人体是一个复杂的生命有机体，各个方面的锻炼是相互影响与制约的，只有全面锻炼，才能互相促进，共同提高，否则，就容易出现畸形，有损健康。尤其是正处在生长发育阶段的大学生，贯彻全面锻炼的原则更为重要。

第一，锻炼形式多样化，全面提高身体机能。

人体是一个互相联系、互相制约的有机体，各器官、系统的功能受体内其他器官和外界环境的影响而发生变化。任何局部功能的提高，必定促进肌体其他部位机能的发展。如果没有肌体各部位机能的普遍改善，就不能有局部机能的大幅度提高。如进行经常性的长跑锻炼，腿部力量得到发展，呼吸和血液循环系统的功能也会显著提高。只有心肺功能得到相应提高，下肢活动才能顺利完成，也才能获得较好的运动成绩。

第二，锻炼项目多样化，全面发展身体素质。

全面发展身体素质，对提高身体的基本活动能力和运动技术水平起着重要的作用。全面发展各项身体素质，必须根据自身特点、专业特征和兴趣爱好，选择一两个能弥补和发展自身所需素质的项目，作为每天进行锻炼的主要内容。青年学生多选择一些能促进全身血液循环、提高心肺功能、调节中枢神经系统的运动项目，如长跑、球类、游泳、体操、武术等，以达到全面提高身体素质的目的。

第三，锻炼条件勤变化，提高人体的适应能力。

人体对外界环境的适应能力，是人体健康状况、体质好坏的重要标志之一。因此，作为学生，应注意加强对外界环境适应能力的锻炼。在校学习期间，多学习一些锻炼身体的原理和方法，养成锻炼身体的习惯；毕业后，结合自然环境进行锻炼，积极适应大自然的变化。通过锻炼，使自己精力充沛，意志坚强，从而提高工作效率，愉悦生活。

三、循序渐进原则

循序渐进原则是指在进行体育锻炼时，必须遵循人体活动的规律，科学地安排锻炼的内容、方法、负荷、难度等。由于体育锻炼的过程是人体对内外环境变化适应的过程，这个过程不能急于求成，必须逐步提高才能获得良好的效果。

第一，遵循人体生理规律。

人体活动能力的提高，是肌体在适宜的刺激强度范围内，按照提高—适应—再提高—再适应的规律有节奏地上升。即每次锻炼都是由相对安静状态逐步进入到工作状态然后达到较大的负荷，发挥出最强的工作能力，最后产生一定的疲劳，活动能力又相对下降。因此，体育锻炼之前要做适应性的准备活动，结束后要做放松练习，这样可防止运动损伤，并尽快消除疲劳，不断提高肌体的活动能力，达到增强体质的目的。

第二，锻炼的强度和难度要循序渐进。

体育锻炼不能急于求成，运动负荷必须符合自己的实际情况，逐渐增加，并在适应后再做相应的调整。学习动作要由易到难，由简到繁，由慢到快，逐步掌握。只有这样，才能更好地掌握动作技能，达到最好的锻炼效果。

四、经常性原则

经常性原则又叫持续性原则，是指锻炼者按预定的锻炼计划，持之以恒，不间断地从事身体锻炼。

经常参加体育锻炼，并不是说无论什么情况，都必须每天运动，而是根据自己的实际，每周锻炼3次或5次。如果工作繁忙不能按计划进行，可充分利用零散时间活动。一天进行几次短时间的活动同样会取得较好的效果。只要不长期地停止锻炼，就能保持旺盛的体力和精力。

五、因人制宜原则

体育锻炼的一个重要目的是使人体适应外界环境。因人制宜原则是指在身体锻炼过程中，根据锻炼者的个人特点以及季节、地域等客观条件，合理地确定锻炼内容，选择锻炼方法和安排运动负荷，使之符合实际需要。体育锻炼时，要根据个人的年龄、性别、爱好、身体条件、职业特点、锻炼基础等不同情况做到区别对待，因人而异。

▶ 第五节　体育保健

运动的目的主要是维持身心健康发展，但是往往会伴随大大小小的运动伤害，所以事前的预防胜于事后的治疗。只有在运动或锻炼时加强准备活动、整理活动、掌握一般卫生知识及疲劳的一般规律；了解运动损伤的原因及常见的非创伤性运动病症，在运动前做好充分的准备，才能真正地达到运动健身、自我保健的目的。

一、准备活动

准备活动是指比赛前、训练或体育课的基本部分之前，有目的进行各种身体练习。准备活动可使人体各器官功能从相对安静状态逐步过渡到运动状态。准备活动有助于赛前状态最优化，使机体与正式练习有关的各器官系统的活动加强，为即将进行的锻炼或比赛做好机体的功能准备、加快进入工作状态的过程，提高工作能力。

准备活动的主要作用是它能有效地克服人体的生理惰性，使人体从相对静止的状态过渡到运动状态，具体表现有：①提高中枢神经系统的兴奋性，增强肌体内分泌活动；②可以预先克服植物性神经的功能惰性，提高内脏器官的功能，使心肺功能得到更加有效的动员，从而使之逐步适应运动器官；③可使体温适度升高，从而增强代谢酶活性、加快生化反应速度和提高血红蛋白氧释放能力等；④可使肌肉温度升高，有效地降低肌肉的黏滞性，增强弹性，提高肌肉收缩效率，有效预防运动损伤。

此外，准备活动可增强皮肤的血流，有利于散热，防止运动时体温过高。准备活动按其内容分一般性准备活动、专门性准备活动、混合性准备活动。混合性准备活动兼有一般性准备活动、专门性准备活动的生理效应，效果最佳。

二、整理活动

放松整理活动是在正式身体练习后所做的一些加快机体功能恢复的较轻松的练习。具体表现在以下几方面：①减缓肌肉酸疼，有助于消除疲劳；②使肌肉血流量增加，加速乳酸利用和其他代谢产物的消除；③预防激烈活动突然停止可能引起的机体功能失调等。

放松整理活动的内容主要包括一些深呼吸运动、全身性放松的态度和伸展性练习，在放松整理活动中尤其注意使运动中主要负荷部位的肌群得到充分放松。整理活动的时间应该根据运动中的负荷量与强度来安排，一般为5～15分钟。

三、一般卫生知识

(一)运动前后的进食卫生

运动前后的进食卫生注意不要在饭后立即进行剧烈活动，因为一方面胃内食物在运动过程中振荡颠簸牵拉肠系膜，引起腹痛；另一方面运动时血液主要供应肌肉，消化器官血流量减少，不利于消化活动的进行。长此以往，易导致消化系统的慢性疾病，如胃炎、胃溃疡等。同时，应避免在剧烈运动后立即进食，待休息30～60分钟后，此时交感神经对副交感神经的抑制已基本解除，全身血流量的分配性调节也恢复正常，消化道的运动和消化腺的分泌活动也已正常，有了饥饿的感觉，此时可以进食。食物应清淡、营养丰富，但不要进食过凉、过硬或过于油腻的食品。

(二)运动时的饮水卫生

在剧烈运动中和运动前、后，均不宜一次性大量饮水，以免增加血容量，稀释血液，并且增加心脏、肾脏的工作负担。运动时的饮水应以少量、多次为原则，最好饮

用淡盐水或含盐饮料,以保持体内的水—电解质平衡,尤其在热环境中运动时更须注意。

(三)锻炼环境卫生

室外运动场地应平坦,周围栽种树木,可改善身体锻炼的空气环境,体育馆内应有完善的通风、照明、卫生设备,经常保持清洁卫生。此外,进行体育锻炼前,应认真检查运动器材安装是否牢固、有无破损以防发生意外伤害事故。体育锻炼应在空气新鲜的环境中进行,室外锻炼优于室内。特别是田野、山林、公园,空气中负离子含量较多,负离子对人体的作用可使人的精神振奋、精力旺盛、情绪良好。

(四)空腹不宜进行长时间剧烈运动

长时间剧烈运动要消耗大量能量,而能量来源来自体内血糖的氧化。早晨空腹长时间剧烈运动,无充足的血糖补充,易发生低血糖症状或发生胃痉挛。因此,早晨空腹锻炼的时间不宜超过 30 分钟,运动强度不易过大。

四、运动性疲劳

(一)运动性疲劳的表现

运动性疲劳大体上可分为肌肉疲劳、神经疲劳和内脏疲劳三类。肌肉疲劳时,肌力下降,肌肉收缩速度和放松速度减慢,收缩时间比正常时延长 4～5 倍,放松时间延长可达 12 倍,严重影响肌肉的快速、协调动作。肌肉出现僵硬、肿胀和疼痛,可能是由于机械负荷使肌纤维发生细小损伤、乳酸等代谢产物的积存和水分的积蓄等多种因素引起的。神经疲劳表现为大脑皮层功能下降,如反应迟钝、判断错误、注意力不集中等。此时,大脑皮层其他部位及皮层下中枢功能亢进,膝反射发生改变,脑干及小脑功能低下,动作协调性受到了破坏。内脏疲劳多表现为呼吸和心脏的疲劳,呼吸肌疲劳使呼吸变浅变快,气体交换能力下降。心脏疲劳时,心电图发生改变。

中枢神经系统的变化是产生疲劳的重要因素,同时,各内脏器官、肌肉和血液中所发生的一系列变化也促进疲劳的发生。因此,疲劳的产生是多种因素综合作用所致。

(二)运动性疲劳的判断

疲劳的程度可分为轻度、中度和极度疲劳。一般情况下,可以通过学生或运动员的自我感觉(如疲乏、头痛、腿痛、心悸、恶心等)和某些外部表现(如面色、排汗量、呼吸、动作、注意力等)来判断疲劳的程度(表 5-1)。有时也可测定某些生理指标以作判断疲劳程度的依据。

表 5-1　主观感觉运动性疲劳的程度可参照以下简易判断标准

内　容	轻度疲劳	中度疲劳	极度疲劳
自我感觉	无任何不舒服	疲乏、腿痛、心悸	除疲乏、腿痛、心悸外,还有头痛、胸痛、恶心甚至呕吐等征象,且这些征象持续相当一段时间。
面　色	稍红	相当红	十分红或苍白,有时呈紫蓝色。

续表

内　容	轻度疲劳	中度疲劳	极度疲劳
排汗量	不多	较多	非常多，尤其是整个躯干部分。
呼　吸	中度加快	显著加快	显著加快，并且呼吸表浅有时会出现节律紊乱。
动　作	步态轻稳	步态摇摆不稳	摇摆现象显著，出现不协调动作。
注意力	较好，能正确执行指示	执行口令不准确，会出现错误的技术动作	执行口令缓慢、技术动作出现变形。

（三）运动中推迟疲劳出现的方法

在体育锻炼时，如果运动疲劳出现得迟一些，对提高锻炼效果会有益。那么怎样才能推迟疲劳的出现呢？一般有以下几个解决方法。①平时注意坚持锻炼和运动训练，努力提高自己的身体素质。②锻炼或运动训练时，注意内容的合理安排，避免因局部负担过重产生局部疲劳，而过度影响全身整体工作能力的下降。因此，在平常锻炼时，注意内容的交替，使身体各部位活动负荷合理交换，有助于推迟疲劳的出现。③注意发展与运动项目相适应的供能能力。不同的运动项目，供能系统各有特点。如短跑主要供能系统是磷酸原系统，中跑主要是乳酸能系统，长跑主要是有氧代谢系统等。发展不同的供能系统的练习方法各有特点，在锻炼中如能了解这些特点，着重发展该系统能力，则对该项目疲劳的推迟会有帮助。④加强意志品质训练，提高心理素质，有利于疲劳时精神意志因素的改善，从而有助于推迟疲劳的出现。⑤饮食营养的合理安排。这对体内能源的充分贮备有积极意义。

（四）加速消除疲劳的方法

锻炼后产生的运动疲劳，如得不到及时消除，体力恢复不充分，势必影响到继续锻炼及工作学习的精力。因此，在运动疲劳之后，为加速疲劳的消除，有下列措施。

1. 坚持合理的生活方式

它包括规定并遵守作息时间，保持良好的睡眠条件，注意饮食卫生，克服吸烟和饮酒等不良嗜好等。睡眠是消除疲劳的重要方法，青少年和成人运动员每天要分别保证 8～9 小时的睡眠时间。在大运动量训练或比赛期间，睡眠时间应适当延长。

2. 合理补充营养

在运动疲劳后饮食中要有较充分的糖和蛋白质补充。如果是长时间的锻炼，体内能源供给有较大部分来自脂肪，这类耐力性运动疲劳后，应根据负荷的程度适当食用一些脂类食品。此外，疲劳后要注意维生素和无机盐的补充，维生素 C、维生素 B_1、维生素 B_2、维生素 A、维生素 E 等对疲劳的消除有重要作用。同时，各种高能运动饮料、电解质运动饮料及一些营养滋补剂等对体力恢复也有益。

3. 物理疗法

运动后进行按摩、光疗、电疗、温水浴或局部热敷等，可以促进全身或局部的血液循环，加强新陈代谢，加速致疲劳物质的排除。温水浴的水温以 42℃±2℃ 为最适

宜，沐浴时间一般为 10～15 分钟，最长不超过 20 分钟，每天不要超过两次。局部热敷的温度以 47℃～48℃为宜。在运动前，对负荷量较大的部位做 10 分钟的热敷，可推迟运动中出现疲劳的时间。

4. 药物

中药中的黄芪、刺五加、参三七等都具有调节中枢神经系统的功能，扩张冠状动脉和补气壮筋的作用，对促进疲劳的消除也有一定的效果。对疲劳征象明显、时间又稍长的运动员，也可使用维生素 B_{12}、三磷酸腺苷等。

5. 积极性休息

在紧张的比赛或大运动量训练后，应在舒适、幽雅的环境中休息，如在公园内散步等，对消除因体力消耗和精神紧张所引起的疲劳，具有良好的调节作用。

6. 心理调节

情绪因素对疲劳的消除也有不容忽视的作用，积极向上、乐观愉快的情绪有助于加速疲劳的消除。如欣赏优美动听的音乐，做些自我心理控制与放松调节等对体力恢复都有促进作用。

如果疲劳没有及时消除就会堆积，这样不仅会影响运动质量，还会在运动中对身体造成损伤或伤害。因此，运动后疲劳及时消除是恢复运动质量或锻炼效果的最佳方法。同时也是预防运动损伤最有效的手段，对运动损伤来讲具有现实意义。

五、运动损伤

体育运动过程中发生的损伤，称为运动损伤。运动损伤与运动项目、技术特点密切相关。对运动损伤发生的原因、规律、处理及预防措施等研究，有利于改善运动条件、运动方法、锻炼效果，使体育锻炼更好地起到促进身心健康的作用。

(一)运动损伤发生的原因

1. 思想上不够重视

损伤的发生，常与体育教师、教练员和体育锻炼者对损伤意义认识不足或思想麻痹大意有关。他们多存在一些片面认识，平时不重视安全教育或安全意识不强，教学、比赛、锻炼中没有积极采取有效的预防措施，发生损伤后，也不认真分析，吸取教训，使损伤事故不断发生。

2. 缺乏合理准备活动

准备活动是使人体各器官功能从相对安静状态逐步过渡到运动状态。准备活动有助于赛前状态最优化，使机体与正式练习有关的各器官系统的活动加强，为即将进行的锻炼或比赛做好机体的功能准备、加快进入工作状态的过程，提高工作能力。

据国内有关调查资料分析，准备活动不充分或缺乏合理准备活动是造成运动损伤的首位或第二位原因。在准备活动问题上常存在的缺点有：①不做准备活动或准备活动不充分；②准备活动内容与正式运动的内容结合得不好或缺乏专项准备活动；③准备活动量过大；④准备活动强度安排不当；⑤准备活动距正式运动的时间过长。

3. 技术上错误

技术动作错误，违反人体结构功能的特点，这是初学者学习新动作时发生损伤的主要原因。

4. 运动负荷（尤其是局部负担量）过大

运动负荷太小，达不锻炼效果，运动负荷过大，尤其是局部负担量过大，超过了人体生理承受力，也容易导致运动损伤。

5. 身体功能和心理状态不良

体质弱以及经常不参加体育锻炼的人，缺乏运动经验，身体素质差，尤其是肌肉、肌腱和关节的辅助结构薄弱，关节的稳定性、灵活性较差，动作既不协调也不合理，大脑的反应和自我保护能力差，一旦突然参加剧烈运动和长时间运动就容易受伤。

6. 组织方法不当

在教学或锻炼中，不遵守循序渐进、系统性和区别对待原则。

7. 动作粗野或违反规则

在运动中动作粗野，违反规则，打闹等。

8. 场地设备的缺点

运动场地凹凸不平，沙石满地；积水地滑，无安全保护措施；风沙大雾，光线暗淡，气温过高或过低；器材陈旧或质量差，维护不当；锻炼者的着装、护具不符合要求，人员拥挤等都很容易造成损伤。

9. 不良气象的影响

气温过高易引起疲劳和中暑、气温过低易引起冻伤或肌肉僵硬，身体协调性降低而引起肌肉韧带损伤。特别是使神经兴奋性降低和反应迟钝更易导致损伤。

（二）运动损伤处理

损伤后及时采取正确的处理方法，是促进康复的重要手段。掌握简易而有效的治疗方法，对于体育教学和体育锻炼者都有较大的现实意义。

冷敷法、热敷法是低于或高于人体温度的物理因子刺激，进行治疗的一种物理疗法，在运动损伤中是常见、易掌握的、有效的疗法。用于伤部皮肤或黏膜完整，无创口与外界相通，损伤后的出血积聚在组织内，此类损伤叫运动闭合性损伤。对于运动闭合性损伤的处理，24 小时以内处理原则是制动、止血、防肿、镇痛，即减轻炎症，可采用冷敷的方法处理，而伤后 24 小时处理可采用热敷等方法。

1. 冷敷法

冷敷能降低局部组织温度，使血管收缩，减轻局部充血，抑制神经的感觉，具有止血、镇痛、防止或减轻肿胀的作用。常用于急性闭合性软组织损伤的早期，伤后立即使用，冷敷后应加压包扎并抬高伤肢，冷敷时一般使用冰袋或寒冷气雾剂；无条件时也可用冰棍冷敷或用自来水冲几分钟，然后再用布带加压包扎，晚上睡觉时抬高受伤肢体。

2. 热敷法

热疗包括热敷（heat compress）、红外线照射等，它能扩张局部血管，增强血液和

淋巴循环，提高组织的新陈代谢，解除肌肉痉挛，加速瘀血和渗出液的吸收，促进损伤组织的修复，具有消肿、解痉、减少粘连和促进愈合的作用。常用于急性闭合性软组织损伤的中、后期和慢性损伤的治疗，热敷时一般采用热水袋或热水毛巾。

此外，对于创口与外界相通，血液流出，此类损伤又叫运动开放性损伤。运动开放性损伤的处理原则是止血和处理伤口，预防感染。

六、常见运动性病症

(一)运动中腹痛

1. 原因与发病机理

引起运动中腹痛的原因，大致可分为腹腔内疾患和与运动有关的运动性腹痛三大类。运动中腹痛往往与下列因素有关，如训练水平低、缺乏准备活动或准备活动不充分、运动强度增加过快、身体状况不佳、呼吸与动作之间节奏失调、膳食制度不合理、食物选择不当等。运动中腹痛的主要发病机理有以下几种：肝脾郁血、胃肠痉挛或功能紊乱、呼吸肌痉挛、内脏器官病。

2. 症状与体征

运动中腹痛的程度与运动负荷和运动强度密切相关。腹痛的部位，常为病变脏器所在。腹痛的性质与程度，可因引起腹痛的原因不同，其疼痛的轻重也不一样。

3. 处理

运动中出现腹痛，应适当减慢跑速，加深呼吸，调整呼吸和运动节奏，用手按压疼痛部位，或弯腰慢跑一段距离，一般疼痛可减轻或消失。如经上述处理无效，就应停止运动，口服解痉药物，点掐或针刺足三里、内关、大肠俞等穴，并热敷腹部；如果是脐直肌痉挛引起腹痛，可做局部按摩。如仍无效果，应请医生进行诊断和处理。

4. 预防

遵守科学训练原则，要循序渐进地增加运动负荷。加强全面身体训练，提高心肺功能。合理安排膳食，运动前不宜吃得过饱和饮水过多，饭后应休息 1.5～2 小时才可进行剧烈运动。运动前要充分做好准备活动，运动中注意节奏，中长跑时要合理分配跑速。患有内脏器官疾病者，应及早就医，彻底治疗；在疾病未愈之前，应在医生指导下进行体育活动。运动中经常出现腹痛者，可服用熟田七或人参粉，对预防运动中腹痛有较好的疗效。

(二)肌肉痉挛

肌肉痉挛(俗称抽筋)是肌肉不自主的强直性收缩。在运动中以小腿腓肠肌最易发生痉挛，其次是足底的屈拇肌和屈趾肌。肌肉痉挛多发生于游泳、足球、举重和长跑等运动项目。

1. 原因

①寒冷刺激；②电解质丢失过多；③肌肉舒缩失调；④运动性肌肉损伤。

2. 症状与体征

痉挛的肌肉僵硬，疼痛难忍，所涉及的关节屈伸功能受限，痉挛缓解后，局部仍有酸痛不适感。

3. 处理

解除肌肉痉挛可采用牵引痉挛肌肉的方法，还可以配合局部按摩、点穴或针刺。

4. 预防

加强体育锻炼，提高身体对寒冷的适应能力。运动前必须充分做好准备活动，对容易发生痉挛的肌肉，运动前适当按摩。夏季运动出汗过多时，要及时补充水、盐和维生素 B_1。游泳下水前，应用冷水淋湿全身，使机体对冷水的刺激有所适应；水温较低时，游泳时间不宜太长。冬季运动要注意保暖；疲劳时不要进行剧烈运动。

（三）中暑

中暑是因高温环境或受到烈日的暴晒而引起的疾病。中暑多发生在长跑、负重行军、越野跑、马拉松、自行车及足球等运动项目。

1. 原因

在炎热的夏天进行长时间耐力训练或比赛，连续训练或比赛后身体疲劳、失眠、缺盐，对热适应能力差及训练水平低者都较容易发生中暑。

2. 处理

当有先兆或轻度中暑时，应将患者迅速离开高热环境，移至荫凉通风处休息，解开衣领，并给予饮料、浓茶、淡盐水和人丹、解暑片或藿香正气丸等解暑药物。

根据不同的病情，分别作如下处理：中暑痉挛时，牵伸痉挛肌肉使之缓解，并服用含盐清凉饮料；中暑衰竭时，服用含糖、盐饮料，并在四肢作重推摩、擦摩；日射病时，头部用冰袋或冷水湿敷；中暑高热时，应迅速降温，如用凉水擦身。症状重或晕迷者，应急时送医院救治。

3. 预防

平时要坚持在较热的环境中锻炼，逐步提高身体的耐热能力。夏天运动应准备清凉消暑或低糖含盐的饮料，并准备急救药品。耐热能力较差，身体疲劳或患病时，不宜参加剧烈运动。此外，教师和教练员应懂得先兆中暑的症状，如发现有先兆中暑的症状者，应立即停止运动，并及时处理。

（四）延迟性肌肉酸痛

1. 原因

延迟性肌肉酸痛是运动时肌肉活动量过大引起局部肌纤维及结缔组织轻微损伤，以及部分肌纤维的痉挛所致。它发生在运动结束后 1～2 天，因此称延迟性肌肉酸痛。由于这种酸痛只是局部肌纤维的轻微损伤和痉挛，不会影响整块肌肉的运动功能，酸痛后经过肌肉内部的修复，肌肉组织会变得更强壮，以后同样负荷将不易发生酸痛。

在运动 24 小时之内出现肌肉僵硬、酸痛和自觉僵硬部位肿胀，有压痛，多发生在主要 肌群，而肌肉远端和肌肉—肌腱移行处症状一般较重，疼痛强烈。24～48 小时之内，酸痛达到高峰，之后自行缓解，5～7 天消失。

2. 处理

对酸痛部位进行热敷或按摩，配合做一些伸张练习，另外口服维生素 C、针灸等传

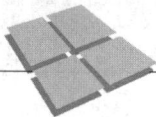

统疗法也有作用。

3. 预防

运动时，准备活动要充分，运动强度、负荷要遵循科学锻炼原则；运动后放松或整理活动也要充分，特别是主要的工作肌肉配合推拿，效果更佳。

（五）游泳性中耳炎

游泳性中耳炎是游泳时细菌随水进入中耳而引起的中耳炎症。

1. 原因

在游泳时，由于游泳池或天然游泳场的水质不清洁，当外耳道积水时间较长（鼓膜可被浸软），使耳部产生不适感，此时若用硬物挖耳，极容易损伤鼓膜，水中的致病菌便会侵入鼓膜，从而引起中耳炎；游泳时呛水，或过度用力擤鼻，常会使感染物经咽鼓管进入中耳，造成中耳感染。另外，鼓膜受伤或穿孔时致病菌可直接侵入中耳而引起感染。

急性中耳炎的早期一般无全身症状，有些患者常有疲乏感。若是化脓性炎症时期，患者有寒战、发热、全身乏力、恶心、呕吐、食欲减退，大便干燥或便秘等。局部症状常有耳内刺痛难忍、听力减退、耳鸣、在乳突部有压痛。若鼓膜穿破，常有黄色脓液从外耳道流出，此时，全身症状和局部症状均明显减轻。

2. 处理

患者最好卧床休息，多饮开水，吃流质食物，保持大便通畅，并及时到医院治疗，以防发生并发症，尽早使用抗生素或磺胺类药物。患急性中耳炎后，一定要及时、彻底治疗，否则，容易转变为慢性中耳炎。

3. 预防

游泳场的水质要符合卫生要求，不要在不清洁的水中游泳。感冒或患有上呼吸道感染不宜游泳，游泳时注意正确呼吸方法，当外耳道进水后，不要随便掏耳，可采用同侧单足跳法或手掌吸引法将水引出。

（六）低血糖症

1. 原因

运动中发生低血糖症主要是由于长时间的剧烈运动使体内消耗大量血糖；其次是运动前或运动时饥饿，体内肝糖原贮备不足，而又没有及时补充糖的消耗。此外，赛前补充糖过多、赛前精神过于紧张、赛后强烈的失望情绪或患病（如胰岛疾病、严重肝脏疾病）等，都可能使血糖含量降低导致低血糖症。

长时间剧烈运动，机体需要的能量增加，进入肌细胞的葡萄糖量亦要求增加，因此体内消耗大量血糖，将会导致胰升血糖素分泌增加；与此同时，胰岛素（有降低血糖的作用）分泌相对减少。由于胰升血糖素最主要的作用是促进肝糖原迅速分解为葡萄糖，使血糖浓度升高，以适应运动时的需要，这样，就不致发生低血糖症。但当神经系统调节糖代谢功能发生紊乱胰岛素分泌增多时，可导致低血糖症的发生。

2. 处理

让患者平卧、保暖，神志清醒者可供给热糖水或进食少量流质食物，一般经短时间后症状消失。昏迷者，可静脉注射 50% 葡萄糖 50～100 毫升，同时针刺(或指掐)人中、涌泉、合谷等穴。此外，还可用热水泡(或热湿敷)双下肢，也可作双下肢按摩(如重推摩、擦摩)，以促进下肢血液循环，有利于乳酸经血液运送到肝内，在肝细胞内重新合成为肝糖原或葡萄糖。

3. 预防

对平时缺乏锻炼、患病未愈(或初愈)及饥饿者，不能参加长时间的剧烈运动。在进行长时间耐力运动前 2 小时(或赛前 15 分钟)可按每千克体重进食 1 克糖，运动中还要适量地补充含糖饮料。此外，劝告人们应吃早餐，并要注意早餐的质和量，小学生最好还要吃课间餐，这对预防低血糖症的发生有一定作用。

>>>>>>>>>>>>>>>>>>>>>>>> **复习思考题** <<<<<<<<<<<<<<<<<<<<<<<<

1. 为什么说一个健康的民族，必然是热爱运动的民族？

2. 运动必须遵循的原则有哪些？

3. 运动损伤发生的原因有哪些？为什么说缺乏合理准备活动是造成运动损伤的首要原因？

4. 在运动损伤处理中冷敷法和热敷法各有哪些特点？

5. 请简单叙述两个你认为比较严重的运动性病症？

第六章　奥林匹克运动

在人类历史发展的长河中，除了宗教这一古老的社会文化现象外，奥林匹克运动可以称得上是一个历史最为悠久的社会文化现象。作为一种社会文化现象，奥林匹克主义以竞技的形式将不同肤色、不同文化背景的民族紧密联系在一起，促进人的生理、心理和社会道德全面发展，沟通各国人民之间的相互了解，对人类的社会生活、文明产生了深刻的影响。作为一种体育现象，奥运会是人类探索体能极限的最引人入胜的赛场之一；奖牌、记录成为运动员追求的崇高目标，奥林匹克运动已成为参与国家和地区众多，具有巨大吸引力、影响力、渗透力、凝聚力的一项全球性活动。奥林匹克运动包括以奥林匹克主义为核心的思想体系，以国际奥委会、国际单项体育联合会和各国奥委会为骨干的组织体系以四年一度的奥林匹克运动会为周期的活动体系。

▶ 第一节　古代奥林匹克运动

一、古代奥林匹克运动

古希腊是一个神话王国，优美动人的神话故事和曲折离奇的民间传说，为古奥运会的起源蒙上一层神秘的色彩。有关古代奥运会的起源的传说有很多，最主要的有以下两种：一是古代奥林匹克运动会是为祭祀宙斯而定期举行的体育竞技活动；另一种传说与宙斯的儿子赫拉克勒斯有关。赫拉克勒斯因力大无比获"大力神"的美称。他在伊利斯城邦完成了常人无法完成的任务，不到半天工夫便扫干净了国王堆满牛粪的牛棚，但国王不想履行赠送300头牛的许诺，赫拉克勒斯一气之下赶走了国王。为了庆祝胜利，他在奥林匹亚举行了运动会。所以奥林匹亚在祭奠活动中举行了人类历史上最早的运动会，希望能普及和提升人的体能和体态之美，将之奉献给希腊诸神，这种历史文化情结在现代奥林匹亚博物馆所展示的多件文物中得到了充分的体现。

另外关于古奥运会起源流传最广的故事则是佩洛普斯娶亲的故事。古希腊伊利斯国王为了给自己的女儿挑选一个文武双全的驸马，提出应选者必须和自己比赛战车。比赛中，先后有13个青年丧生于国王的长矛之下，而第14个青年正是宙斯的孙子、公主的心上人佩洛普斯。在爱情的鼓舞下，他勇敢地接受了国王的挑战，终于以智取胜。为了庆贺这一胜利，佩洛普斯与公主在奥林匹亚的宙斯庙前举行盛大的婚礼，婚礼上安排了战车、角斗等项比赛，这就是最初的古奥运会，佩洛普斯成了古奥运会传说中的创始人。

实际上，奥运会的起源与古希腊的社会情况有着密切的关系。公元前9世纪至公元前 8 世纪，希腊氏族社会逐步瓦解，城邦制的奴隶社会逐渐形成，建立了 200 多个城邦。城邦各为政，无统一君主，城邦之间战争不断。为了应付战争，各城邦都积极训练士兵。斯巴达城邦儿童从 7 岁起就由国家抚养，并从事体育、军事训练，过着军事生活。战争需要士兵，士兵需要强壮身体，而体育是培养能征善战士兵的有力手段。战争促进了希腊体育运动的开展，古奥运会的比赛项目也带有明显的军事烙印。连续不断的战事使人民感到厌恶，普遍渴望能有一个赖以休养生息的和平环境。后来斯巴达王和伊利斯王签订了"神圣休战月"条约。于是，为准备兵源的军事训练和体育竞技，逐渐变为和平与友谊的运动会。

从公元前 146 年，罗马人征服了希腊。394 年，罗马皇帝狄奥多西一世立基督教为国教，将竞技会废止。历时 1170 年，共举行了 293 届的古代奥林匹克运动会就这样被人们渐渐淡忘，而竞技体育精神却在现代奥林匹克运动中得到了新生。古奥运会从公元前 776 年起，到 394 年止，经历了 1168 年，共举行了 293 届，大致分为三个时期。

第一个时期：公元前 776 年至公元前 388 年，兴盛时期。公元前 776 年，伯罗奔尼撒的统治者伊菲图斯，努力使宗教与体育竞技合为一体。它不仅革新宗教仪式，还组织大规模的体育竞技活动，并决定每 4 年举行一次，时间定在闰年的夏至之后，所以公元前 776 年的古代奥林匹克运动会就正式载入史册，成为古代奥运会的第一届。当时仅有一个比赛项目，即距离为 192.27 米的场地跑。

这一时期各城邦之间虽有纷争，但希腊是一个独立的国家，政治、经济、文化都较发达，是运动会的黄金时期。特别是公元前 490 年，希腊雅典在马拉松河谷大败波斯军之后，民情奋发，国威大振，兴建了许多运动设施、庙宇等，参赛者遍及希腊各个城邦，奥运会盛极一时，成为希腊最盛大的节日。

第二个时期：公元前 388 年至公元前 146 年，开始衰落。由于斯巴达和雅典长期的伯罗奔尼撒战争(公元前 431 年至公元前 404 年)，希腊国力大减，马其顿逐渐吞并了希腊。马其顿君王菲利普还亲自参加了赛马。随后亚历山大大帝虽自己不喜爱体育活动，仍积极支持，并视奥运会为古希腊的最高体育活动开幕式，为其增添设施。不过，这一时期古奥运会精神已大为减色，并开始出现职业运动员。

第三个时期：公元前 146 年至 394 年，古奥运会由衰落走向毁灭。罗马帝国统治希腊后，起初虽仍举行运动会，但奥林匹亚已不是唯一竞赛地了。如公元前 80 年第 175 届奥运会，罗马竞技场地就把优秀竞技者召集在罗马比赛，而奥林匹亚只举行了少年赛。这时职业运动员已开始大量出现，奥运会成了职业选手的比赛，希腊人对之失去了兴趣。2 世纪后，基督教统治了包括希腊在内的整个欧洲，倡导禁欲主义，主张灵肉分开，反对体育运动，使欧洲处于一个黑暗时代，奥运会也随之更趋衰落，直至名存实亡。393 年罗马皇帝狄奥多西一世宣布基督教为国教，认为古奥运会有违基督教教旨，是异教徒活动，翌年宣布废止古奥运会。895 年，拜占庭人与歌德人在阿尔菲斯河发生激战，使奥林匹亚各项设施毁失殆尽。426 年狄奥多西二世烧毁了奥林匹亚建筑物的残余部分。511 年、522 年接连发生的两次强烈地震，使奥林匹亚遭到了彻底毁灭，就这样顺延了 1 000 余年的古奥运会不复存在了，繁荣的奥林匹亚变成了一片废墟。

二、古代奥运会比赛日程和项目

古代奥运会从第1届起，决定每4年举行1次，每届只举行1天。随着比赛项目的不断增多，从第22届古代奥运会开始，组织者决定将比赛时间改为3天，加上开幕式、闭幕式及庆典活动，整个会期为5天。竞赛项目增多为：五项全能(铁饼、标枪、跳远、角力、跑步)、拳击、摔跤、战车赛跑、赛马等。

古代奥运会自公元前776年第1届至394年共举办了293届，都是在古希腊奥林匹亚运动场举行。比赛场建在阿尔菲斯河谷北面的小丘旁。小丘经过修整成为看台，最初可容纳2万观众，后扩大到4.5万人，并设有160个贵宾席。比赛场长212米，宽32米，跑道长192.25米，表面未经特殊处理，起跑处铺大理石。赛场西南部有练习场，用石柱廊围起，形成一院落。一侧建会议厅、更衣室和浴室等。这里还有一个770米×320米跑马场，供赛马和马车比赛用。

三、古代奥运会处罚规则

古代奥运会的比赛规则十分严厉，违者要受到严厉的惩罚。这表现了他们的荣辱感。古希腊人认为，奥运会是神圣的，光明正大地取胜才是最光荣的。反之，则是对神圣事业的亵渎。

古代奥运会对弄虚作假者深恶痛绝。第90届古代奥运会上，一个名叫利哈斯的选手获得了冠军，他自称是斯巴达人，但经核实，他是另一个城邦的人，于是被取消了名次。古代奥运会对于行贿受贿者更是严惩不贷，不仅要剥夺冠军的称号，还要罚重金以警世人，罚金则用于雕刻宙斯像。第98届古代奥运会上，一拳击运动员因买通另外3名敌手取胜，结果4人皆被罚重金。古代奥运会的组织者用这4个人的罚金雕刻了4尊宙斯像，其中一尊还刻上了警句：奥林匹克的胜利不是可用金钱买来的，而须依靠飞快地两脚和健壮的体魄。

四、古代奥运会特色

古代奥运会有三大特色。第一，古代奥运会是以祭神为主，内容丰富多彩，是形式多样的全希腊综合盛会。包括祭祀天神宙斯，朝拜、祝祷众神，诗人朗诵作品，演说家发表祝词，开展集市贸易等活动，体育竞技仅作为其中的一项内容。第二，古代奥运会是希腊各民族文化的一部分，它起到了团结各族人民，维护国家统一，减少和制止战争的积极作用，与政治有着极为密切的关系。第三，由古希腊的风俗习惯、艺术风格、地理环境和物质生产等因素决定，"赤身运动"是它的一大特色。比赛时，要求裸体的运动员全身涂上橄榄油，以使身体在阳光的照射下熠熠生光，肌肉更富有弹性，更加显示出运动员健美的体态，使人们从中得到一种美的享受。

另外，古希腊奥运会的规则规定：禁止女子参加和参观比赛，违反者要受到极刑处置。原因有二：一是古代奥运会的大部分比赛项目，在相当长的时间内，要求运动员赤身裸体进行比赛，妇女到场有伤风化；二是古希腊的体育竞技，是宗教庆典内容之一，是不允许妇女出席的。据说，最初的古代奥运会参赛运动员是披着兽皮衣服进行比赛的。在一次比赛中，一身披狮子皮的选手，不慎将狮子皮脱落到地上，他顿时变成赤身裸体，可他并未因此而影响自己的比赛。最后，击败了对手，夺得了橄榄冠。在这次意外的"事故"中，人们发现裸体更能体现肌肉的健美，领略到了一种特殊的魅力，于是规定以后一律进行赤身比赛。

赤身运动是古希腊文化艺术的独到之处，具有悠久的历史。古希腊历史上所说的"力的时代"就是指这一时期。这在古希腊雕塑家、艺术家的作品中均有所反映，他们的作品刻画的都是赤身裸体的人物。当时，肌肉发达，健壮有力，被人们公认为是美的象征。

五、古代奥运会授奖仪式

古代奥运会的授奖仪式庄严而隆重。授奖台设在宙斯像前，橄榄冠放在一个特制的三脚台上。授奖时，先由报导官宣布运动员的姓名、比赛成绩、所属的城邦及运动员父母的名字。然后由司仪把优胜者领到主持人面前，主持人起身，将橄榄冠从三脚台上取下来，给优胜者戴上。这时，观众唱歌、诵诗、奏乐、欢呼，并向运动员投掷鲜花。古奥运会对获胜运动员的奖励，虽曾多次改变，但原则都是着重于精神奖励。物质奖励也有，但相当微薄。

以橄榄枝作为古代奥运会的精神，作为奥林匹克运动精神的象征，寓意深刻，影响久远。古希腊人认为，橄榄树是雅典保护神雅典娜带到人间的，是神赐予人类和平与幸福的象征，因此用橄榄枝编织的橄榄冠是最神圣的奖品，能获得它是最高的荣誉。据说，用于编织桂冠的橄榄枝必须得由一个双亲健在的 12 岁儿童，用纯金刀子从神树上割下来，然后精心编制。

在奥林匹亚举行的授奖仪式结束后，优胜者便可陆续还乡。这时，各城邦还将为他们的优胜者胜利归来而组织盛大的庆典活动。后来希腊还规定免去优胜运动员对国家的义务，在剧场或节日盛会上为他们设置荣誉座位，个别城邦还发给有功绩的运动员终身津贴。

六、古代奥运会的圣火

古代奥运会在召开前，依照宗教规定人们聚集在奥林匹亚宙斯神庙前，举行庄严肃穆的仪式，从祭坛点燃火炬，然后奔赴希腊各个城邦。火炬手高举火炬，一边奔跑，一边呼喊：停止一切战争，参加运动会！火炬像一道严格的命令，有至高无上的的权力，火炬到哪里，哪里的战火就熄灭了。即使是在激烈厮杀的城邦也都纷纷放下武器，神圣休战开始了。希腊又恢复了和平的生活，人们忘记了仇恨，忘记了战争，都奔向奥林匹亚参加奥林匹克运动会。

奥林匹亚位于希腊首都雅典西南 300 千米的丘陵地区，在伯罗奔尼撒半岛西部，阿尔菲奥斯河北岸（距洞口 16 千米）。自 18 世纪始，一批又一批的学者接连不断地来到奥林匹亚考察和寻找古代奥运会遗址。1766 年，英国人钱德勒（C. Chandler）首次发

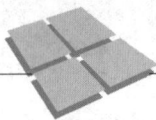

现了宙斯神庙的遗址。此后，经大批德国、法国、英国的考古学家、历史学家们对奥林匹亚遗址进行大规模的系统勘查、发掘，至1881年取得了大量有关古代奥运会的珍贵文物和史料。1936年第11届奥运会后，因有部分余款，国际奥委会决定用这笔款项继续对奥林匹亚遗址进行发掘，发现并复原了体育场。遗址东西长约520米，南北宽约400米，中心是阿尔提斯神域，是为宙斯设祭的地方，从发掘资料看，长仅200米，宽175米。神域内的主要建筑是宙斯神庙和赫拉神庙，此外还有圣院、宝物库、宾馆及行政用房等。最早的建筑物可上溯到公元前2000年至前1600年，其中尤以位于中部的宙斯神庙(约公元前460年建)最为著名。该神庙长约66米，宽30米，东西两端各有6柱，南北两面各有13柱，取多里安柱式，皆以石料精制。其东西两山墙上的群像，表现了希腊英雄佩洛普斯在奥林匹亚赛车和希腊人与半人半马怪兽斗争的神话故事，是早期古典雕刻的代表作。约作于前5世纪后半叶的宙斯巨像，用黄金、象牙镶嵌，传为古典雕刻大师菲迪亚斯(Phidias)所作，是古希腊极盛时期雕塑的代表，极为宏伟精美，被希腊人誉为世界七大奇迹之一。神域东北侧为体育场，四周有大片坡形看台，西侧设运动员和裁判员入场口，场内跑道的长度为210米，宽32米。它与附近的演武场、司祭人宿舍、宾馆、会议大厅、圣火坛和其他用房等共同构成了竞技会的庞大建筑群。现遗址上建有奥林匹克考古学博物馆，馆内藏有发掘出土的文物，包括大量古代奥运会的比赛器材和古希腊武器甲胄等。

现代奥运会的圣火都在奥林匹亚点燃，它是奥林匹克运动的象征之一。在2004年雅典奥运会"回家"之际，国际奥委会决定，将2004年雅典奥运会的铅球比赛放在奥林匹亚体育场举行，这也是在2500年之后，人们首次有机会在奥林匹亚重温奥运会之梦。

▶ 第二节 现代奥林匹克运动

一、现代奥林匹克运动的诞生

现代奥林匹克运动在19世纪兴起，是多种因素作用的结果。从14世纪起，欧洲各国相继开展文艺复兴、宗教改革和启蒙运动三大思想文化运动，18世纪到19世纪，欧洲完成了资产阶级革命和工业革命，它们为现代奥林匹克运动的诞生扫清了思想障碍，奠定了物质基础。而奥林匹克运动产生的直接动因则是古希腊的体育传统影响、资产阶级教育改革、现代体育的兴起和国际文化。

在创立现代奥林匹克运动的众多先驱者中，法国教育家顾拜旦最为突出。顾拜旦通过对阿诺德教育改革和英国竞技运动的研究，认为竞技运动可以同时收到身体训练、道德教育和社会活动能力培养的功效，是对青少年实行民主教育的适宜方式。他凭借对古希腊文化和古奥运会的深刻了解，将古希腊竞技运动的社会价值提高到新的认识，即古奥运会。它与艺术、品德高尚的公民共同构成支持古希腊文明的三大支柱。在1875—1881年，奥林匹亚考古成果不断公布，顾拜旦开始酝酿复兴奥运会。1888年，他通过各国体育状况的调查，强烈地感到需要尽快复兴古奥运会精神，以团结、友好、和平精神指导体育竞赛。泛希腊奥运会的经验和教训，使他认识到恢复奥运会必须使其具有世界性才有生命力。当时欧洲各国间争端加剧，战争危机日益加重。在这种形势下，顾拜旦希望通过体育消除偏见，增进了解，促进人们友好的共处，达到世界和平。1889 年 7 月，在巴黎召开的国际田径代表大会上，顾拜旦首次公开提出用现代化形式复兴奥运会的设想。1892 年他又发表了著名的"复兴奥林匹克"演说，正式提出了复兴奥运会的具体构想。从此奥林匹克运动进入了具体筹备阶段。

1893 年，根据顾拜旦的建议，在巴黎举行了讨论复兴奥运会问题的国际性体育会议。1894 年 1 月，顾拜旦草拟了复兴奥运会的具体步骤和需要探讨的 10 个问题，并致函各国体育组织和团体。6 月 16 日，"国际体育运动代表大会"在巴黎索邦神学院开幕，到会代表 79 人，代表着 12 个国家的 49 个体育组织，有 2000 人参加了开幕式，大会通过了《复兴奥林匹克运动》的决议。6 月 23 日成立了国际奥林匹克委员会，国际奥林匹克委员会的成立标志着现代奥林匹克运动的诞生。

现代奥林匹克运动会是近代资本主义发展的必然产物，也是近代体育思想形成后在欧美各地广泛实施的必然结果。

现代奥运会受到古代奥运会的深刻影响，但它已不是祭神的竞技，而是真正的国际性的体育竞赛。现代奥运会的产生是运动竞赛史上的一个重要里程碑，它标志着体育运动进入一个崭新的时代。

二、国际奥委会

1894 年成立的国际奥委会是一个国际性的、非政府的、非营利的组织，是领导奥林匹克运动和决定一切有关问题的最高权力机构。它的总部设在瑞士的洛桑。

国际奥委会设主席 1 人，副主席 4 人。主席从委员中选举产生，一般任期 8 年，连选可再任 4 年。

三、奥林匹克运动会的有关规定

第一，奥林匹克旗帜。

奥林匹克旗帜为长方形、白底无边、中间有五个套联的彩色圆环。象征着五大洲的团结，以及全世界的运动员以公正、坦率的比赛和友好的精神，在奥林匹克运动会上相见。

第二，奥运会宣誓仪式。

在奥运会的开幕式上，由主办国最著名的运动员宣读誓词："我以全体运动员的名誉，保证为了体育的光荣和我们运动队的荣誉，将以真正的体育道德精神参加本届奥林匹克运动会，尊重并遵守指导运动会的各项规定。"之后，裁判员也要举行宣誓仪式。

第三，奥运会奖牌。

奖牌分金、银、铜三色，圆形，直径至少 60 毫米，厚 3 毫米，上有一女神像。

第四，奥运会举办期限。

从 1932 年开始，国际奥委会规定，夏季奥运会的时间不得超过 16 天，冬季奥运会不得超过 12 天。

四、现代奥运会运动竞赛项目的设置

第一届现代奥运会举行时，国际单项体育组织还很少，奥运会项目无严格规定，基本上由东道国决定。因此，头几届奥运会不仅一些项目中的单项变化较大，而且大项也不稳定，还曾列一些在世界范围内开展不很广泛的项目，如马球、拉考斯球、汽船、壁球等。随着各种国际单项体育组织的先后建立，奥运会项目逐渐趋向稳定。

为了使奥运会在项目的设置上符合世界体育运动的发展，1963 年，国际奥委会确定了夏季奥运会的比赛项目：田径、游泳、摔跤、体操、举重、曲棍球、马术、击剑、赛艇、拳击、射击、现代五项、帆船、篮球、皮划艇、自行车、足球、排球、射箭、手球、柔道。

1972—1984 年，奥运会比赛大项一直固定为 21 项。1988 年第 24 届夏季奥运会则有历史性的突破，增加了乒乓球、网球两大项目，使夏季奥运会的大项目达 23 个，单项数达 237 个，其中男子占 151 个，女子占 72 个，男女混合项目为 14 个。

被列入奥运会正式比赛项目的批准条件是：夏季奥运会男子项目至少要在 4 大洲 75 个国家广泛开展，女子项目至少要在 3 大洲 40 个国家广泛开展。

现代奥运会诞生以来，经过 100 多年的曲折发展，已经成为当前国际生活中一项重要活动。奥林匹克运动几乎遍及世界各地，奥林匹克运动会已成为举世瞩目的高水平综合性运动会，"更快、更高、更强、更团结"的奥林匹克格言成了世界体坛响亮的口号。

五、奥林匹克文化

奥林匹克运动是以体育运动为基本内容的一种社会文化现象。奥林匹克运动从它诞生之日起就不局限于体育这一领域，而有着非常丰富的文化内涵。

古代奥运会是由古希腊人对太阳神宙斯的崇拜而诞生的，在诞生之初它的宗教文化意义远远大于它的体育意义。古代奥运会首先是作为宗教的祭祀仪式而出现的，它以祭神为主，内容丰富多彩，形式多种多样，包括祭祀天神宙斯，朝拜、祝祭众神，诗人朗诵作品，演说家发表祝词，开展集市贸易等活动，体育竞技仅作为其中的一项内容。获胜的运动员可得到为其塑像这一殊荣，而这一时期许多著名的雕塑都与运动员有关，其中最著名的是《掷铁饼者》。可见，古代奥运会为古希腊艺术家们提供了许多艺术的灵感和素材，艺术家们据此创作出了许多不朽的作品。而古代奥林匹克精神，即和平和友谊的精神，尊崇公平、平等、竞争的精神，追求人体健美的精神，表现"征服意志"的以取胜为快的追求奋进的精神，都是古希腊各民族文化中不可分割的一部分，是人类文化遗产的重要组成部分。

在现代奥林匹克运动的发展历程中，包括美术、音乐、舞蹈、建筑艺术、雕塑、文学等文化形式，在奥林匹克运动中都具有极其重要的作用。奥林匹克运动与现代文化各个方面的密切联系，不但有利于各民族文化的交流与融合，而且对奥林匹克运动和其他文化形式的发展也有着不可忽视的影响。顾拜旦从奥林匹克运动创始起，就坚决反对把这一运动看作纯粹的体育竞技运动，他指出，奥林匹克运动并非只是增强肌肉力量，它也是智力和艺术的。奥林匹克文化具有如下特征：首先，奥林匹克文化本身具有鲜明的象征性。在奥林匹克运动中有一系列独特而鲜明的象征性标志。如奥林匹克的标志——五环，它代表着五大洲和全世界的运动员在奥林匹克运动会上欢聚一堂。又如奥林匹克运动格言"更快、更高、更强、更团结"，它充分表达了奥林匹克运动不断进取、永不满足的奋斗精神和不畏艰险、敢攀高峰的拼搏精神。还有奥运会会旗、会歌、会标、奖牌和每届奥运会的吉祥物等都有很强的象征性和丰富的文化含义。其次，为避免奥林匹克运动缺乏高雅情趣，奥林匹克的各种运动，特别是奥运会中，人们运用了各种艺术手段，不仅展示了世界第一流的人体美，而且也集中了其他多种文化艺术形式的美，使这些活动达到极高的审美意境，洋溢着浓郁的艺术气息。再次，奥林匹克的文化内涵具有丰富性。由于奥林匹克运动力图从不同的角度和不同的层次去挖掘、展示人类社会中一切美好的东西，各种文化形式和艺术手段都在奥林匹克运动中找到自己的用武之地，成为奥林匹克社会文化活动的组成部分。运动竞技本身就极具艺术性和欣赏性，而像气势磅礴的奥林匹克建筑，形象生动的绘画、雕塑，优美动听的音乐等都是奥林匹克文化的重要组成部分。由此可见，奥林匹克文化本身不单纯只是体育文化这么简单，而是人类文化艺术的综合，它体现并推动着人类文明的进步。

奥林匹克运动与文化结合最集中的体现是奥林匹克文化节的举行。从1912年举办的第5届奥运会开始，连续7届奥运会设有以体育运动和奥林匹克为题材的建筑、绘画、雕塑、音乐和文学作品的比赛。后来由于比赛的评判标准难以掌握等原因，从1948年开始不再举办这种比赛，但是历届主办者都会在奥运会期间举办各种文化形式的表演和展览。《奥林匹克宪章》规定："奥运会组委会必须制定一项文化活动计划。"这就是奥林匹克文化节。奥林匹克文化节是奥林匹克运动的重要组成部分，是国际奥委会根据奥林匹克主义的原则，力图把体育运动与文化、教育融合起来的重要活动。组委会在国际奥委会的同意下，组织安排充分展示举办国和世界各种文化特色的文化活动。在奥林匹克文化节期间，五大洲的艺术家们汇集一堂，切磋技艺，交流感情，以精湛的表演展示了健美的身体与健全的精神和谐为一体的文化魅力。

>>>>>>>>>>>>>>>>>>>>>>>> 复习思考题 <<<<<<<<<<<<<<<<<<<<<<<<<

1. 现代奥林匹克运动是在什么时间及地点诞生的？
2. 国际奥委会是什么时间成立的？总部在什么地方？
3. 奥林匹克精神是什么？

第二篇 体育实践部分

第七章 篮球运动

篮球运动是一项集体性、综合性，围绕高空展开立体攻守对抗的活动性游戏。篮球运动起源于美国，1891 年由美国马萨诸塞州斯普林菲尔德基督教青年会国际训练学校体育教师詹姆斯·奈史密斯博士发明。

篮球运动是在特定的规则限制下，以投篮为中心，以得分多少定胜负的对抗性运动。篮球运动具有技术复杂、对抗性强、竞争激烈的特点。经常参加篮球运动，能促进学生速度、灵敏、力量、耐力、柔韧等身体素质的发展，提高中枢神经系统的灵活性，增强心血管、呼吸、消化系统的机能，促进肌肉和骨骼的生长发育，使身体得到全面的发展。能培养积极勇敢、果断顽强的意志品质，激发竞争意识和进取精神。现代篮球富有表现性和较强的观赏性，深受人们的喜爱。

▶ 第一节 篮球运动基本技术

一、移动

移动是指在篮球运动中，队员为了改变位置、方向、速度等所采用的各种脚步动作，它包括起动、快速跑、变向跑、急停、转身滑步等，是通过前、后脚掌蹬地、辗地来实现的，它是篮球运动各项技术的基础，完成脚步动作要具有突然性、快速性、灵活性。

1. 基本站立姿势

动作要点：两脚左右开立与肩同宽，两膝微屈上体稍前倾，身体重心位于两脚之间，两手臂自然弯曲于身体侧面，两眼平视前方。

2. 起动和快跑

起动是由静止状态转向运动状态的一种脚步动作。突然的起动和快跑结合，在进攻时是超越对方，摆脱对方防守的关键。按基本站立姿势，上体前倾或侧转，向跑的方向移动重心，后脚用力蹬地。向前跑出（如两脚平行站立，可用任一脚蹬地），头两步要小而快，并用前脚掌蹬地，迅速摆臂以提高跑速。

动作要点：移重心、蹬地快、频率快。

难点：重心移动要及时。

3. 变向跑

变向跑是队员在跑动中突然改变方向以摆脱防守或堵截对方进攻的一种方法。变向跑时(以向右变向跑为例)，左脚在脚踏出时(最后一步)要屈膝，脚尖朝右，身体重心落在左脚上，接着左脚前脚掌的内侧蹬地，上体向右转，同时右脚向右前方跨出一小步，左脚随即向右脚的斜前方跨出一大步，从右侧超越对手。

动作重点：蹬地有力，上下肢协调配合，跨步迅速。

难点：掌握重心，要有突然性。

4. 侧身跑

侧身跑是队员跑动中为了抢位，摆脱防守，接侧方或侧后方传来的球而采用的一种进攻方法。

动作方法：跑动时，头部和上体放松地向球的方向扭转，上体侧肩，脚尖朝着跑动的方向。

动作要点：上体侧转，两脚自然向前跑动。

难点：身体平衡要稳定。

5. 急停

急停是队员快速跑动中突然停住，可以用来直接摆脱防守，创造更多的进攻机会，急停可以分为跨步急停和跳步急停两种。

(1)跨步急停，由两步构成也叫两步急停，第一步稍大，上体微后仰，脚跟先着地迅速过渡到全脚抵住地面，同时屈膝降低重心，减缓前进冲力，第二步着地时，脚尖稍向内，两膝深屈，前脚掌内侧用力支撑，重心落在两脚之间。

(2)跳步急停，在近距离速度不太快的跑动中用单脚起跳(离地面不高)，两脚同时以全脚掌落地，略比肩宽，两膝弯曲降低重心落于两脚之间。

动作要点：重心移动要低，上下肢协调配合。

难点：脚掌用力和重心起伏不要过大、过高。

6. 转身

转身是队员以一脚为轴(为中枢脚)进行旋转，另一脚蹬地向前后跨步，身体随之转动，改变站立位置和方向，进攻时可用以保护球或摆脱防守，抢占有利位置，创造传球、投篮机会，可分为前转身和后转身。

(1)前转身，移动的脚从自己身前跨步使身体改变方向叫前转身。如向右做前转身时，以右脚的前脚掌为轴(脚跟提起)，左脚前脚掌内侧蹬地，身体向右转动。

(2)后转身，移动的脚向自己身后跨步使身体改变方向叫后转身。如向右做后转身时，以左脚前脚掌为轴用力辗地，右脚的前脚掌内侧蹬地，同时用力向右后方转胯、转肩。右脚蹬地迅速从左脚后跨步落地，保持身体平稳。

动作要点：转体蹬跨有力，保持身体平衡。

难点：蹬地迅速，身体重心起伏不大。

7. 滑步

滑步是防守技术的主要动作方法，能有效地堵截对方的进攻路线，可分为侧滑步、前滑步、后滑步。

(1)侧滑步，滑步前两脚左右开立，两膝微屈，上体稍前倾，两臂向两侧张开，两眼平视对方。向左滑步时，左脚先向左迈出，右脚掌内侧迅速用力蹬地滑动两脚保持一定距离，重心落于两脚中间，脚不要擦地也不要离地过高，两脚不要交叉。向右滑步的动作与左滑步动作要领相同，只是方向相反。

(2)前滑步，两脚前后开立，向前滑步时，前脚向前迈出一小步，同时后脚用力蹬地推动身体前移，后脚再迅速跟进，保持身体前后开立姿势。

(3)后滑步，后滑步与前滑步相同，只是向侧后方移动。

动作要点：蹬跨协调配合，身体平稳，两臂伸展。

难点：屈膝降低重心到位。

8. 移动的练习方法

(1)从基本站立姿势开始，听到信号或看到信号后向不同方向起动快跑。

(2)慢跑或中速跑中做跨步急停或跳步急停练习。

(3)快跑到中线做急停折线跑，急停转身折回跑。

(4)做好基本站立姿势，以一脚为中枢脚，另一脚做跨步、撤步、同侧步、交叉步，恢复基本站立姿势。

(5)对角线折线(用场地内设置的标记杆)还可结合不同的跑法进行(急停、转身、侧身、后退跑等)。

(6)一对一的攻防练习(徒手)。防守人积极防守，进攻人利用变向、急停、转身等方法摆脱对手。

(7)防守滑步，在掌握滑步动作的基础上，学习后撤步、交叉步、攻击步、绕步等方法，进行防守组合练习。

(8)追拍游戏，分成甲、乙两队站于场地中央，相距2米，相对站立听信号，如是单数甲方追拍乙方，反之乙方追拍甲方，在场地内活动每拍对方1人得1分，得分多的队获胜。

二、传球

传球动作：传球是篮球运动中组织进攻的纽带，是培养队员团结合作，发挥集体力量的重要环节，传球者要求做到及时、准确、隐蔽、多变。

1. 持球手法

持球手法是指手握球的方法，分双手持球和单手持球两种方法。

双手持球：两手手指自然分开，两手拇指相对成"八"字形，用指根以上部位握球的两侧后下方，掌心空出两臂屈肘，自然下垂，置球于胸腹之间。

单手持球：手指自然分开，用手掌外沿和指根以上部位托球，掌心空出。

2. 双手胸前传球

双手胸前传球是一种最基本、最常用的传球方法，具有球速快且有力、准确性高、容易控制、便于变化的优点。

动作方法：两手五指自然分开，拇指相对成"八"字形，用指根以上持球，掌心空出，两肘自然弯曲在体侧，将球置于胸腹之间的位置，身体成基本站立姿势，两眼注视传球目标。传球时，后脚蹬地，两臂迅速向传球方向前伸，当手臂将要伸直时，手腕由内向外、由下向上转动，前臂内旋，同时拇指用力下压，食指中指用力拨球将球传出去。（双手胸前传球见图 7-1）

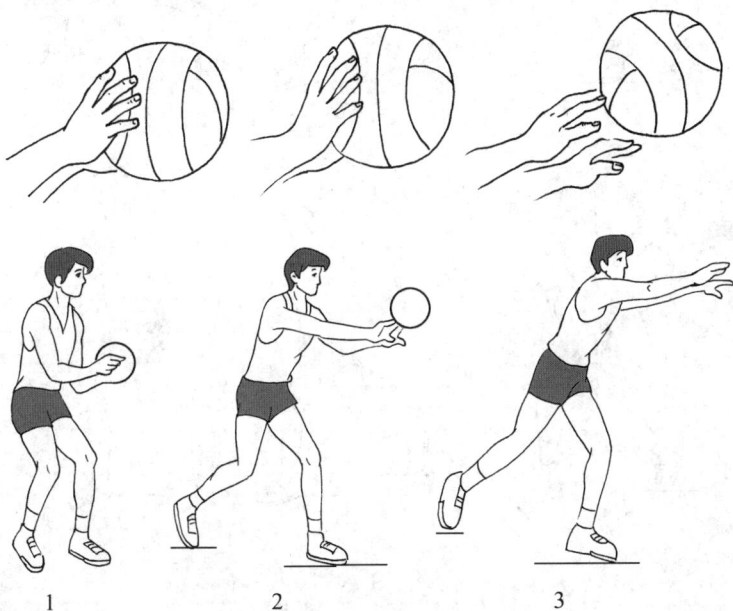

图 7-1

动作要点：持球动作准确，用力时手指手腕抖动，同时，上、下肢协调配合。

难点：手腕抖动协调，两肘不要外展，手心空出。

3. 单手肩上传球

单手肩上传球是一种中远距离的传球方法。这种传球出手点高而且快，力量和灵活性大，在长传快攻和突破起跳分球时经常采用。

动作方法：以右手为例，双手持球于胸前，两脚平行站立，传球时左脚向前迈出半步，同时将球引至右肩上方，身体稍右转，手指托球的后下方，手腕后仰，左脚侧对传球方向，重心落在右脚上，右脚蹬地转体，前臂迅速向前挥摆，手腕前屈，通过食指、中指、无名指拨球将球传出，重心随之前移。（单手肩上传球见图 7-2）

动作要点：蹬转、挥臂、扣腕一气呵成。

难点：手指拨球用力要和身体协调一致。

图 7-2

4. 反弹传球

反弹传球是一种近距离较隐蔽的传球方法，是小个队员对付高大防守者的有效传球手段。可用单、双手等方法反弹传球给同伴。

动作方法：所有的动作方法与单、双手传球基本相同，但要掌握好球的击地点，球弹起的高度最好是在接球人的腰部，球的击地点应在传球者距接球者 2/3 的地方为宜，或在防守者的侧面传球时应真假动作配合使用。

动作要点：传球时手臂向斜前下方用力。

难点：击地点判断要准确。

三、接球

接球前积极摆脱防守，抢占有利位置，为下一个动作做好准备，创造更多、更好的进攻机会。

1. 常用接球方法

常用的接球方法有双手接胸前高度的球、双手接头部高度的球、单手接球等。不论是哪种方式，接球时眼睛要注视来球，肩、臂都要放松，手臂应迎球伸出，手指自然分开。当手指触球时，屈肘，臂后引，缓冲来球的力量，两手握球，保持身体平衡，以便做下一个动作。

动作要点：伸臂缓冲，握球于胸腹之间。

难点：伸臂迎球，两手成半圆形。

2. 接反弹球

接反弹球的动作与胸前接球基本相同，但掌心要向着来球反弹的方向，屈膝弯腰并向前下方伸手迎球，五指自然分开成上、下手接球动作。在球刚刚离地弹起时，手指触球将球接住。接球后手腕迅速向上翻，持球于胸腹前保持身体平衡，呈基本站立姿势。

动作要点：跨出迎球要及时，手臂下伸要快。

难点：两手成上、下手接球姿势，伸腿跨步要快。

四、传、接球的练习方法

1. 原地传、接球

原地两人面对面传、接球练习。

2. 五角传、接球练习

五人站成五角形，如图7-3所示，⑥传球给⑧，⑧传球给⑤、⑤传球给⑦、⑦传球给④、④传球给⑥，如此反复。此练习开始时只用一个球，熟练后再用两个球。

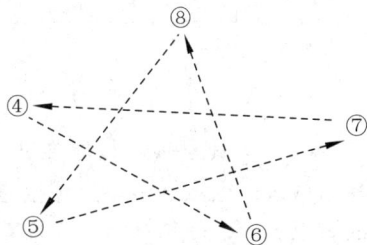

3. 迎面跑动传、接球练习

将练习者分成人数相同的几个队，分别站在篮球场地距离约为7米，面对面站立接对面传来的球，接球后在行进间把球传给迎面跑出的队员，传球后迅速跑向对方（或本队）的队尾。（见图7-4）

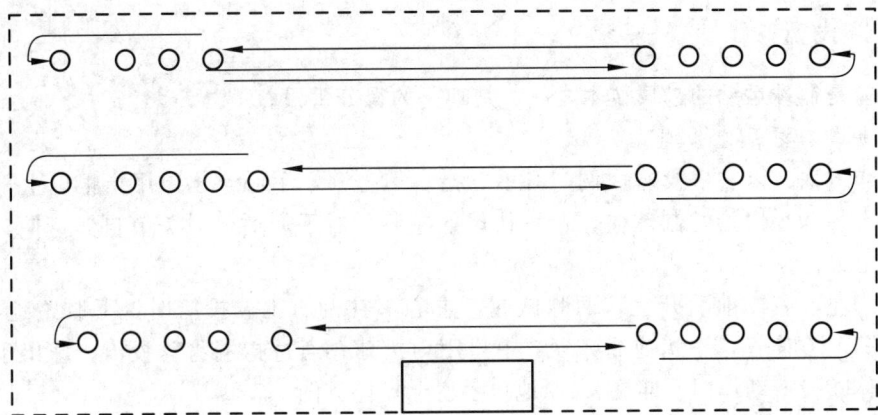

图 7-3

图 7-4

4. 四角连续传切的传、接球练习

方法：（见图7-5）练习者站成四组，④传球给⑤，并切入接⑤的回传球，再传给⑥，然后跑至⑥的排尾。当④传给⑤时，⑤紧跟着起动切入接⑥的传球给⑦，然后跑至⑦的排尾，依次连续进行练习；熟练后可换成顺时针方向练习或增至 2～3 个球练习。

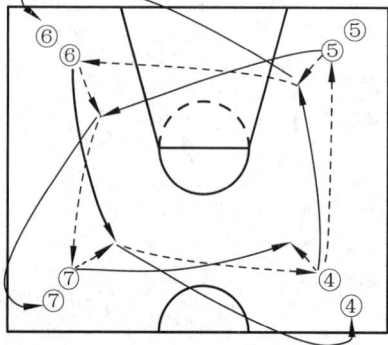

图 7-5

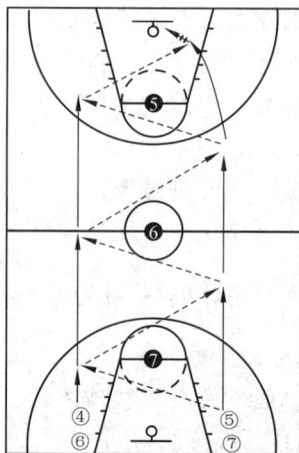

图 7-6

5. 两人跑动传、接球推进

两人一组全场传、接球推进练习，根据接球人的跑速将球传至接球者身前约 1 步的胸部高度，使接球时人、球相遇。（见图7-6）

6. 半场内的传、接、抢、断比赛

防守队员可紧逼防守，积极抢断，尽量不让进攻队员接球，进攻队员可想办法，持球不得超过 5 秒。攻方传球控制球 30 秒不被守方抢去得 1 分，攻守交换，在规定时间内得分多者为胜。

五、投篮

投篮是篮球运动的进攻技术之一，是唯一的得分手段。

1. 原地单手肩上投篮

动作方法：以右手投篮为例，右手五指自然分开，手心空出，用指根以上部位持球，大拇指和小拇指控制球体，左手扶球的左侧，右手屈肘，肘关节自然弯曲，置球于右肩上方。

两脚左、右或前后开立，两膝微屈，重心落在两脚上。投篮时，下肢蹬地发力，右臂向前上方伸直，手腕前屈，食、中指用力拨球，通过指端将球投出。球出手的同时，身体随投篮动作向前伸展。（原地单手肩上投篮见图7-7）

动作要点：上、下肢要协调用力，伸臂充分。

难点：肘关节不要外展，动作不要脱节。

图 7-7

2. 原地跳起单手肩上投篮

动作方法：以右手投篮为例，双手拿球于胸前，起跳时屏住呼吸，两腿屈膝蹬地向上垂直起跳，双手举球于肩上，右手托球，左手扶球，保持身体平衡。当身体接近最佳点时，迅速向前上方伸直右臂，手腕前屈，用食、中指发球。（原地跳起单手肩上投篮见图 7-8）

图 7-8

动作要点：蹬地，举球要充分。

难点：上、下肢动作协调一致。

3. 行进间单手低手投篮

动作方法：以右手为例，右脚前跨一大步的同时接球，接着左脚迅速跨出第二步并用力蹬地起跳，双手向前上方举球，身体向球篮方向伸展，右手要充分向球篮的前

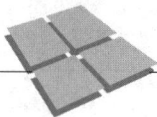

沿举球,用屈腕、挑指的动作,使球由食指和中指指端将球投出。(行进间单手低手投篮见图7-9)

图 7-9

动作要点:跨步及时、腾空高、伸展远、出手柔和、方向准确。

难点:护好球,正确判断离球篮的距离。

4.练习方法

(1)呈体操队形,做原地投篮的徒手练习,体会投篮的手法和用力过程。

(2)两人一球,相距5米左右做单手肩上投篮和跳投的模仿练习。

(3)正面投篮,队员在罚分线上排成单行,自投自抢依次反复进行单手肩上投篮和跳投练习。

(4)队员排成一行,在半场内做行间高手和低手上篮。

(5)全场传球进行高、低手上篮。

(6)各种距离、角度的投篮。

队员面对球篮,每人一球,离篮5~7米,站成一个弧形,开始时,篮下有一人传球,投中者继续投,直到投不中为止。队员轮流投进后,按顺时针方向移动位置。(见图7-10)

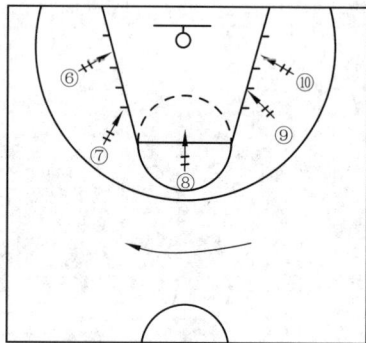

图 7-10

六、运球

持球队员在原地或移动中,用手连续拍按借助地面反弹起来的球,叫运球。运球是篮球组织进攻的纽带,也是个人进攻的重要手段。

1.高运球

动作方法:运球时,两腿微屈,两眼平视,手指自然分开,用指根以上部位触球的后上方(手心空出),手用力向下推按球,球的落点在体侧前方,使球的反弹高度在胸腰之间,手脚协调配合,使球有节奏地向前运行。

2.低运球

与高运球技术相同,但球反弹的高度在膝部以下。

动作要点：球反弹向上时手臂要随球上扬，手指包住球，手心空出，球的落点在脚或身体的侧前方。

难点：运球时要抬头注视前方，指根以上部位触球，掌心空出。

3. 体前换手变向运球

动作方法：运球队员要从对手右侧突破时，先向对手左侧快速运球，当对手向左侧移动时，运球队员突然变向，变向时右手拍球的右上方，使球从自己的右侧拍向左侧，同时左脚向左前方跨出，上体向左转，用肩挡住对方，然后用左手拍球的正后上方，右腿跨出，从对手的右侧突破，换手时球要压低，动作要快。

动作要点：变向换手推球速度快，转肩挡住对方。

难点：触球部位和侧身配合协调。

4. 后转身运球

动作方法：以右手为例，当对手接近自己的右侧时，左脚向前跨一步为中枢脚，右脚蹬地，左脚跟提起顺势做后身动作，右手按球的前上方向后拉球，转身后，右脚贴近防守者，并迅速换左手运球，从对手的右侧突破。突破时重心要低，拉球与转身同时完成。

动作要点：拉球与转身协调配合，重心保持在一个水平面上。

难点：转身换手快，身体贴住对方。

5. 运球的练习方法

(1)呈体操队形原地做高运球，低运球，左右手体前变换(左右手变向)运球。

(2)将队员分成若干组在全场做迎面接力运球比赛。

(3)看教师手势，做全场的变向和转身运球练习。

(4)全场一对一练习，要求防守要积极。

(5)从底线运球到中线，在罚分线设一固定防守者，做两次变向或转身运球上篮练习。

七、持球突破

持球突破是一种攻击很强的技术，是用脚步动作和运球技术摆脱防守的个人进攻方法。下面以原地交叉步突破为例讲述动作方法及动作要点难点。

动作方法：以右脚做中枢脚为例，两脚左右开立，两膝微屈，身体重心降低，持球于胸腹之间，突破时左脚前脚掌内侧迅速蹬地，上体稍向右转，左肩向前下压，重心向右前方移动，左脚向右前方移动、跨出，将球引至右侧，接着运球(右手)迅速超越对手。

动作要点：假动作逼真，蹬跨有力，起动迅速突然。

难点：中枢脚踏稳，重心平稳，动作连贯。

八、抢篮板球

在篮球比赛中，抢篮板球是一项重要技术，它是获得控制球权的重要来源之一，

是双方攻守对抗转换的焦点。

1. 抢防守篮板球

动作方法：前转身抢位，当防守队员与进攻队员之间有 1 米左右距离时，用前转身抢位。准备姿势是，两脚平行站立略比肩宽，屈膝，上体较直略前倾，身体重心落在前脚掌上，两臂屈肘高于腰，手心向上放于身前。转身时，以左脚为中枢脚，右脚先插到进攻队员的脚外侧，接着后撤左脚，降低重心，扩大站立面积，置进攻队员的右脚于自己两脚之间，同时用臀、背顶住对方，保持身体平衡，两眼注视球篮。起跳时，两脚掌蹬地，腰、腿协调用力，两臂上举张开，直接朝球落点的方向起跳，身体充分伸展，保持平衡。

动作要点：挡抢位置，起跳抢球。

难点：抢占位置，转身挡靠。

2. 抢进攻篮板球

动作方法：绕前步抢位，当进攻队员和防守队员之间有 0.5～1 米的距离时用绕前步抢位。两腿自然弯曲平行或前后开立，稍宽于肩，上体微前倾，两臂弯曲置于身体两侧，(以从防守队员左侧绕过为例)进攻队员先向左侧做虚晃假动作，然后用自己的右脚向侧前方滑跨半步，重心移动到右脚上，接着蹬左脚绕过防守人的身侧做横向跨步，置防守人于身后，重心移左脚，右脚跟着向左前方滑跨一步，占据球篮和防守队员之间的准确位置，并用臀、臂和背顶住对手，控制好身体平衡，两眼注视球篮。(起跳动作与抢防守篮板球相同)

动作要点：冲抢位置，起跳抢球。

难点：冲抢猛狠，判断准确。

3. 抢篮板球练习方法

(1)原地连续双脚起跳，单手或双手触篮板或篮圈 10～20 次。

(2)两人一组，一人向篮板或是篮圈抛球，另一队员开始面向持球人，然后转身跨步起跳用单手或是双手抢球，数次后交换练习。

(3)半场二对二、三对三的抢位练习。要求攻方只许传球、投篮，投篮后，进攻队员积极摆脱对手，冲抢篮板球。抢到球继续进攻，守方则积极挡人抢篮板球，可规定守方抢到 5 次篮板球后，攻守交换。

九、防守技术

防守对手是队员合理地运用防守动作，积极抢占有利位置，破坏和阻挠对手的进攻意图和行动，并以争夺控制球权为目的。防守对手的基本姿势：防守持球队员，防守无球队员，抢球、打球、断球。

1. 防守持球队员

动作方法：当对手接球后，迅速调整防守位置和距离，占据对手与球篮之间的有利位置，还要与对手保持适当的距离(一臂左右)。一般来说，离球板远则远，近则近，并根据对手的特点(投篮或突破)而有所调整。防守持球队员在离球篮近时采用贴近的攻击步防守，离球篮远时则采用平步防守，无论采用哪一种防守，都要积极移动，阻截和干扰对方传球、投篮，同时伺机抢、断球。

动作要点：保持合理的位置、正确的姿势和适当的距离，积极移动，扬手挥臂，主动逼近对手，攻击和干扰球，破坏持球队员正常动作。

难点：脚步移动快，保持身体重心平衡，不轻易放弃对手或犯规。

2. 防守无球队员

动作方法：防守队员应站在对手与球篮之间的内侧，保持与对手适当的距离和角度，做到以人为主，人球兼顾，使对手和球处于自己的视野之内，随对手的动作积极跟进移动，调整防守位置，堵截其移动和接球的路线，手臂配合做出伸出、挥摆、上举等动作，干扰对手接球，争取抢、断球。

动作要点：选择合理防守位置和适当的距离，保持正确的防守姿势，做到人、球、区兼顾。

难点：保持重心，人球兼顾，移动快。

3. 打球

动作方法：防守队员，屈膝降臀，两脚做碎步移动。当进攻队员接球的刹那间，暴露球或因观察场上情况而失去保护球的警惕性时，采用由下而上的打球方法，掌心向上，用手指和掌根击球的下部。如进攻队员持球较低(腹部以下)，就采用由上而下的方法打球，掌心向下，用手指和手掌外侧打球。

动作要点：用手指和掌根击球，动作突然、快速、幅度小。

难点：打球突然、有力。

4. 抢球

动作方法：抢球者首先靠近对手，看准对手持球的空隙部位，动作迅速、突然、果断。当两手手指触球和控制球时用力猛拉。可用手臂后拉，两手转动的方法把球抢过来，也可采用转体的方法把球抢过来。

动作要点：手臂后拉，两手转动，转体加力，动作迅速、突然、果断。

难点：眼明手快，转体加力。

5. 断球

动作方法：是从接球队员的侧面或后面跃出截获球的动作。断球时，屈膝，降低重心，准备起动。当球刚从对方手中传出的一刹那突然起动，以短而快的助跑，单足或双足用力蹬地跃出，身体伸展，双臂前伸，用单手或双手截获球。

动作要点：屈膝降低重心，用力蹬地跃出，身体伸展，单臂或双臂前伸。

难点：蹬地跃出有力，身体伸展。

6. 防守练习方法

(1)一攻一守的练习脚步移动，听信号或看教练的手势做上步、撤步、侧滑步，并配合摆手、挥臂的移动练习。

(2)抢球、打球练习。体会抢球、打球动作，两人一组，相距1米左右，面对面站立，一人持球于腹部，一人练习从上或下抢球、打球，攻守交换。

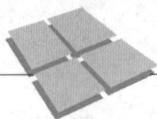

(3)将队员分成人数相等的两个队,进行全场打橄榄球的练习,培养勇敢顽强的拼搏精神。

(4)全场空手做抢、断球的模仿练习。

▶ 第二节　篮球运动基本战术

篮球战术,是指篮球比赛中,根据篮球运动的特点和具体对象,所确定的攻防集体配合及全队协调行动的特定组织形式和方法,基础是两三人的战术配合,它是组成全队战术的基础,只有熟练地掌握和运用战术基础配合,才能使全队战术内容更加丰富,更加灵活,更有效地发挥作用。

一、进攻的基本配合

1. 传切配合

传切配合是进攻队员两人之间利用传球和切入技术所组成的配合。如图 7-11 所示,④号队员把球传给⑤号队员后,利用虚晃和变向,快速起动摆脱△号队员的防守,空手切入接⑤号队员的回传球上篮。

要求:队员配合的距离要拉开,切入队员要掌握切入时机,利用假动作诱惑对手,切入要果断、迅速,并注意接同伴的传球。传球队员要利用瞄篮、突破、运球或假动作吸引、牵制对手,并在适当的时机,及时准确地将球传给切入队员。

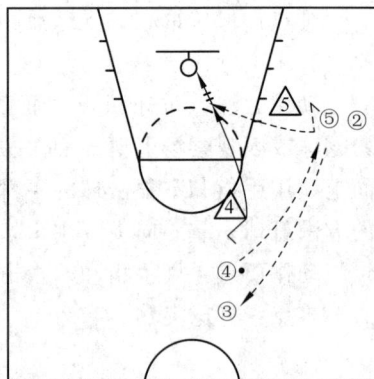

图 7-11

2. 掩护配合

掩护配合是掩护队员采用合理的行动,用自己的身体挡住同伴的防守者的移动路线,使同伴得以摆脱防守,或利用同伴的身体和位置使自己摆脱防守的一种配合方法。掩护配合的形式根据掩护的位置和方向不同,分为侧掩护、后掩护、反掩护三种。

(1)侧掩护:是掩护者移动到同伴的防守者的侧面,使同伴摆脱防守的方法。

(2)后掩护:是掩护者移动到同伴的防守者的后面,使同伴摆脱防守的方法。

(3)反掩护:是持球队员将球传给同伴后,向无球方向跑动,给无球方向的队员掩护,使同伴摆脱防守的方法。

3. 练习方法

(1)侧掩护:如图 7-12 所示,⑦号队员把球传给④号队员后,跑到△的侧面做掩护。④号接球后以突破或投篮假动作吸引防守,见⑦号掩护到位时,④号突然快速变向贴近△的右侧突破上篮。⑦号掩护后立即转身跟进,准备接④号的回传球投篮或抢篮板球。

(2)后掩护:△为固定防守队员,⑤号给④号做后掩护,④号摆脱纵切篮下,⑤号掩护后横切。然后④、⑤号交换位置。⑦号给⑥号做后掩护,依次进行练习。(见图7-13)

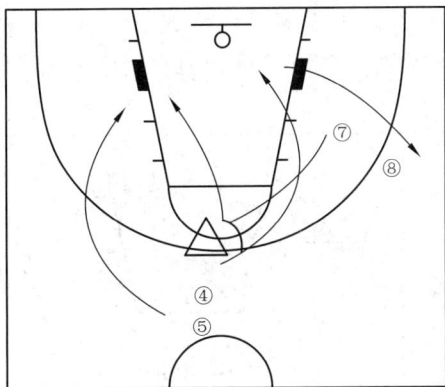
图 7-12

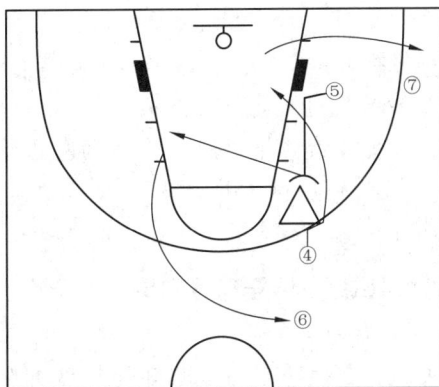
图 7-13

（3）反掩护：④号持球将球给△后，反方向移动给⑤号做侧掩护，⑤号横切，④号掩护后转身切入篮下，△将球传给⑤或④号投篮，抢篮板球后，④号、⑤号互换位置，依次进行练习。（见图 7-14）

二、防守的基本配合

1."关门"配合练习方法

这是两名防守队员靠拢共同防守突破的配合方法。当一队员运球突破时，防守队员和邻近的同伴移动靠拢，堵住突破者的去路，形成"关门"，将突破者堵在"门"外。一般是对方突破能力较强，防守采用联防的情况下运用"关门"配合，成功地"关门"配合，往往会造成对方的失误和违例等。

2."关门"配合练习方法

二对二在慢速中进行练习，如图 7-15 所示，⑤号队员从△和△之间突破时，△号队员和△号队员立即"关门"。⑤号从△号和△号队员之间突破时，△号和△号立即"关门"。

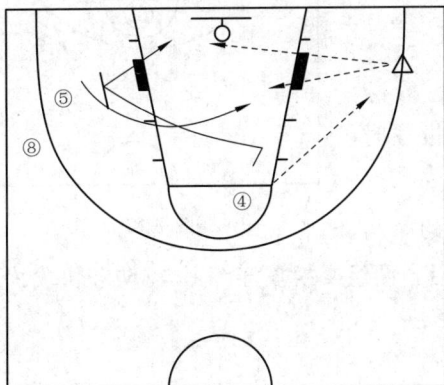
图 7-14

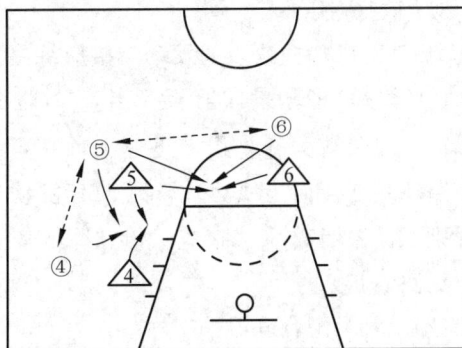
图 7-15

要求：防守队员要积极堵住进攻者的突破路线。临近突破一侧的防守队员要及时向同伴靠拢，进行"关门"，不给突破者有通过的间隙。"关门"配合通常用于区域联防。

3. 交换防守配合练习方法

⑥号传球给⑧号，然后移动到左边给④号做掩护，△号及时发出信号与△号交换防守，⑧号将球传给④号或⑥号，进攻结束后△号和△号立即回原位防守⑤号和⑦号，依次进行练习。(见图7-16)

图7-16

要求：交换防守时，防守掩护者的队员要主动发出换人信号，双方准备换防；交换防守后，应在适当的时机再换回原来的防守者，以免个人防守力量对比失利。

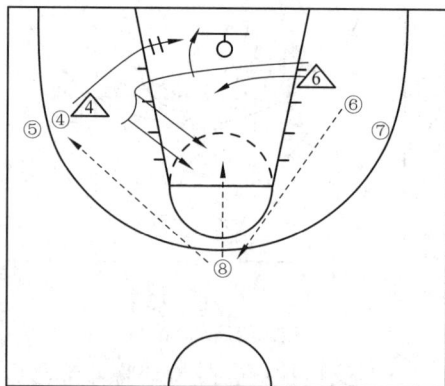

三、快攻和防守快攻

1. 快攻

快攻是由防守转入进攻时，趁对方未站稳阵脚之前，抓住战机以最快的速度、最短的时间，果断而合理地发动攻击的一种速决性战术配合。

(1)发动快攻的时机是在抢获后场篮板球、抢球、断球和跳球获球后。

(2)快攻的形式有长传快攻、短传和运球快攻相结合等。

2. 防守快攻

防守快攻是由攻转防的瞬间组织起来的阻止和破坏对方快攻的防守战术。

防守快攻应做到：

(1)提高进攻的成功率和拼抢前场篮板球的意识。

(2)堵截快攻的第一传和接应。

(3)堵中路，卡好两边，以防进攻者偷袭。

(4)提高个人防守能力和以少打多的能力。

3. 练习方法

(1)二对二堵截快攻的发动与接应练习。

△(教师)将球投向篮板，当△号抢到篮板球时，④号应立即转攻为守，积极迅速上前挥臂干扰△号的传球路线或迫使向边线运球，延误其发动进攻的时间。

图7-17

⑤号则积极去堵截△号接应一传。练习若干次后，两组交换攻守练习。(防守快攻练习方法见图7-17)

(2)二攻一配合练习。

⑦号、⑧号快速传球推进中，△号突然防守⑧号时，⑧号及时把球传给切入篮下的⑦号投篮。(二攻一配合见图7-18)

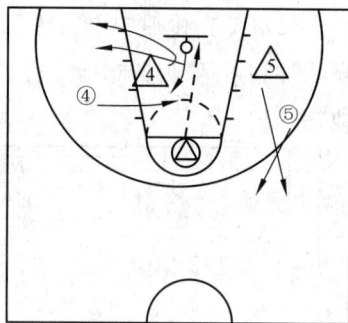

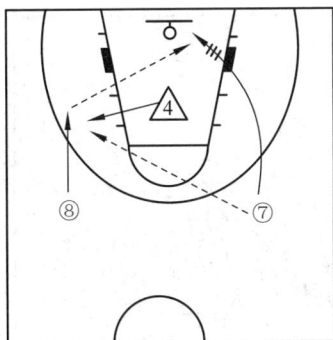
图 7-18

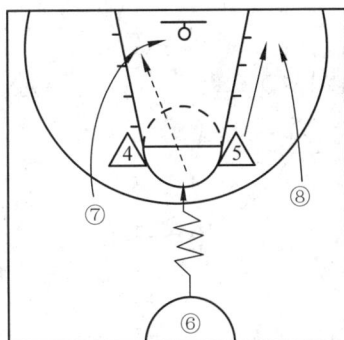
图 7-19

(3)三攻二配合练习。

⑥号中路运球突破，△号上前堵截，⑥号立即将球传给切入篮下的⑦号投篮。如⑦号接球后又遇到△号堵截时，⑦号立即将球传给⑧号投篮。（三攻二配合见图 7-19）

四、半场人盯人防守

半场人盯人防守是由进攻转入防守后，迅速退回后场，各自盯住自己的对手，对持球队员要紧逼，阻挠其投篮，突破或传球给离球较近的队员，离篮较近的队员也要盯紧，离球较远时则可离远一些，以便协助同伴防守，在同伴漏防的情况下，要及时去补防。

配合要点：脚步移动的速度要快。提高个人防守能力，盯人时要人球兼顾。

练习方法：

(1)一对一进行攻防练习，进行三对三、四对四、五对五半场人盯人防守教学比赛。

(2)全队防守时的选位练习。

如图 7-20 所示，进攻队员基本不动，利用球不断转移，让防守队员按照防守持球队员与徒手队员的原则进行选位。练习数次后，防守队员按顺时针方向换位四次，然后攻守交换，依次进行练习。

五、2-1-2 区域联防

区域联防是指由进攻转入防守时，迅速跑回后场，每个队员负责防守一个区域，并与同伴密切配合，将每个队员的防守区域联系起来，组成集体的联合防守。

联防的特点：篮下防守较紧密，有利于抢篮板球时发动快攻，对中远投篮不准，但善于个人突破或内线威胁较大的球队，采用区域联防效果好。（见图 7-20）

防守要求：以球为主，随球移动，对自己防区的持球队员适当采用盯人防守，其他队员适当向持球队员和篮下靠拢，准备好协防和防对手穿插。（见图 7-21）

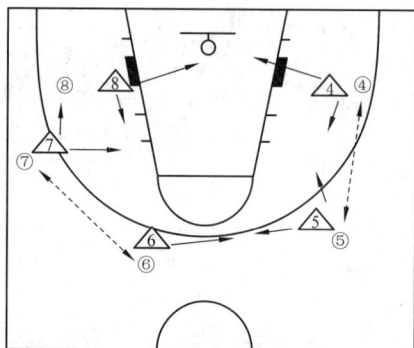

图 7-20

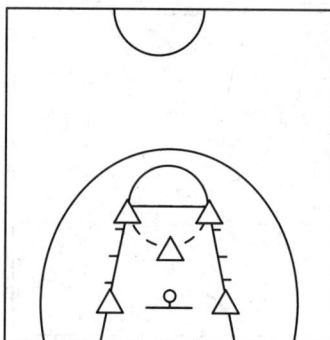

图 7-21

练习方法:

1. 球在弧顶时的防守移动配合

④号上前防守持球队员④号,△号、△号分别防守⑦和⑥号,并随时准备与△号做"关门"配合或抢断④号的传球,△号防守⑤号,△号错位防守⑧号,严防其接球。(见图 7-22)

2. 防守中锋策应时的配合

如图 7-23 所示,当中锋⑤号接球时,△号上前防守,△号、△号回缩协防⑤号,△号防堵⑥号向篮下空切,△号防堵⑧号横切和溜底线。

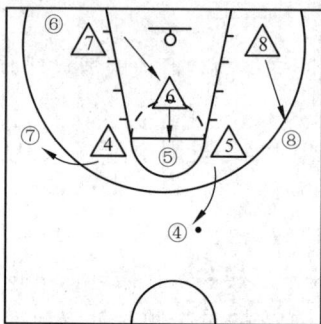

图 7-22

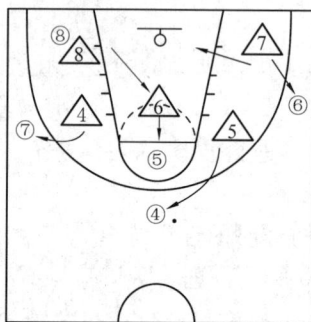

图 7-23

▶ 第三节 篮球比赛的简单规则

一、比赛场地

篮球比赛场地应是一块长方形、平坦且无障碍物的坚实平面,从界线的内沿测量长 28 米,宽 15 米。

二、比赛器材

篮板距地面高度为 2.90 米,篮圈距地面高度为 3.05 米。比赛用球的周长为 74.9～

78 厘米，质量为 567～650 克。

三、比赛通则

(1)比赛应由 4 节组成，每节 10 分钟。

(2)在第 1、第 2 节和第 3、第 4 节之间以及每一决胜期之间应有 2 分钟的休息时间，半场的休息时间应为 15 分钟。如果第 4 节比赛结束，有一个或几个 5 分钟的决胜期，决胜期是第 3、第 4 节的延续。第 1 节由中圈跳球开始比赛，第 2、第 3、第 4 节球权交替拥有。

(3)球中篮和它的分值：一次罚球中篮计 1 分，从 2 分投篮区中篮记 2 分，从 3 分投篮区中篮记 3 分。

(4)暂停：球队的教练员或助理教练员请求中断比赛，计时要登记暂停。每次暂停时间为 1 分钟，第 1、第 2、第 3 节及决胜期只有一次机会，第 4 节有两次机会。

(5)比赛因弃权告负：在预定的比赛开始后 15 分钟，球队不到场或不能使 5 名队员入场比赛，判对方获胜，且比分为 20∶0，弃权的队在名次排列中得 0 分。球队在场上的队员少于 2 名，该球队由于缺少队员应判比赛告负。

四、违例

1. 定义

违例就是违反规则。

2. 罚则

将球判给对方球员在违例的就近地点从界外掷球入界，直接位于篮板后面的地方除外。

3. 种类

队员出界和球出界、非法运球、带球走、3 秒(当某队在场上控制活球并且比赛计时时钟正在运行时，该队的队员不得停留在对方队的限制区内超过持续的 3 秒)、5 秒(一名被严密防守的队员必须在 5 秒内传、投或运球)、8 秒、24 秒、球回后场、干涉得分和对球干扰。

五、犯规

1. 定义

犯规是对规则的违犯，含有与对方队员非法的接触，无论球是活球或是死球或违反体育道德的举止。

罚则：登记一次侵人犯规。被侵犯的队员没有投篮动作，就近掷界外球；有投篮动作，投中，应记得分并判一次罚球；在 2 分投篮区域的投篮不成功，应判给 2 次罚球；在 3 分投篮区投篮不成功，应判给 3 次罚球。

2. 双方犯规

两名互为攻防队的队员大约同时相互发生接触犯规的情况。

罚则：应给每一犯规队员登记一次犯规。不判罚球，某队有球权时，该队就近掷

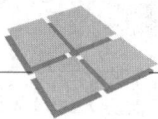

界外球；双方都没有球权，根据交替发球权的原则，拥有球权的一方掷界外球。

3. 违反体育道德的犯规

一队员不是在规则的精神和意图范围内合法地试图去直接抢球而发生的侵人犯规，是违反体育道德的犯规。

4. 取消比赛资格的犯规

队员、替补队员、教练、助理教练员或随队人员恶劣的违反体育道德的行为，是取消比赛资格的犯规。

罚则：登记一次取消比赛资格的犯规，被判罚的队员离开赛场，对方队员罚球以及随后在中场的球权。

5. 技术犯规

技术犯规是与对方队员接触以外的其他犯规。

罚则：应给该队员登记一次技术犯规，罚球以及随后的球权（场上队员的技术犯规为一罚一掷，场下随队人员为两罚一掷）。

▶ 第四节　三人制篮球运动

三人制篮球是一项趣味性较强的运动，起源于美国街头。社区和学校的三人制篮球赛，像中国的半场"斗牛"一样，具有浓郁的大众化色彩。任何人走在街头或社区学校，只要有简陋的场地和篮圈，就可以随意组成三人球队，进行比赛。有些国家在比赛时往往在音乐的伴奏下进行，把打球、娱乐、健身和游戏融为一体。

20世纪90年代以来，我国各大城市也广泛开展了这项运动，而且盛况空前，健身与文化融为一体，形成了大众化的独特景观。

一、比赛方法

三人制比赛，每队三人出场，另有一名替补队员。比赛分上、下半场，每半场7.5分钟或10分钟。也有采用先得22分者为胜的方法。场上设3分区，在三分线内投中得2分，在三分线外投中得3分，罚球命中得1分，比赛中不得扣篮。

二、比赛规则

三人制比赛，目前国际上还未统一比赛规则，中国篮球协会于1999年颁发了"'三对三'篮球竞赛规则(试行)"。

1. 场地与器材

标准的半个篮球场地(14米×15米)，或按半场比例适当缩小(长度减1米，宽度减2米)，地面坚实，场地界线外有1.5～2米的安全地带。

距地面3.05米的球篮提供给男子成年及女子高中以上、男子初中(含初中)以上青年组，距地面2.80米的球篮提供给女子初中及男子小学组。

2. 工作人员及其职责

设 1～2 名裁判员和 1 名记录员。

裁判员与记录员着装一致，但其颜色、款式应区别于运动员。

裁判员是比赛的宣判和终决人员，负责在记录表上签字，兼管计 20 秒违例。

记录员兼管计时、记分，记录两队累积的分数（包括投篮和罚球的得分）、全队及个人犯规次数以及比赛时间，并按规则要求宣布比赛进行的时间和比分。

3. 除下列特殊规则外，比赛均按照当年最新国际篮球规则执行

(1)比赛双方报名为 4～5 人，上场队员为 3 人。

(2)比赛时间：初赛、复赛。复赛不分上、下半时，全场比赛 10 分钟（组织者可根据参赛队多少修订为 12 分钟或 15 分钟）。当比赛进行到 5 分钟和 9 分钟时，计时员各宣布一次时间。10 分钟内双方都不得暂停（遇有球员受伤，裁判员有权暂停 1 分钟）。

决赛分上、下半时，每半时 8 分钟，上半时之后休息 3 分钟再进行下半时。

(3)比赛开始，双方以掷硬币的形式选发球权。

(4)比赛开始和投篮命中后，均在发球区（中圈弧线后）掷球入场，算做发球。

(5)每次投篮命中后由对方发球。所有犯规、违例及界外球均在发球区发球，发球队员必须将球传给队友，不能直接投篮或运球，否则处以违例。

(6)防守队员断球或抢到球后，必须迅速将球运（传）出三分线外方可组织反攻，否则判违例。

(7)24 秒违例的规则改为 20 秒。

(8)双方争球时，争球队员分别站在罚球线上跳球。

(9)比赛中，每名队员允许犯规 3 次，第 4 次犯规罚出场；任何队员被判夺权犯规，则取消该队比赛资格。

(10)每个队累计犯规 5 次，在这 5 次犯规中，凡对正在做投篮动作的队员犯规，如投中，记录得分，同时记录对方个人及全队犯规次数，不追加罚球，由防方发球；如投篮不中，则判给攻方 1 次罚球，罚中得 1 分，并且攻方继续发球，如罚不中，仍由攻方继续发球。

(11)只能在死球的情况下进行替换，被换下的队员不能重新替换上场（场上队员不足 3 人时除外）。

(12)比赛中，队长是场上唯一的发言人。

(13)比赛时间终了，以得分多者为胜方。如出现平局，初赛及复赛阶段执行一对一依次罚球，只要出现某队领先一分即为胜方，比赛也告结束；如果在决赛阶段，比赛时间终了，双方打成平局，则加赛 3 分钟，发球权以掷硬币的形式决定；如果加时赛仍打成平局，则以一对一依次罚球的形式决胜，某队领先一分即为胜方，比赛即刻结束。

(14)在使用小篮球架的比赛中，不允许队员出现扣篮动作，绝不允许队员将身体任何部位悬挂于篮圈（或篮架）上，否则可被判罚离场并不能再替换进场。

(15)比赛中应绝对服从裁判，以裁判员的判罚为最终决定。

▶ 第五节　趣味篮球（街球）

随着生活水平的提高和生活方式的改善，人们越来越喜爱休闲体育运动，特别是年轻人对街头篮球的酷爱，已经成为一种时尚。街头篮球的特点是，场地小，人少，时间短，没有烦琐的规则理念，只要随意施展篮球技巧和张扬自我个性。街头篮球更加丰富了篮球的内涵，配上时尚音乐，把喜爱篮球的朋友连接在一起，感悟生活，领悟文化。

一、大红灯笼高高挂

每当街球的朋友一拿到喜爱的篮球后，球的质感立即由手上传导到大脑，随即将球轻抛在空中，指尖顶起，轻柔地转起来，不论是在球场上、马路边，还是在家中、学校，站着、坐着、走着甚至躺着，只要一球在手，篮球就在指尖跳舞、歌唱，当几个朋友一同转起球来时，就像一盏盏灯笼悬挂在空中一样，象征着要球人的愉悦心情。

1. 动作要领。

（1）双脚平行站立，单手托球于手上，双眼注视球体，屏住呼吸，用手指和手掌感觉球体的重心。（见图 7-24）

（2）将球后引，掌心向前，身体略向右转 45°。（见图 7-25）

图 7-24　　　　　　　　　图 7-25　　　　　　　　　图 7-26

（3）力从脚发，身体由右向左转动，转动之力由身体经上臂传达到手上，手指、手腕随之由外向内转动球体，产生匀加速旋转之力，使球转动，顺势以食指将球顶起。（见图 7-26、图 7-27、图 7-28）

（4）球在指尖转动之时，为了不使其掉下来，就要不停地用另一只手为球加速，以左手掌从后向前切削球的侧面，使球越转越快。（见图 7-29）

（5）当球的转速达到一定程度时，球在手指尖的稳定性就较高，这时手腕内旋将球下引，从腋下经体外侧，走圆形运行轨迹再回到原点。

图 7-27

图 7-28

图 7-29

2. 练习方法

要求：转球本身是一种球性练习。不论何时何地，只要有球在手就要随之转动，要掌握这一技巧必须对球性比较熟悉，并需要不断地练习，在多次失败和尝试中掌握要领。实际演练，每天坚持，由生疏到熟练，由熟练到精湛，持之以恒，必有成果。

二、游龙戏珠

游龙戏珠的动作是用身体体验球的质量，身随球动，球随身走，人球一体这是街球中最基本的体验。两只臂膀犹如两只调皮的幼龙，在争抢、在玩耍、在嬉戏一个突然得到的夜明珠，让它滚动、让它跳动、让它若弃若离，挥之不去，招之即来。

1. 动作要领

(1) 双脚平行站立，双手持球于手上，双眼注视球，屏住呼吸，用手指和手掌感觉球体的重心。（见图 7-30）

(2) 将球向上轻抛，双手掌心向下，身体重心略前倾，球在两手背之间，右手微抬给球一点儿力，使球顺着左手的手臂滚动，此时，身体微向右转动，为球在手臂上的滚动产生动力。（见图 7-31、图 7-32）

图 7-30

图 7-31

图 7-32

(3)当球由手背滚动到上臂时，手臂上抬，球由前臂经上臂滚动到胸前。(见图7-33)

(4)球在胸前滚动之时，为了不使其掉下来，就要身体后倾，使球在胸前有一支点，球由胸前向右上臂滚动时，身体略给球一点儿力，使球在臂上游走。(见图7-34)

图 7-33   图 7-34

2. 练习方法

要求：游龙戏珠本身是一种相对较难的技术练习，要掌握这一技术必须对球性比较熟悉，特别是身体对球的位置变化要有感觉，并需要不断的练习，在多次失败和尝试中掌握要领。

(1)球在单臂上(左、右臂)的滚动练习。

(2)球在单臂上到胸前的滚动练习。

(3)单圈的转动，在能够完成单圈的转动后，争取完成多圈练习，使球不掉下来。

(4)实际演练，每天坚持，由生疏到熟练，由熟练到精湛，持之以恒，必有成果。

三、怀中揽月

球场边、球迷前，一只篮球转眼之间就不见了，摆一个姿势，玩一个花样，让球在衣服里走一圈，在腰间滚动、用身体体验球的动感。就如同街球者的胸怀一样，宽阔无垠，容纳百川。这一怀中揽月技巧动作的关键是球从前面进入衣服内，围绕身体转一圈再从前边出来，没有无数次的磨炼难以达到这一境界，要想学得快，练得好，根据本图解，一招一式认真练习，必能掌握要领。

1)动作要领

(1)双脚平行站立，右手持球于手上，用手指和手掌感觉球体的重心。(见图7-35)

(2)将球向地面两脚之间用力拍下，左手迅速将宽大的上衣掀开，欲将球包入。(见图7-36、图7-37、图7-38)

(3)当球进入衣内，迅速以两手抓住衣边，将球兜住，同时以右手轻拍球的右侧面，身体同时略向右转，使球由左经身后向右围绕身体转动，直到胸前。(见图7-39、图7-40)

图 7-35　　　　　　　　图 7-36　　　　　　　　图 7-37

图 7-38　　　　　　　　图 7-39　　　　　　　　图 7-40

2. 练习方法

要求：怀中揽月技术动作需要穿比较宽大的体恤衫，要掌握这一技术必须对球性比较熟悉，特别是身体对球的位置变化要有感觉，并需要不断的练习，在多次失败和尝试中掌握要领。

(1)拍球弹起后快速用衣服兜球练习。

(2)在前一练习的基础上，快速用右手拍击球，使球在衣服内围绕身体转动，不掉下来。

(3)完整练习，实际演练，每天坚持，由生疏到熟练，由熟练到精湛，持之以恒，必有成果。

四、咸鱼翻身

街球技术来源于正式比赛，有些技术又高于它的正门师兄，街舞是它的旁门师姐。大家围成一圈，比试一下，谁能把球舞跳得好。你的鲤鱼跃龙门、他的狮子耍绣球、我的咸鱼翻身，朋友一起来欢乐，这就是街球的氛围。咸鱼翻身需要具备体操动作的

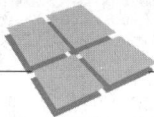
基础，对灵敏、柔韧、灵活性要求高，有一定的街舞基础，更容易掌握。

1. 动作要领

(1)双脚前后开立，重心压低、身体前屈，运球于体侧，以右手作胯下运球，将球准备变向到身体左侧。(见图7-41、图7-42)

图 7-41　　　　　　　　　　　　图 7-42

(2)当球向左侧变向的同时，身体前扑，当要接近地面时，以右手撑地(注意：撑地动作要轻，身体的重量不可全压到撑地的手上)。身体在做向右翻滚动作时，左手接运球。(见图7-43、图7-44、图7-45)

图 7-43　　　　　　　　　　图 7-44　　　　　　　　　　图 7-45

(3)这时身体还处于坐躺地面上，左手拍球，此时，右手收回不再撑地，从球的底部抄球向上翻转身运到体前(图7-46)。当右手带球转过身来时，动作要连续进行，身体在空中打挺的动作出现，这也是这一技巧动作最难的环节。

2. 练习方法

要求：这个动作需要掌握各种原地和行进间运球技巧，对身体的协调性、灵活性要求较高。

(1)原地体前变向运球、转身运球。

(2)在前一练习的基础上，行进间转身运球。

(3)街舞翻滚动作练习。

(4)自由体操各项动作练习。

图 7-46

五、足踏球花

滑水队员驰骋在广阔的水面上，脚下波涛翻滚，浪花飞溅，方显英雄本色。街球朋友虽不能风驰电掣，但也可以脚下球花翻滚，悠然自得。球要落得准，腿要抬得快，手脚要配合好，节奏要平稳，快了不行，慢了不行，要的就是这个劲儿。球要找准落地点，正好落在脚抬起的地方，球落脚抬，脚落球起，脚与球的起落交相辉映，陡增几分典雅。

1. 动作要领

(1)双脚平行开立，身体放松，保持正直，手指、手腕用力在体侧拍球，感觉到球的落点。(见图 7-47)

(2)以左手指、手腕之力将球拍到身后左脚跟后部，此时左腿后踢，在左腿后踢的瞬间，球落在地上并反弹到身体右后侧，以右手兜住球。(见图 7-48、图 7-49)

(3)右手继续将球拍运到右脚后，同时右腿后踢使球落到右脚后侧。

图 7-47   图 7-48   图 7-49

2. 练习方法

要求：这个动作看似简单，其实比较难，需要良好的球感和手指、手腕对球的控制能力，并准确估计到球的落点和反弹方向。

(1)原地体前变向左右手运球。

(2)在前一练习的基础上，原地体后左右手运球，借助眼睛的余光看球。

(3)不看球的后踢腿变向运球。

六、过山车

过山车的高超之处是体后变向的球路走的是肩上，操作不当，极易二运。球像过山车一样，从肩后斜滑下来，学了它，可以使你的过人动作更具多样性。

1. 动作要领

(1)准备姿势，双脚平行开立，右手运球于体侧，双膝弯曲。(见图 7-50)

(2)右脚斜前跨步，重心下降，身体前压，以右手运球于身体右侧。(见图 7-51)

图 7-50   图 7-51   图 7-52

（3）以右手用力拍球，体前变向将球拍到身体左侧，右手顺着球反弹的力向上引球，身体继续向下压，使球超过肩和头部。（见图 7-52、图 7-53）

（4）当求超过肩和头部时，身体向左上旋转，左手从肩后向下和身体右侧拨球。（见图 7-54、图 7-55）

图 7-53   图 7-54   图 7-55

2. 练习方法

要求：这个技巧动作需要良好的球感和手指、手腕对球的控制能力，并准确估计到球的落点和反弹方向，并需要不断摸索，掌握技术。

（1）原地体前变向，左右手运球。

（2）分解练习，不变向，直接背后抛拍球。

（3）完整的慢动作练习。

七、反弹琵琶

白居易的《琵琶行》留下了旷世绝句；昭君出塞，琵琶一曲技压西域。而如今，球场上，街球侠客反身胯下 CROSSOVER 就如同反弹琵琶一样，将运球技巧表现得精湛绝伦。

1. 动作要领

（1）右手运球，尽量将球"黏"在手上，拉到与肩平行，双脚左右开立，双膝伸直，身体保持正直，两臂张开。（见图 7-56）

（2）当右手把球拉到与肩平行时，左脚前跨，同时迅速拍击球于胯下反弹到身体左侧。（见图7-57、图7-58）

（3）当球下落反弹时，右手迅速横移到身体左侧迎球。（图7-58）

（4）右手以反手动作，将球反拉到身体右侧。（图7-59）

图 7-56    图 7-57    图 7-58    图 7-59

2. 练习方法

要求：这个技巧动作实质是单手连续完成胯下运球技术动作，对协调性要求比较高。动作要舒展、大方，动作幅度越大越好，需要良好的球感和手指、手腕对球的控制能力，并准确估计到球的落点和反弹方向。

（1）原地左右手大幅度体侧拉球练习。

（2）原地左右手大幅度变向运球练习。

（3）小幅度单手胯下变向运球练习。

>>>>>>>>>>>>>>>>>>>>>>>> 复习思考题 <<<<<<<<<<<<<<<<<<<<<<<<

1. 传球配合的基本要求是什么？

2. 当对方抢到后场篮板球时应如何防守快攻？

3. 半场人盯人防守的基本要求是什么？

4. 绘图说明"2-1-2"区域联防的防守方法及基本要求？

5. 什么叫犯规？违反体育道德的犯规与技术犯规有什么区别？

第八章　排球运动

　　排球运动起源于美国，1905 年传入我国。20 世纪 80 年代是我国排球运动最辉煌灿烂的时期，从 1981 年到 1986 年中国女排连续五次获得世界大赛的冠军。

　　排球运动内容丰富，形式多样。其攻防转换激烈，对参与者的判断力、移动速度、跳跃能力和集体协作的意识都有一定的要求，是力量、速度、灵敏、柔韧与智慧的完美结合与体现。排球运动在发展身体机能，强健体魄，培养快速反应能力、拼搏精神以及团队意识等方面具有独特的功效。排球运动因此而深受广大青少年的喜爱。

▶ 第一节　排球运动基本技术

　　排球基本技术包括准备姿势和移动、传球、垫球、扣球、发球、拦网六大类。

一、准备姿势和移动

　　准备姿势和移动是各项技术战术串联、衔接的基础。

　　动作要领：以半蹲姿势为例，两脚自然开立，屈膝半蹲（脚尖、膝关节稍内扣），含胸、收腹，重心略前倾，两手置于小腹前，肘微屈，身体放松微动。然后，练习各种移动，包括并步、滑步、跨步、跨跳步、交叉步、侧身跑、后退跑等。（见图 8-1）

图 8-1

　　重点：身体重心偏前，放松微动，把准备姿势和移动结合起来。

　　难点：每一次移动均从准备姿势开始，养成做完一个技术动作即回到准备姿势的习惯对排球比赛来讲极为重要。

练习方法：

①结合口令、手势进行练习。

②与球结合进行练习：一人抛球，另一人由准备姿势开始，移动到位，双手接球，将球抛回。根据距离的远近来选择合适的移动步法。

③与场地结合进行练习，目的是熟悉准备姿势和移动到位后，身体应面对的方向。

二、传球

传球是防反、组织战术配合的主要技术。常用的有正面上手传球、背传球等。

正面上手传球动作要领：两膝微屈，抬头看球，两手十指张开成半球形置于额上10～15厘米处，腕后仰，肘微屈适当外展。用蹬地、伸臂、手腕屈伸和手指弹拨的方式将球向前斜上方传出。用拇指的内侧，食指的全部，中指的第二、第三关节触球。无名指和小指在两侧辅助控制传球方向。（见图8-2）

背传球动作要领：身体基本姿势同正面上手传球。击球点仍在额头上方，腕后仰（掌心向上），以上体后仰展腹、蹬地、伸臂和手掌伴送、手指弹拨的方式将球向后上方传出。（见图8-3）

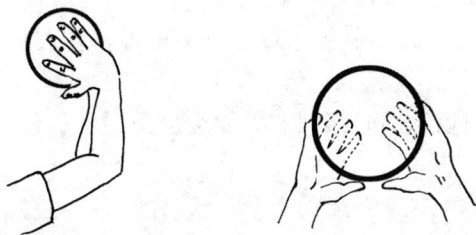

图 8-2   图 8-3

重点：手形呈半球形，用蹬地、伸臂和手指的力量将球传出。

难点：手腕回落，缓冲来球力量；手掌伴送球，控制出球方向，使出球柔和；手指弹拨球也是难点之一。

练习方法：

①徒手练习手形和最后用力。

②分组练习：每组由一人持球，其余组员轮流上前对着球摆手形，体会发力动作。

③对墙练习：距墙10～20厘米，以四指、六指或十指对墙轻传，定位手形，体会手指弹拨球。

④一人一球，自抛自传，体会手掌伴送球和发力动作。

⑤两人一球对传，培养判断、取位、传球到位的能力。

⑥三到四人一球，逆时针方向传球，培养卡位、变方向传球的能力。

三、垫球

垫球是排球基本技术中用得较多的一项技术。垫球的方式很多，有单手、双手、正面、背面、侧面、跨步、前扑、鱼跃、滚翻等。其中，正面双手垫球是最常用的。

动作要领：以正面双手垫球为例，从半蹲准备姿势开始，两手手指重叠合掌互握，两拇指并拢，压腕，两臂外翻、前伸至球下方。接着，蹬地、提肩、抬臂、跟重心，用腕关节上方约10厘米处击球后下部，将球向前斜上方送出。(见图8-4)

图8-4

重点：含胸、弯腰、臂伸直，用蹬地、提肩、抬臂的力量将球送出。

难点：判断来球力量的大小，大则撤臂缓冲，小则抬臂迎击。

练习方法：

①徒手练习垫球基本姿势，体会蹬地、提肩、抬臂、跟重心。

②分组练习：每组由一人持球，其余组员轮流上前垫击球，体会触球部位和协调用力。

③对墙练习：距墙3米左右，将球轻抛向墙，同时预判球可能会反弹到什么位置，做好准备，以正确的姿势垫击球。

④两人一球，一抛一垫或一发一垫或对垫。

⑤三人两球，两人抛，一人垫，一远一近，体会重心向前，快速移动。

⑥隔网接发球，培养预判、取位、垫球到位的能力。

四、扣球

扣球是最具魅力的进攻技术，是得分的重要手段，也是初学者最感兴趣的项目。扣球的形式很多，如近体快、短平快、平拉开、时间差、探头及后排攻等。但扣球的动作大同小异，基本是一致的。除近体快和一些近网球多以挥小臂甩腕快打外，其余均以大力收腹挥臂的方式重击。

动作要领：首先应明确，扣球是由准备姿势、预判、助跑起跳、击球、落地缓冲等环节构成的。以两步助跑双脚起跳为例，取稍蹲准备姿势，左脚前迈一步，右脚前跨一步，左脚随即并上踏在右脚左侧前约10厘米处(两膝弯曲，脚尖稍内扣)；接着摆臂、蹬地向上跳起，同时展髋、屈右肘引臂(肘关节高于肩)；最后以收腹、挥臂、甩

腕的动作，用手掌包击球的中上部。完成扣球后，落地缓冲，衔接下一技术动作。（见图 8-5）

图 8-5

重点：两步助跑起跳的第一步要小（单脚迈），第二步要大（双脚跨），屈膝缓冲向上跳（控制前冲）。

难点：选择好起跳点，把球控制在人与球网之间，右肩的前上方。

练习方法：

①原地或助跑起跳击吊球，体会展髋、引臂、收腹、挥臂包击球。

②对墙练习助跑起跳，控制前冲。

③对地扣球，经墙反弹，继续扣击，练习判断、取位。

④用烂球或小沙袋上网练习挥臂、甩腕的动作。

⑤扣近体快与高抛球（教师抛球）。

⑥3 米线后持球，自抛自扣。

⑦结合站位接一传，扣二传组织的球。

五、发球

发球属进攻性击球，分下手和上手两大类。从性能上讲，有飘球、下沉球、旋转球等。常用的有侧面下手、正面上手、侧面勾手和跳发等。

动作要领：（以右手击球为例）

侧面下手发球：侧对网，两脚开立，两膝微屈，左手持球于小腹前，随后将球平稳地抛至胸前（离手 20～30 厘米），右臂引臂至侧后下方，接着以蹬地、转体的力量带动右臂直臂前摆，用掌根击球的后下方。（见图 8-6）

1　　2　　3　　4　　5　　6

图 8-6

正面上手发球：面对网，两脚前后开立，双手屈肘持球于腹前，随后将球平稳地抛至右肩前上方约1米，距身体20~30厘米处，右臂后引，身体稍向右侧转，展髋并后移重心，之后，重心前移，以蹬地、转体、挥臂的力量，用掌根击球的后中部。（见图8-7）

图 8-7

勾手飘球：侧对网，两脚开立，左手持球于胸前，随后将球平稳地抛至左肩前上方偏右约一臂的高度，右臂右侧引，接着以蹬地、转体的力量，用掌根击球的中后部。（见图8-8）

图 8-8

重点：抛好球，以蹬地、转体的力量带动挥臂，用掌根或半握拳的拳面等部位击球。

难点：把握抛球的高度和蹬地、转体及挥臂击球的时机。

练习方法：

①做空抛动作，引臂击定位球或吊球，体会蹬、转、挥臂动作。

②对墙发球或两人一球近距离隔网对发，掌握击球动作与发力。

③发球区发球过网，求稳，过网即可。

④把球发至对方1/6的区域。

⑤在稳、准的基础上，把球大力发至对方场区，以体现发球的进攻性。

六、拦网

拦网是防反的第一道防线，因其可以拦死对方的进攻性击球（发球除外）而直接得分，所以具有强烈的攻击性。从技术上讲，可分为单人拦网和集体拦网两种。

动作要领：面对网，两脚左右开立，两膝弯曲，两臂屈肘置于肩侧，离网 30～40 厘米，注视对手动向，判断对手的攻击点后，迅速以并步、交叉步或侧身跑对准对手的进攻位置，接着蹬地、摆臂起跳，双手十指张开伸臂过网，封住来球角度，在对手击球的同时压腕将球拦死、拦回或有效拦起。

重点：十指张开、绷紧，伸臂过网罩住球，之后压腕将球拦住。

难点：准确判断对手的攻击点，并及时起跳完成拦网。

练习方法：

①把网高降至 1.80～2.00 米，两人一球，隔网做拦网动作，体会含胸、收腹、伸臂过网及拦网手形的变化。

②面对矮墙或单杠，移动起跳做拦网动作，体会压腕，纠正压小臂触网等错误。

③两人一球，一人自抛自扣，另一人隔网起跳拦网。

④单人或集体拦高台定位扣球，注意变化拦网手形和相互间的配合。

⑤结合练习赛或前排三人进攻，练习单人和集体拦网。

▶ 第二节　排球运动简单战术

战术可以看作是在规则允许的前提下，由技术组合而成的套路。它包括阵容的配备、基本站位与攻防形式等。

一、阵容配备

有"三三""四二""五一"等形式，常用的是"四二"和"五一"配备。（见图 8-9）

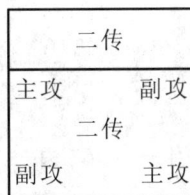
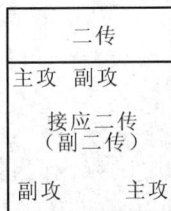

图 8-9

二、接发球站位

有五人、四人、三人接发球等阵形。（见图 8-10）

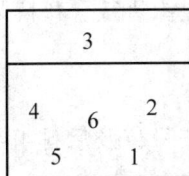
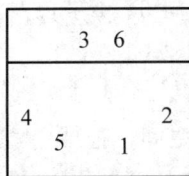
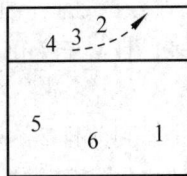

图 8-10

三、进攻的组织形式

进攻的组织形式很多，常用的有强攻、快攻、二次攻等。

1. 强攻

在对手有准备的情况下，利用个人技术与能力强行突破拦网。包括拉开、调整、后排攻等。

2. 快攻

利用多点掩护，将球从某一点快打过网的进攻。如交叉、梯次、夹塞、双快、短平快及双快一游动等。（见图8-11）

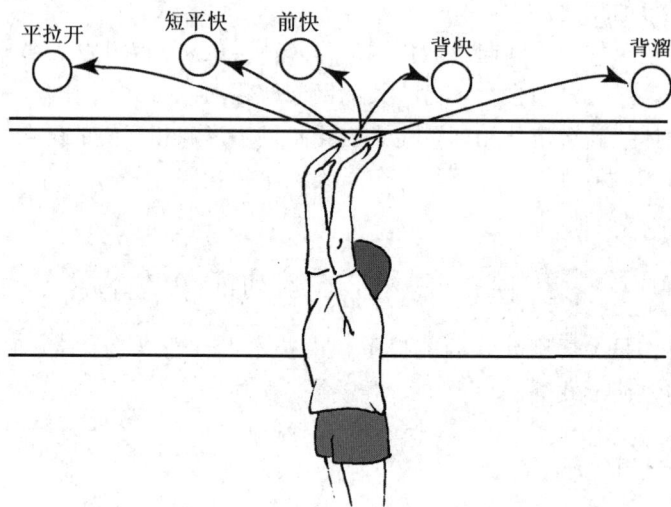

平拉开　　短平快　　前快　　　背快　　　　背溜

图 8-11

四、一攻

一攻即接发球组织进攻，组织形式有"中—二""边—二""插上"等。其中，"边—二""插上"是最常用的。

1. "中—二"

二传在3号位，把球传向2、4号位或后排组织进攻。该阵形易学、易组织，但进攻点少，缺少变化，易被对方防守。（见图8-12）

2. "边—二"

二传在2、3号位之间，把球传向3、4号位及后排组织进攻。该阵形与"中—二"相比，进攻点多，且富于变化。（见图8-13）

3. "插上"

二传从后排插到前排2、3号位之间，把球向2、3、4号位及后排组织进攻，形成多点立体交叉的攻势。大型比赛中常可以看到。（见图8-14）

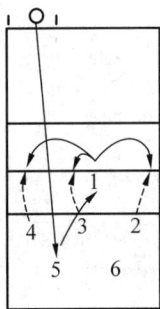
图 8-12

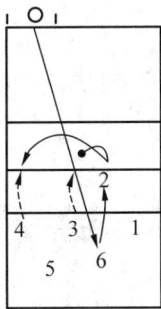
图 8-13

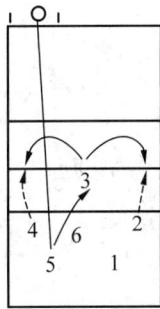
图 8-14

五、防反

防反即防守反击。包括拦网、后排防守、组织反击等。

1. 防守阵形

含防扣球、防被拦回的球以及对方传垫过网的球等。其中，主要是防扣球。组织形式有单人拦网、双人拦网和三人拦网，应用最多的是双人拦网。（见图 8-15）

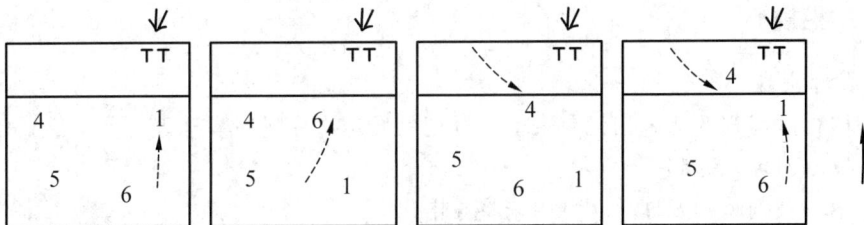
图 8-15

2. 起球反击

按一攻的组织形式，把防守起来的球组织起来击向对方场区，完成防守反击。多采用"插上"三点攻。

第三节 排球比赛方法简介

裁判员鸣哨即开始比赛，首先选择发球的队，其 1 号位的队员在发球区发球，直接得分或经过往返争夺后得分，则继续发球；如失误或往返过程中本方失误，则换由对方 2 号位队员发球，继续比赛。

第一，比赛过程中，失误的一方，位置不变；得到发球权的一方，顺时针轮转一个位置。

第二，成功与失误，由裁判员依据规则来判定。

第三，比赛采用五局三胜制，前四局，每局 25 分，第五局 15 分。每局的分值不封顶，即前四局 24∶24 或第五局 14∶14 的时候，需获得领先两分，方为获胜。第五局（决胜局）比赛中，某队先得 8 分时，双方队员要交换场地，场上位置不变。

▶ 第四节　排球比赛规则简介

一、场地与设施

比赛场区为 18 米×9 米的长方形。四周至少有 3 米宽的无障碍区，上空至少有 7 米的无障碍空间。

球网长 9.50 米、宽 1 米。男子网高 2.43 米，女子网高 2.24 米。网上两端有标志带和标志杆，标志带垂直于边线，标志杆长 1.80 米，设在两侧标志带的外沿，高出球网 80 厘米。

二、场上队员的位置

靠近球网的三名队员为前排队员，左为 4 号位、右为 2 号位、中间为 3 号位；另外三名队员为后排队员，左为 5 号位、右为 1 号位、中间为 6 号位。

三、犯规

1. 发球犯规

(1)取得发球权的队未按记录表上所登记的发球次序进行发球。

(2)发球时球未抛起。

(3)第一裁判鸣哨发球后 8 秒内未将球击出。

2. 击球时的犯规

(1)持球：没有将球击出，造成接住或抛出。

(2)连击：一名队员连续击球两次。

(3)四次击球：一个队连续击球四次。

(4)借助击球：借助同伴或任何物体的支持击球。

3. 球网附近的犯规

(1)过网击球：在对方场区空间内击球。

(2)从网下穿越进入对方空间并妨碍对方比赛。

(3)过中线：比赛中，队员的整个脚或身体任何部分越过中线触及对方场区时为过中线犯规。

(4)触网：队员击球时或试图击球的情况下触及 9.50 米以内的球网、标志杆、标志带。

4. 后排队员进攻性击球犯规

后排队员在前场区，将高于球网上沿的球直接击入对方场区。

5. 在前场区进攻性击打对方的发球犯规

6. 拦网犯规

(1)在对方进攻性击球前或击球时，在对方场区空间拦网触球。

（2）后排队员或后排自由防守队员完成拦网或参加了完成拦网的集体。

（3）拦对方发球。

（4）从标志杆外伸入对方空间拦网。

>>>>>>>>>>>>>>>>>>>>>>>>> **复习思考题** <<<<<<<<<<<<<<<<<<<<<<<<<<

1．排球技术有哪些？结合排球运动的特点，谈谈全面掌握排球技术的重要性。

2．结合排球技术特点，简述如何预防排球运动的运动损伤。

3．如何才能做好排球比赛的裁判工作？

第九章　足球运动

足球运动是一项比赛时间长、人数多、场地大、技术动作多、战术复杂、难度大、对抗激烈、富有战斗性、团结合作的集体运动项目。

1863 年 10 月 26 日，英格兰足球协会成立之日即为现代足球的诞生日。1908 年，足球被正式列入奥运会比赛项目，1904 年 5 月 21 日国际足球联合会在巴黎成立，1930 年，第一届世界杯在接连两次荣获奥运会冠军的乌拉圭首都蒙得维的亚举行。

▶ 第一节　足球运动基本技术

足球技术就是指运动员在比赛中，运用身体的合理部位所做的各种动作方法的总称。基本技术包括：踢球、接球、头顶球、运球和运球过人、抢截球、假动作、掷界外球。

一、踢球

踢球是运动员有目的地用脚的某一部位将球踢向预定目标的技术动作，是足球运动中的最主要、运用最多的一种基本技术。踢球的方法很多，根据踢球时脚与球的接触部位不同，可分为脚内侧踢球、脚背正面踢球、脚背内侧踢球、脚背外侧踢球、脚尖踢球、脚跟踢球等。

1. 踢球的动作要领

（1）脚内侧踢定位球（脚弓踢球）：直线助跑，支撑脚踏在球的侧后方 15 厘米左右处，膝关节微屈，踢球腿以髋关节为摆动轴，由后向前摆动。在前摆过程中屈膝外转，使脚内侧正对出球方向，小腿加速前摆，脚尖稍跷起，脚掌与地面平行，绷紧脚腕，用脚内侧（踝骨下面、跟骨前面）部位击球的后中部，将球向正前方踢出。（见图 9-1）脚内侧踢球是足球比赛中运用较多的踢球技术，由于脚内侧接触球的面积大，容易控制出球方向，故准确性较强，常用于近距离的传球和射门。

图 9-1

（2）脚背内侧踢定位球（里脚背踢球）：与出球方向约 45°的斜线助跑，支撑脚以脚掌外侧积极着地，踏在球的侧后方 25～30 厘米处，膝关节微屈，支撑脚的脚尖指向出球方向，身体倾斜于支撑脚一侧。在支撑脚着地的同时，踢球腿以髋关节为轴，大腿带动小腿由后向前摆动。当身体转向出球方向，膝盖摆到接近球的内侧垂直上方的刹那，小腿加速前摆，脚尖稍外转，指向斜下方，脚面绷直，脚趾扣紧以脚背内侧击球的中下部。踢球后，踢球腿随球继续前摆。（见图 9-2）动作特点是踢球腿的摆幅大，摆速快，踢球的力量大，并且由于助跑方向与支撑脚位置的灵活性较大，出球方向变化大。

图 9-2

（3）脚背正面踢定位球（正脚背踢球）：直线助跑，最后一步稍大，支撑脚踏在球的侧后方 10～15 厘米处，脚尖指向出球方向，膝关节微屈，同时踢球腿向后摆动，小腿弯曲。在支撑脚着地的同时，以髋关节为轴，大腿带动小腿前摆，当膝盖摆至接近球的垂直上方的一刹那，小腿加速前摆，脚背绷直，脚趾扣紧，以脚背的正面击球的后中部，且踢球腿随球继续前摆。（见图 9-3）动作特点是踢球腿的摆幅较大，摆速快，力量大，但出球方向比较单一，变化小。

图 9-3

（4）脚背外侧踢定位球（外脚背踢球）：助跑，支撑脚的位置和踢球腿的摆动基本与正脚背踢球相同。只是踢球脚膝关节和脚尖向内转，脚面绷直，脚趾扣紧，以脚背外侧触球。（见图 9-4）动作特点是与正脚背踢球一样，摆幅大，摆速快，力量大。但它还具有脚腕灵活性比较大和摆动腿方向变化较多等优点。

图 9-4

2. 踢球的练习方法

（1）各种踢球技术动作的模仿练习。

（2）一人踩球，另一人做各种踢球技术动作的练习，主要练习支撑脚站位、摆腿和体会脚触球的部位。

（3）对墙做各种踢球练习。开始时离墙近，踢球力量要小些，然后逐渐加长与墙的距离和增大踢球的力量。

（4）两人一组做各种脚法的对踢练习。距离由近到远，要注意技术动作及踢球的力量和准确性。

（5）移动中各种脚法的传球练习。距离由近到远，速度由慢到快，要注意支撑脚的位置及传球的提前量。

二、接球

接球是指运动员有目的地用身体的合理部位触球，改变运行中球的力量、方向，将球控制在自己所需要的范围内的技术动作，为传球、运球和射门创造必要的条件。常用的接球技术有：脚内侧接球、脚底接球、脚背外侧接球、脚背正面接球、大腿接球、胸部接球和腹部接球等。

1. 接球的动作要领

（1）脚内侧接球：支撑脚脚尖正对来球，膝关节微屈。接球腿提膝，大腿外展，脚尖微跷，脚底基本与地面平行。脚内侧正对来球并前迎，当脚内侧面与球接触的刹那迅速后撤，将球控制在下个动作需要的位置上。（见图 9-5）

图 9-5

（2）脚底接球：面对来球方向，移动前迎，支撑脚在球的侧后方，脚尖正对来球，膝关节微屈。同时接球脚提起，膝关节自然弯曲，脚背略屈，使脚底与地面约小于 45°（且脚跟离开地面），一般以前脚掌接触球的上部为宜，在接球瞬间接球脚可微屈将球停住。（见图 9-6）

图 9-6

（3）脚背外侧接球：将接球点放在接球腿一侧，支撑腿膝关节微屈。接球腿提起并屈膝，脚内翻使小腿及脚背外侧面与地面成一锐角，并对着接球后球将运行的方向，脚离地的高度应大致等于球的半径，然后大腿向接球后球将运行的方向推送，同时身体随球移动。（见图 9-7）

图 9-7

（4）脚背正面接球：根据来球的落点，及时移动到位，以脚背正面上迎下落球，当脚背与球接触的一刹那，接球脚以球下落的速度同时下撤。此时大腿、膝关节、脚趾均保持适度的紧张，脚尖微跷将球接到需要的地方。（见图 9-8）

图 9-8

(5)大腿接球：一般用来接抛物线较大的高空球和略低于膝的低平球。面对来球，根据来球的落点迅速移动到位，接球腿大腿抬起，当球于大腿接触的瞬间大腿下撤将球接到需要的位置上。（见图 9-9）

图 9-9

(6)胸部接球：胸部有两种接球方法，一是挺胸式接球：面对来球站立（两脚左右或前后开立），两膝微屈，重心置于支撑面内，上体后仰，下颌微收，两臂自然张开。接球瞬间，两脚蹬地，膝关节伸直，用胸部迎接球的下部，使球微微弹起于胸前的上方。（见图 9-10）二是收胸式接球：面对来球，两脚开立（左右或前后开立），两臂自然张开，挺胸迎球，当球至胸前的刹那，迅速收胸收腹，臀部后移将球接控在体前。（见图 9-11）

图 9-10

图 9-11

（7）腹部接球：面对来球跑动，判断好球的落点，身体前倾，腹部对准落地反弹的球，腹肌保持紧张，推压球前进，使球落在所需的位置。（见图9-12）

图 9-12

2. 练习方法

（1）接地滚球练习：各种接球的模仿动作练习，体会接球的动作方法和要领。两人对面站立，一人踢地滚球，另一人迎上接球练习，注意主动迎球及接球后下一个动作的衔接。跑动接传球练习，注意接球前后的观察，考虑接球意图。

（2）接反弹球练习：自抛自接反弹球、对墙踢球后接反弹球，注意主动迎球、接球的时间和推压球的动作。两人一组进行接传练习，注意动作的连贯性。

（3）接空中球练习：两人互抛互接空中球练习。抛球距离由近到远，逐渐改变球的弧度、落点，使接球者移动迎球。三人一组，做接传空中球练习。

三、头顶球

头顶球是指运动员有目的地用前额将球击向预定目标的技术动作。分为前额正面顶球和前额侧面顶球两种。在比赛中主要用于传球、射门和抢截，破坏对方进攻。

1. 动作要领

（1）原地前额正面顶球：面对来球方向，注视来球，两脚前后开立，重心放在后脚上，膝关节微屈，两臂自然张开，上体后仰。顶球时，后腿用力蹬地，重心移至前脚的同时，迅速向前摆体，颈部绷紧，快速甩头，用前额正面顶球的后中部，上体随球继续前摆。（见图9-13）

图 9-13

（2）跳起前额正面顶球：双脚或单脚用力蹬地跳起，同时两臂屈肘上摆，上体后仰成背弓，两臂自然张开，注视来球。当球运行到身体垂直部位前的刹那，快速收腹，身体前屈并甩头，颈部绷紧，用前额正面将球顶出。顶球后，两腿自然屈膝缓冲落地。（见图9-14）

图 9-14

2. 练习方法

(1)基本顶球练习：做各种顶球的模仿练习，体会整个动作要领；对墙自抛自顶练习，体会摆体和甩头的用力动作；两人一组互抛互顶或连续对顶练习，距离由近到远，并做到移动选位；连续对顶时，球尽量不落地。

(2)头顶传球练习：三人一组，站成三角形，一人抛，一人顶，一人接的顶球练习，主动迎球顶球，变向顶球到位；分成两组，连续用头顶传一个球，每人顶传后跑回本组队尾或对组队尾，必须迎球顶球，球要顶到位，起动要快。

(3)顶球射门练习：两人一组，一人抛球，一人冲上用头顶球射门练习，体会利用助跑冲顶射门的要领；三人一组，一人抛球，一人攻，一人守，进行跳起争顶球射门练习。

要求：不许犯规，两人一组的传顶球练习，间隔15～20米，踢球队员将球传给顶球队员，顶球队员运用各种顶球方法将球顶向球门。注意判断选位，体会摆体与甩头的用力动作。

四、运球和运球过人

运球是运动员在跑动中，用脚连续推拨球并有目的地将球控制在自己范围内的触球动作。运球的方法有脚背正面运球、脚背内侧运球、脚背外侧运球和脚内侧运球。

运球过人是指运动员运用合理的运球动作越过对手。方法有拨球过人、拉球过人、扣球过人和挑球过人等。

1. 动作要领

(1)脚背正面运球：跑动时身体放松，上体稍前倾，两臂自然摆动，步幅较小。运球脚提起时膝弯曲，脚跟提起，脚尖朝下，在迈步前伸着地前，用脚背正面推拨球前进。它的特点是可以快速运球，但不宜控制或保护球。

(2)外脚背运球：用脚背外侧推拨球，其余动作方法与正脚背运球相同。多在快速奔跑和向外改变方向时使用。

(3)内脚背运球：跑动时身体放松，上体稍前倾并稍向运动方向转动，两臂自然摆动，步幅较小。运球脚提起时膝弯曲，脚跟提起，脚尖稍外转，在迈步前伸着地前，用脚背内侧向前侧推拨球，使球向前侧曲线或弧线运行。它多在改变方向并需要用身体掩护球的情况下使用。

（4）内侧脚运球：运球时，支撑脚稍向前跨，踏在球前侧方，膝关节稍弯曲，上体前倾并向里转。随着身体的向前移动，运球脚提起，用脚内侧推球的后中部。它的特点是运球速度较慢，当运球接近对方，需要用身体掩护时，大多采用脚内侧运球。

（5）拨球过人：当对手从正面来抢球时，先运球逼近对手，诱使对手伸脚抢球，然后运用脚和踝关节抖拨的动作，用脚背内侧或外侧触球，将球向侧方或侧前方突然拨动，摆脱对手。（见图9-15）

图 9-15

（6）拉球过人：当对手正面或侧面来抢球时，先将球停住或减速运球，诱使对手伸脚抢球，然后运用脚掌将球由前向后，或由一侧向另一侧做拖拉球动作，紧接着用脚内侧或其他部位向侧前方推球摆脱对手。

（7）扣球过人：当对手正面或侧面来抢球时，突然转身，脚急转压扣，用脚背内侧或脚背外侧部位触球，将球向侧后方（后方）急停或改变方向摆脱对手。（见图9-16）

图 9-16

2. 练习方法

（1）单脚拨球练习：用单脚背内侧连续向里侧转圈拨球，也可用单脚背外侧连续向外侧转圈拨球，注意身体和支持脚随球转动。

（2）双脚拨球练习：两脚分开同肩宽，用双脚脚内侧来回拨球。可在原地拨动，也可边拨动边向前或向后移动，注意两脚的交替、球的控制、身体重心的控制和逐渐抬头。

（3）踩球跳练习：练习开始，右脚踩球上，左脚踏地，跳动时，换左脚踩球，右脚踏地，如此反复练习，注意迅速交换支撑脚，踩球时，支撑腿稍弯曲，球始终在原地不动。

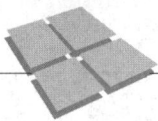

（4）两人一组直线运球练习：一人用右脚脚背外侧向前直线运球15米急停转身，返回则用左脚。二人交换运球，注意一步一触球，逐渐加快运球速度。

（5）每人一球或两人一球轮流在中圈内运球。重点练习转身急停的变向运球，注意动作突然，快慢结合有节奏，运球范围尽量大。

（6）曲线运球绕竿练习。

（7）面对标志，反复练习拨、拉、扣等过人摆脱动作，注意动作突然，逐渐加快运球速度。

（8）两人一组，做一过一练习。防守者先采用消极防守，再逐渐采用积极防守。

（9）运球过人射门练习。接球后运球过人射门综合练习。

五、抢截球

抢截球是指运动员有目的地运用身体相应的部位，用合理的动作，把对方控制的球或对方传、射的球，夺过来或破坏掉的技术。方法有两种：一种是正面跨步抢截球；另一种是侧面合理冲撞抢球。

1. 动作要领

（1）正面跨步抢截球：两脚前后开立，两膝微屈，重心下降放在两脚间，在对手运球脚触球后即将着地或刚着地时，支撑脚立即后蹬，抢球脚以脚内侧对准球跨出。膝盖弯曲，上体前倾，身体重心移至抢球脚上，同时另一脚立即前跨成支撑脚。如双方的脚同时触球，则要顺势向上提拉，使球从对方脚背滚过，身体重心要迅速跟上，把球控制好，这也是控制对方从正面运球推进时采用的方法。

（2）侧面合理冲撞抢球：在与对手并肩跑动或从后面追成平行并肩跑动时，身体重心迅速下降，同时接触对手一侧的手臂要紧贴身体。当对手靠近自己一侧的脚离地时，用肘关节以上肩关节以下部位冲撞对手相应部位，使其失去平衡并趁机将球夺过来。冲撞时，不可用手肘或臂推对方，以免造成犯规。（见图9-17）

图 9-17

2. 练习方法

（1）抢球练习：两人一球，做拼抢球的模仿练习。两人相距3～4米对面站立，将球放在中间，听到哨音，两人立即上前抢球，一人在前运球，一人追上用合理冲撞练习抢球；两人一组，一人运球过人，一人做抢球练习。

（2）截球练习：三人一组，两人传球，一人断截球。先练习断长距离来球，后断短距离来球。练习者围成一圆圈，圈内人互相传球，抢截人在圈中练习截球。圈内可规定一人或二人，传球可规定传球接球结合，也可规定一次触球，截到球后，由传球失误人换截球人。

六、假动作

假动作就是指进攻者和防守者在比赛中，为了隐蔽自己的真正动作意图，迷惑或调动对手所做的一些虚假动作。假动作具有较强的战术因素，可渗透在传球、停球、顶球、运球、运球过人、抢截、射门、跑位、接应和穿插等技术、战术配合中。

做假动作要给对手逼真的感觉，这样才容易使对方真假难分，防不胜防。假动作与真动作的衔接要快，假动作必须在接近对手时灵活运用才能奏效，要注意身体平衡和动作协调。

练习方法：

无球假动作：在球场上自由跑动，做变速、变向、假抢等练习。在慢跑过程中穿插做假动作，动作要逼真，两人一组，一攻一守，攻者要做向前的左右晃动跑，守者在后退跑中左右封堵对手。变向时动作要突然，两人要协同配合。

有球假动作：每人在体前1米处放一球，听口令做跨、晃、拨球等假动作。体会做假动作时的上体晃动、重心移动与控制球的关系。每人一球，一路纵队，按前后顺序运球前进，途中设标杆或防守人，练习左晃右拨、右晃左拨等运球过人假动作。体会运球过人假动作的时间和先慢后快、先向一侧佯运等变速、变向过程。

七、掷界外球

掷界外球是指在比赛中，运动员将对方触球后越出边线的球，按照规则有目的地用手将球掷入场内的动作。它有原地掷界外球和助跑掷界外球两种。

动作要领：

原地掷界外球：面对掷球方向，两脚前后或左右开立，膝关节弯曲，上体后仰，双手持球屈肘置于头后方。掷球时，脚用力蹬地，两脚迅速伸直向前摆体，两臂急速前摆，身体重心前移，当球摆至头上时，用力甩腕掷球入场内。（见图9-18）

图 9-18

二过一战术配合：是指在局部区域两个进攻队员通过两次以上的连续传球，越过一个防守队员的配合行动。（见图 9-19）⑨号斜线传球给⑩号，⑩号再做斜线传球，⑨号直线插入接球，这是斜传直插二过一战术；⑦号接⑧号横传球，⑦号向前直线传球，⑧号斜线插入接球，这是直传斜插二过一战术。

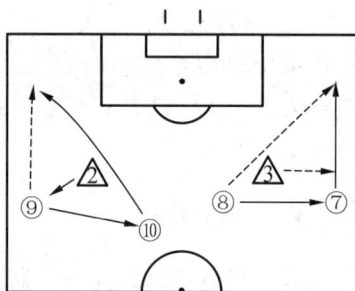

图 9-19

在对方半场两侧地区发起的进攻称边路进攻；在对方半场中间地带发起的进攻称中路进攻；在抢断得球后，以最快的速度进行突然袭击对方球门的一种进攻方法称快速反击。

第二节　足球运动简单战术

一、简单防守战术

防守战术包括个人的选位、盯人、抢截、守门员防守等；局部的保护、补位、围抢；整体的人盯人防守、区域盯人防守、混合防守、密集防守等。

选位与盯人是指防守队员在防守时占据合理的防守位置，以及在防范与限制进攻队员时所采取的行动。防守队员的选位应处于对手与本方球门中心所构成的一条直线上。（见图9-20）盯人时，对离球远的对手采用松动盯人，对有球对手和距离球门区附近以及可能得球的对手必须紧盯，并力争抢断球，切忌盲目出击。（见图9-21）

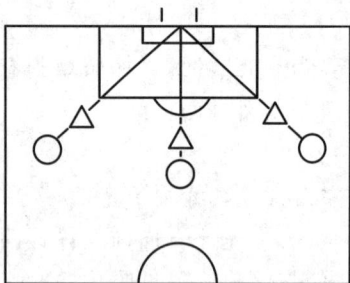

图 9-20

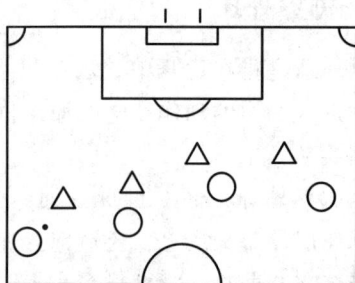

图 9-21

二、保护战术、补位战术和围抢战术

防守过程中，在同伴紧逼控球队员时，自己选择有利位置来保护同伴，以防止对手突破的配合行动称保护战术；防守队员间相互协作防守的一种方法称补位战术；三名以上防守队员同时围堵对方控球队员的防守配合称围抢战术。

三、混合防守

混合防守是结合了人盯人和区域盯人防守优点的一种综合战术。一般采用三后卫或四后卫盯人，前卫和前锋区域盯人，留一自由中卫进行区域防守补位。对特别有威胁的对手要有专人盯防，盯人时也要相互补位。混合防守战术的特点是对靠近射门区的有球者或可能得球者要逼抢、紧盯，对远离球门的对手一般采用区域防守或补位。

四、造越位战术

防守一方利用规则主动造成对手越位的一种防守配合战术。

▶ 第三节　足球比赛规则简介

一、比赛场地

1. 场地尺寸

长度：90～120 米，国际比赛：100～110 米；宽度：45～90 米，国际比赛：64～75 米。

2. 场地标记

比赛场地是用线来标明的，这些线作为场内各个区域的边界线应包括在区域之内。两条较长的边界线叫边线，两条较长的线叫球门线。所有线的宽度不超过 12 厘米，比赛场地被划分为两个半场。在场地中线的中点处做一个中心标记，以距中心标记 9.15 米为半径画一个圆圈。

3. 球门区

在距每个球门柱内侧 5.5 米处，画两条垂直于球门线的线。这些线伸向比赛场地内 5.5 米，与一条平行于球门线的线相连接。由这些线和球门线组成的区域范围是球门区。

4. 罚球区

在距每个球门柱内侧 16.5 米处，画两条垂直于球门线的线。这些线伸向比赛场地内 16.5 米，与一条平行于球门线的线相连接。由这些线和球门线组成的区域范围是罚球区。在每个罚球区内距球门柱之间等距离的中点 11 米处设置一个罚球点。在罚球区外，以距每个罚球点 9.15 米为半径画一段弧。

5. 旗杆

在场地每个角上各竖一根不低于 1.5 米的平顶旗杆，上系小旗一面。

6. 角球弧

在比赛场地内，以距每个角旗杆 1 米为半径画一个 1/4 圆。

7. 球门

两根柱子之间的距离是 7.32 米，从横梁下沿至地面的距离是 2.44 米。

二、球

圆周不长于 70 厘米、不短于 68 厘米。质量在比赛开始时不多于 450 克、不小于 410 克。压力在海平面上等于 0.6～1.1 个大气压。

三、队员人数

一场比赛应有两队参加，每队上场队员不得多于 11 名，其中必须有 1 名守门员。如果任何一队少于 7 人则比赛不能开始。在由国际足联、洲际联合会或国家协会主办的正式比赛中，每场比赛最多可以使用 3 名替补队员。被替补下场的队员不得两次参加该场比赛。替补队员只能在比赛停止时从中线处进场。

四、比赛时间

比赛分为两个半场，每半场 45 分钟。中场休息 15 分钟。

五、场地选择

通过掷币，猜中的队决定上半场比赛的进攻方向。另一队开球开始比赛。猜中的队在下半场开球开始比赛。下半场比赛两队交换比赛场地。

六、计胜方法

得分：当球的整体从球门柱间及横梁下越过球门线，而此前未违反竞赛规则，即为进球得分。

获胜的队：在比赛中进球数较多的队为获胜者。如两队进球数相等或均未进球，则比赛为平局。

加时赛：规定时间内未分出胜负而又必须分出胜负，采取的上下半场各 15 分钟的比赛。上下半场间没有休息时间，交换场地后继续比赛。在该加时比赛中，任何一方先进球就为胜方，即为金球制胜法。

点球制胜法：在规定时间和加时赛后仍未分出胜负后采取的互罚点球，先由每队各派 5 人依次罚完点球，如还未分出胜负，每队各派一人罚，依次进行，直至分出胜负的方法（任何场上队员不得在本方队员未罚点球前连续罚第二次）。

七、越位

越位位置：队员较球和最后第二名对方球员更近于对方球门线。

不存在越位的三种情况：球门球（当球的整体不论从地面或空中越过球门柱以外的球门线，而最后触球者为攻方队员）；掷界外球；角球。

八、踢球门球要点

由防守方从球门区内的任何一点踢球；对方应在罚球区外直至比赛进行；踢球队员在其他队员触球前不得再次触球；当球被直接踢出罚球区，防守方队员才能碰球。

九、掷界外球者

面向比赛场地内掷球方向；任何一只脚的部分站在边线上或站在边线外的地上；

使用双手将球从头后经头上掷出；在其他队员触球前不得再次触球。

十、罚点球要点

防守方守门员留在本方球门柱间的球门线上，面对主罚队员，直至球被踢出；除主罚队员外的队员处于比赛场地内、罚球区外、罚球点后，距罚球点至少9.15米。

十一、犯规与不正当行为

1. 判罚直接任意球的十种情况

①踢或企图踢对方队员；②绊摔对方球员；③跳向对方球员；④冲撞对方球员；⑤打或企图打对方球员；⑥推对方球员；⑦为了得到对球的控制而抢截对方球员时，于触球前触及对方球员；⑧拉扯对方球员；⑨向对方球员吐唾沫；⑩故意手球（不包括守门员在本方罚球区内）。

2. 判罚间接任意球的八种情况

①守门员用手控制球后，在发出球之前持球超过6秒；②守门员在发出球之后未经其他队员触及，再次用手触及球；③守门员用手触及同队队员故意踢给他的球；④守门员用手触及同队队员直接掷入的界外球；⑤队员动作具有危险性；⑥队员阻挡对方球员；⑦队员阻挡对方守门员从其手中发球；（8）违反以前未提及的任何其他犯规，而停止比赛被警告或罚令出场。

3. 被警告并出示黄牌的七种情况

①犯有非体育道德行为；②以语言或行动表示异议；③持续违反规则；④延误比赛重新开始；⑤当以角球或任意球重新开始比赛时，不退出规定的距离；⑥未得到裁判员许可进入或重新进入比赛场地；⑦未得到裁判员许可故意离开比赛场地。

4. 被罚令出场并出示红牌的七种情况

①严重犯规；②暴力行为；③向对方或其他任何人吐唾沫；④用故意手球破坏对方的进球或明显的进球机会（不包括守门员在本方罚球区内）；⑤用可判为任意球或点球的犯规破坏对方向本方球门移动着的明显的进球得分机会；⑥使用无礼的、侮辱的或辱骂性的语言及动作；⑦在同一场比赛中得到第二张黄牌。

>>>>>>>>>>>>>>>>>>>>>>>>>> 复习思考题 <<<<<<<<<<<<<<<<<<<<<<<<<<

1. 足球运动的概念是什么？
2. 什么是二过一战术配合？包括哪些内容？
3. 哪几种情况下在犯规地点应判由对方踢直接任意球？

第十章　乒乓球运动

乒乓球运动起源于英国，最初是一种家庭娱乐活动。由于当时普遍使用的是羊皮纸球拍，击球时和球台发出"乒乓"的声音，所以人们模拟其声音把这种运动叫作"乒乓球"。

乒乓球运动的特点是球小、速度快、变化多。此项运动在社会上、学校中皆宜开展。经常参加乒乓球运动不仅可以发展人的灵敏性和协调性，提高动作的速度和上下肢活动能力，改善心血管系统的机能，增强体质，而且有助于培养人的勇敢顽强、机智果断、沉着冷静、勇于进取的优良品质。

▶ 第一节　乒乓球运动基本技术

一、握拍法

握拍法一般有两种，直拍握法和横拍握法。（见图 10-1、图 10-2）

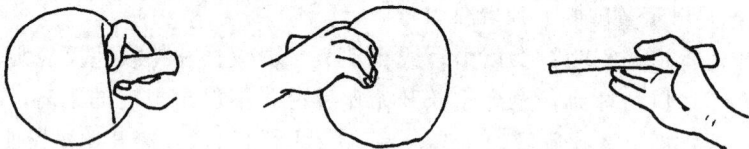

图 10-1　直拍握法

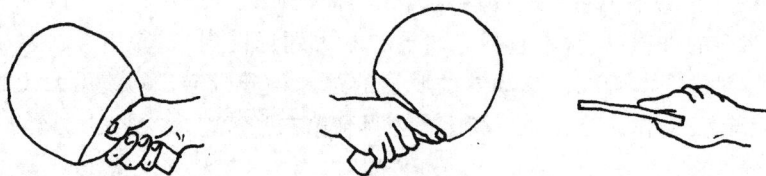

图 10-2　横拍握法

练习方法：①握拍转动及挥拍练习。②握拍颠球及对墙打球练习。
动作要求：①握拍方法要稳定。②握拍时不可过紧或过松。
选择握拍法：要根据自己的爱好和技术特点来选择握拍法。

二、基本站位与姿势

站位：常见的几种站位有左推右攻站位、两面攻站位、弧圈球站位、攻削结合站位、削攻站位。（见图 10-3）

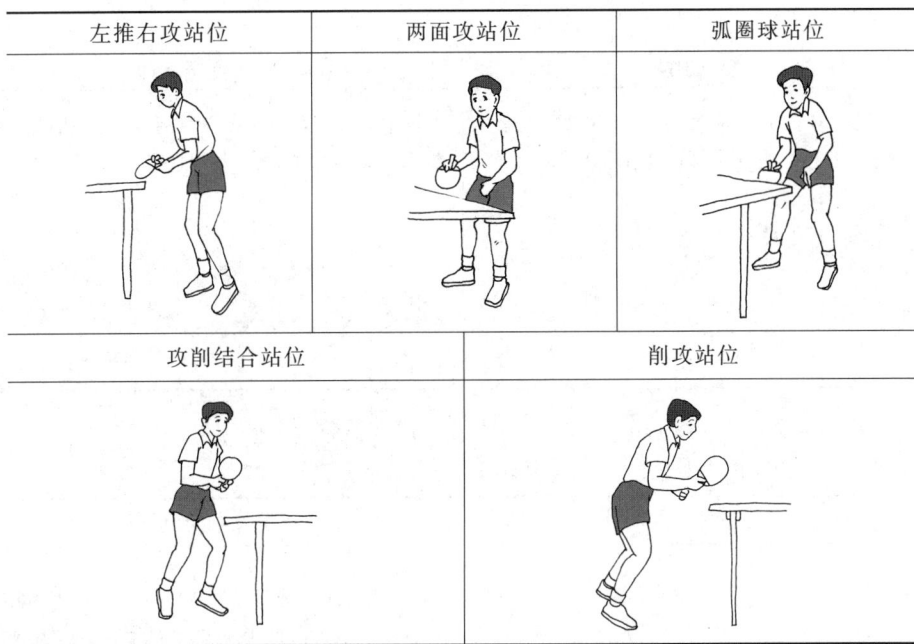

左推右攻站位	两面攻站位	弧圈球站位

攻削结合站位	削攻站位

图 10-3

准备姿势要领：两脚开立，两腿微屈，上体稍前倾，持拍臂自然弯曲在体侧，球拍稍高于台面。

三、基本步法

基本步法：包括并步、跳步、单步、跨步、交叉步五种步法。

练习方法：左右并步练习；左右前后跳步练习；左右脚单步移动练习；交叉步来回跑动练习。

动作要求：正确判断；抢到最好击球点；移动平稳。

四、发球技术

一般常见的发球技术有以下几种。

1. 正、反手平击发球（见图 10-4）

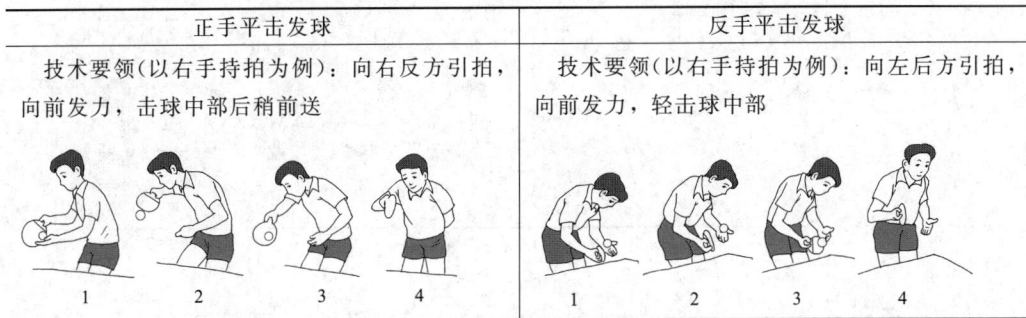

正手平击发球	反手平击发球
技术要领（以右手持拍为例）：向右后反方引拍，向前发力，击球中部后稍前送	技术要领（以右手持拍为例）：向左后方引拍，向前发力，轻击球中部
  1　　2　　3　　4	 1　　2　　3　　4

图 10-4

2. 正、反手发上旋球（见图10-5）

正手发上旋球	反手发上旋球
技术要领（以右手持拍为例）：向右后上方引拍，左前方挥拍，击球中部向中上部摩擦 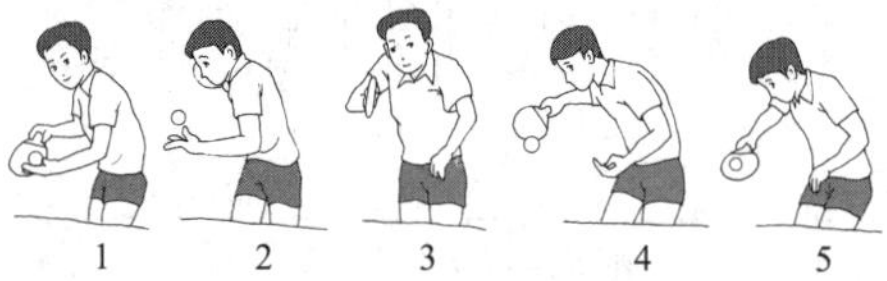	技术要领（以右手持拍为例）：向左后方引拍，右前方横摆球拍，击球中上部 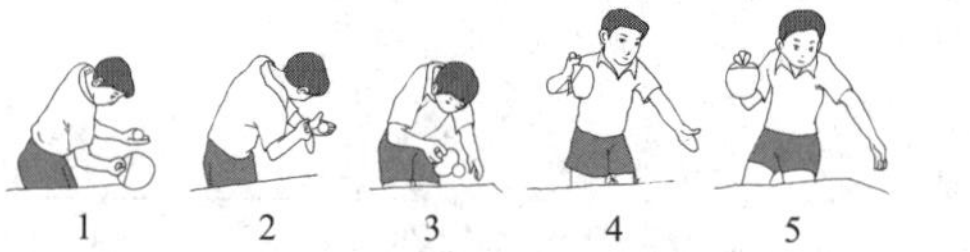
1　2　3　4　5	1　2　3　4　5

图 10-5

3. 正手发左侧上、下旋球（见图10-6）

正手发左侧上旋球	正手发左侧下旋球
技术要领（以右手持拍为例）：向右上方引拍，左下方挥拍，击球中部并向左上方摩擦 	技术要领（以右手持拍为例）：向右上方引拍，左下方挥拍，击球中下部并向左侧下方摩擦 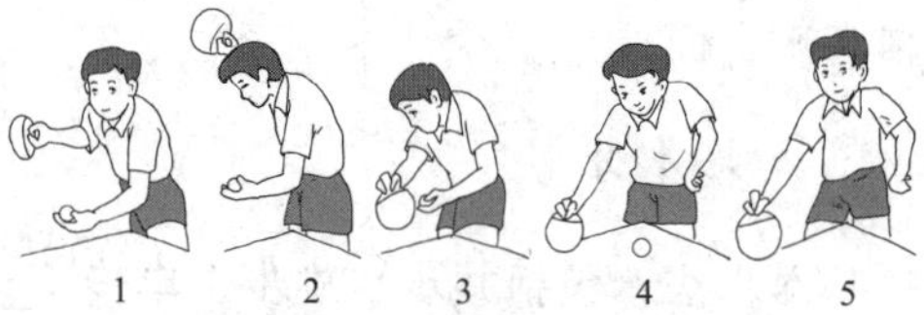
1　2　3　4	1　2　3　4　5

图 10-6

4. 正手发下旋加转球和正手发不转球（见图10-7）

正手发下旋加转球	正手发不转球
技术要领（以右手持拍为例）：持拍手腕做略外展和伸，从右后上方向左前下方挥动，击球中下部并向底部摩擦 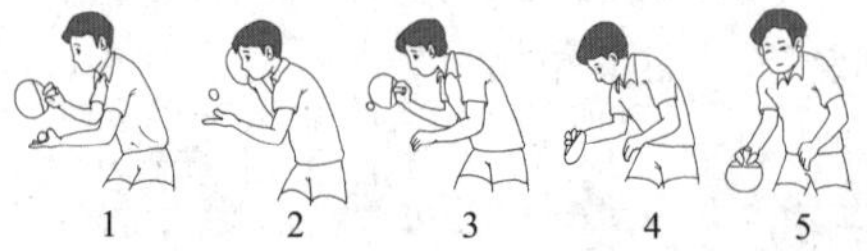	技术要领（以右手持拍为例）：持拍手腕做略外展和伸，从右后上方向左前方挥动，轻触球中部 
1　2　3　4　5	1　2　3　4　5

图 10-7

5. 反手发右侧上旋球(见图 10-8)

反手发右侧上旋球
技术要领(以右手持拍为例)：右臂稍内旋，左后方引拍，向右上方挥动球拍，击球中部向右侧上方摩擦

图 10-8

练习方法：①徒手模仿各种发球动作；②多用球练习发球技术；③发球结合抢攻练习。

五、推挡技术(反手)

反手推挡技术是推球和挡球的总称，是左推右攻型打法的主要技术之一，它可发展推下旋、推侧旋和加力推技术。(见图 10-9)

反手推挡技术
技术要领(以右手为例)：球拍横放，至胸腹偏左位置，主动迎球并向前推压球，击球后还原

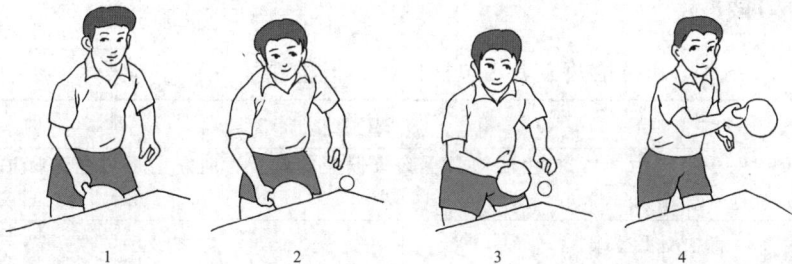

图 10-9

练习方法：①徒手推挡模仿练习；②利用多球连续推挡练习；③两人对推练习；④一人攻球一人推挡练习。

六、攻球技术

1. 正手攻球技术

直拍正手攻球技术，横拍正手攻球技术。(见图 10-10)

直拍正手攻球	横拍正手攻球
技术要领(以右手持拍为例)：向右后方引球拍，向前打，收臂腕内转	技术要领(以右手持拍为例)：向右后方引球拍，向前打，收臂腕内转
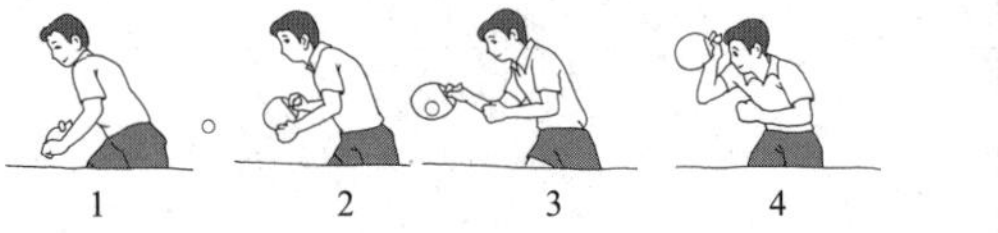 1　2　3　4	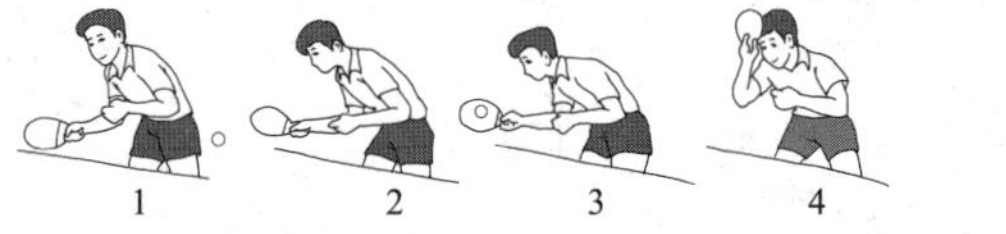 1　2　3　4

图 10-10

练习方法：①徒手模仿正手攻球练习；②垂直放球落台攻球练习；③两人推攻或对攻练习。

2. 反手攻球技术

直拍反手攻球技术，横拍反手攻球技术。（见图 10-11）

直拍反手攻球	横拍反手攻球
 1　2　3　4	 1　2　3　4

图 10-11

练习方法：①徒手模仿反手攻球练习；②垂直放球落台攻球练习；③两人一推一攻或对攻练习。

七、搓球技术

搓球技术分直拍和横拍两大类，包括快搓、慢搓和搓下旋球等技术。（见图 10-12）

反　手　搓　球
技术要领(以右手持拍为例)：拍稍后仰引至胸腹偏左的位置，向左前下方迎球挥拍，击球中下部

直拍反手搓球	横拍反手搓球
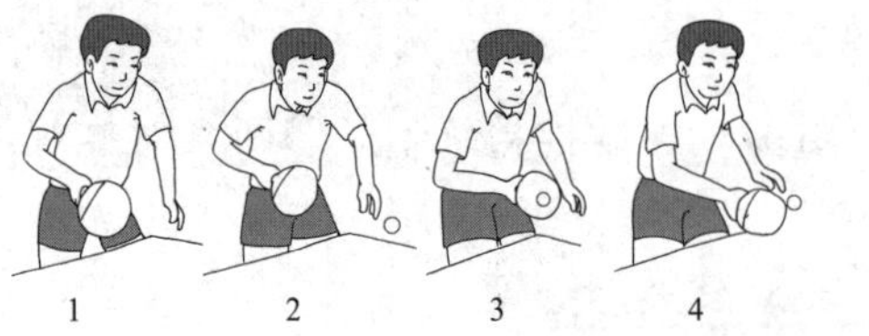 1　2　3　4	 1　2　3　4

图 10-12

练习方法：①做反手搓球模仿练习；②自抛球落台后搓球练习；③两人台上对搓练习；④一人发下旋球，一人搓球练习。

八、正手拉球技术

正手拉球是对付下旋球的有效手段，它可发展拉前冲弧圈、高吊弧圈、侧弧圈等技术。（见图 10-13）

正 手 拉 球	
技术要领（以右手持拍为例）：身体略右转，向右后下方引拍，稍前倾，大臂带小臂由下向上前挥拍，击球中部或中上部	

图 10-13

练习方法：①徒手模仿拉球的动作；②一人发下旋球，一人拉球；③两人进行搓、拉结合练习；④两人进行拉、削结合练习。

▶ 第二节　乒乓球比赛的基本战术

一、推攻战术

- 左推右攻。
- 推挡侧身攻。
- 推挡侧身攻后扑正手。
- 左推结合反手攻。
- 左推反手攻后侧身攻。
- 左推反手攻后侧身攻后扑正手。

二、面攻战术

- 攻左扣右进攻对方左角，寻找机会，猛扣对方正手空当。
- 攻打两角，猛扣中路。

三、拉攻战术

- 正手拉后扣杀。
- 反手拉后扣杀（一般为两面攻运动员遇到左侧大角度的削球时所采用）。

四、搓攻战术

- 正、反手搓球结合正手快拉、快点、突击或扣杀。
- 正、反手搓球结合反手快拉、快点、突击或扣杀。

▶ 第三节　乒乓球比赛基本规则

第一，发球时将球置于手心，垂直抛起，不得使球旋转，并使球在离开手掌之后上升不少于 16 厘米，当球从最高点下落时方可击球。

第二，发球时，发球人应在台面以上和端线延长线以外将球发出。

第三，发球时，每人轮换发两个球，11 分为一局，当出现 10 平后以领先 2 分方为胜者，该局结束。比赛多采用五局三胜制或七局四胜制。

第四，双打比赛发球时应从右半台发到对方右半台，轮换发球时要换人接发球。一局中首先发球的一方，在该场下一局应先接发球，在决胜局的比赛中，当一方先得 5 分时，双方应交换方位。

第五，团体赛采用的比赛顺序为第一场 A－X，第二场 B－Y，第三场 C－Z，第四场 A－Y，第五场 B－X，先胜三场者为胜方。

>>>>>>>>>>>>>>>>>>>>>>>>>> 复习思考题 <<<<<<<<<<<<<<<<<<<<<<<<<<<<

1. 你对所学过的乒乓球技术掌握较好的有哪几项？
2. 你知道的乒乓球运动基本规则有哪些？

第十一章　羽毛球运动

羽毛球运动起源于 19 世纪的英国。羽毛球运动是一项大众性的体育活动，器材简便，老少皆宜，既充满乐趣又能强身健体，也是一项竞技性的比赛项目，具有技术性强，对运动员的身体素质和竞技水平要求高，比赛激烈紧张等特点。因而羽毛球运动既有广泛的群众基础，又有非常高超的竞技水平，具有很好的发展前景。

国际羽毛球联合会成立于 1934 年，其最高权力机构是代表大会，每年 5 月至 7 月召开。理事会由每届代表大会任命，负责日常工作。国际羽联主办的比赛有：①"汤姆斯杯"赛（世界男子团体锦标赛）；②"尤伯杯"赛（世界女子团体锦标赛）；③世界羽毛球锦标赛（世界男女单项锦标赛和"苏迪曼杯"混合团体赛）；④世界杯赛；⑤全英羽毛球锦标赛；⑥其他大奖赛。

目前，加入国际羽联的会员已有 120 多个国家和地区。国际羽联已成为国际奥林匹克委员会所承认的国际体育运动组织。1988 年的奥运会上，羽毛球比赛作为一个表演项目首次登场。从 1992 年起，羽毛球被列为奥运会正式比赛项目。

▶ 第一节　羽毛球运动基本技术

羽毛球运动的基本技术有握拍法、发球法、击球法。

一、握拍法

握拍法可分为正手握拍法和反手握拍法。

1. 正手握拍法

虎口对着拍柄窄面内侧的小棱边，拇指和食指贴在拍柄的两个宽面上，食指和中指稍分开，中指、无名指和小指并拢握住拍柄，掌心不要紧贴，拍柄端与近腕部的小鱼际肌平。拍面基本与地面垂直。（见图 11-1）

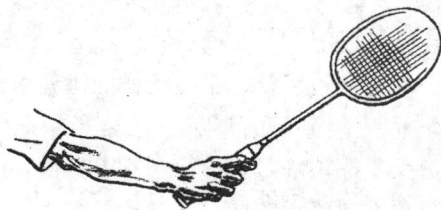

图 11-1　正手握拍法

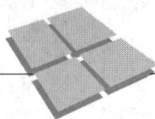

2. 反手握拍法

在正手握拍的基础上，拇指和食指将拍柄稍向外转，拇指顶贴在拍柄内侧的宽面上或内侧棱上，中指、无名指和小指并拢握住拍柄，柄端靠近小指根部，使掌心留有空隙。球拍斜侧向身体左侧，拍面稍后仰。（见图11-2）

图 11-2　反手握拍法

重点：握拍手法正确、稳定。

难点：找准拍柄的位置、握拍要紧。

练习方法：

①练习者用正手握拍法或反手握拍法，按手势的指令做正手击球或反手击球的挥拍动作。

②握拍颠球练习。

③空拍做挥拍练习。

二、发球法

发球法可分为正手发球和反手发球两种。

1. 正手发球（以右手握拍为例）

身体左肩侧对球网，左脚在前，脚尖稍向网，右脚在后，脚尖向网右侧，两脚距离与肩同宽，身体重心放在后脚上。准备发球时，右手握拍向右后侧举起，肘部微曲。左手拇指、食指和中指夹住球，举在腹部右前方，然后放开球，挥拍击球。击球时，身体重心由右脚移至左脚上。

2. 反手发球

发球站位可在发球线后半部10～15厘米及中线附近，也可在前发球线后及边线附近。面向球网，两脚前后开立（右脚或左脚在前均可），上体稍前倾，身体中心在前脚上，右手臂屈肘，用反手握拍将球拍反举在腰间，拍面在身体左侧腰下，左手拇指与食指控制住球的两到三根羽毛，球托朝下，球体或球托在球拍前对准拍面。击球时，前臂带动手腕朝前横切推送。

反手可发网前球和平快球。发球前用力要轻，主要靠"切"送；发平快球则要突然发力，拍面要有"反压"动作。

重点：掌握拍面方位在腰部以下。

难点：抛球与击球的协调配合，手臂、手腕动作的协调用力。

练习方法：

①按不同的发球方法，反复挥拍练习。

②交替发不同飞行弧线和不同落点的球。

③发球、接发球对抗练习。

三、击球法

羽毛球运动的各种挥拍击球技术，统称为击球法。击球法有很多技术动作，大致可分为高手击球、低手击球和网前击球三大类。

1. 高手击球

一般将击球点高于头部的击球，称为高手击球。高手击球按其技术特点和球的飞行弧线的不同，可分为高远球、平高球、扣杀球和吊球等。

把高球在尽量高的击球点上，大力挥击下压到对方场区内，称为扣杀球。由于扣杀球力量大，击球点高，因而球速快，球飞行的弧线短直，是后场进攻和争取得分的主要手段。在对付防守技术差，反应较慢的对手时，与平高球、吊球配合运用，比赛效果会更好。扣杀球有正手扣杀球、头顶扣杀球、反手扣杀球及劈杀球、突击杀球之分。下面以正手杀球为例，简单进行以下技术分析。

在自己右侧上方的高球，用正手握拍法，用正拍面扣杀球，称为正手扣杀球。正手扣杀球可在原地或起跳后进行。初学者应从原地正手击高远球的方法开始，然后过渡到起跳击球，以快速合理的步法移到球降落点的位置上，击球点选择在右肩前上方稍前一些的位置上，做好准备击球的动作(侧身对网，左脚在前以脚尖点地，右脚在后稍屈膝，重心落在右脚上，上体和头稍后仰，手臂和腰腹充分拉紧，形成"满弓")。发力击球时，手臂以最大的速度挥摆，最后通过手腕的高速旋动产生强大的向前下方的爆发力，拍面角度控制在 $75°\sim85°$ 之间，当拍面向前下方扣杀，则杀直线球；当拍面斜向一侧扣杀，则杀斜线球。(见图 11-3)

图 11-3   高手击球法

2. 低手击球

一般将击球点低于头部高度的击球，称为低手击球。低手击球技术主要有半蹲快打、接杀球和抽球。半蹲快打和接杀球主要用于中场，由于中场是攻防转换的主要区域，双方的距离较近，球在空间滞留的时间缩短，因此，中场击球技术要求挥拍预摆幅度小，突出体现一个"快"字，做到快打。抽球在中场或后场都有应用。

3. 网前击球

网前击球技术包括：击高球、吊球、杀球、搓球、推球、扑球、勾球等。

(1)击高球。

高球是自后场打到对方后场端线经过高空飞行的球。击球时,上臂后引,随之肘关节上提明显高于肩部,将球拍后引至头部,自然伸腕(拳心向上)。然后在后脚蹬地,转体收腹的协调用力下,以肩为轴,上臂带动前臂快速向前上方甩腕,在手臂伸直的最高点击球。击球后,持拍手臂顺惯性往前下方挥动并收拍至体前,与此同时,左脚后撤,右脚向前迈出,身体重心由后脚移至前脚上。

击高球时还可跳起击球。按上述要求做好准备动作,然后右脚起跳,随即在空中转体,并完成引拍击球动作。击球动作是在从空中最高点落下的瞬间完成的。

(2)吊球。

吊球是自后场打到对方前场向下坠落的球。击球时拍面正向内倾斜,手腕做快速切削下压动作,击球托的后部和侧后部。若劈吊斜线球,则球拍切削球托的右侧并向左下方发力;若劈吊直线,则拍面正对前方向下方切削。

(3)杀球。

杀球是把对方击来的高球在尽量高的击球点上斜压下去。这种球力量大、弧线直、落地快、给对方的威胁很大。因此,它是进攻的主要技术。

击球时,侧身起跳、往右上方提肩,带动上臂、前臂和球拍上举,以便向上伸展身体。当击球点在肩的前上方时,前臂内旋,腕前屈微收,闪腕发力杀球。这时手指突然抓紧拍柄,把手腕的爆发力集中到击球点上,球拍和击球方向水平面的夹角小于90°,球拍正面击球托的后部,使球直线下行。整个收腹、挥臂、挥拍杀球的动作是在身体由右手稍向左前转动的过程中完成的。

(4)搓球。

搓球是由放网前球发展而来的,搓球是用球拍搓击球的左或右侧下部与球托底部,使球向右侧或左侧旋转与翻滚过网。搓出的球越贴网,旋转翻滚性能越强,对方回击就越困难,从而越能为自己创造有利的进攻条件。这时回动可稍慢些,球拍上举,做好封网的准备。

搓球时,主要靠前臂的前伸外旋和手腕由内收到外展的合力,搓击球的右侧或左侧底部,使球侧旋滚动过网。击球后拍子准备回收。

(5)推球。

推球是把对方击来的网前球推击到对方的后场两底角去,球飞行的弧线较低平,速度较快,能给对方造成回击困难。

推球时,身体稍往前移,右前臂往前伸,并带内旋,手腕和手指控制拍面角度,手腕由后伸直并闪腕,食指向前压和小指、无名指突然握紧拍柄,拍子快速地挥动推球,使球沿边线飞向对方后场底角。

(6)扑球。

来球在网顶上空,能以最快的速度上网扑压来球,称为扑球。

扑球时,主要靠前臂的屈伸和转动、手腕的闪动和手指的顶压,其中手腕是控制力量的关键。挥拍距离短、动作小、爆发力强,扑击出去的球才能急速落地。

(7)勾球。

勾球是把本方的右(左)边网前球击到对方右(左)边网前去。又叫打对角线前球。

勾球时的发力，主要是运用前臂、手腕和手指的力量，用力要适当，手腕还要控制好拍面的角度。勾球时要根据击球点的高低，灵活握拍，方能随球应变。

网前勾球如能与搓球、推球结合运用，就能更好地调动对方，加长其跑动距离并迫使其被动回球，以便自己发挥前场进攻的威力。

重点：击球动作正确，随球移动，扣腕击球。

难点：注视来球，快速随球移动。

练习方法：

①徒手做模仿挥拍练习，模仿扣杀球的方法向对方场区下压掷球；练习者站在半场区，陪练者发半场高球，练习者做扣杀练习。

②一对一站在中场区做半蹲快打练习。用多球做接杀球练习，全场攻守练习。

③做击网前球练习，原地或跨一步做模仿练习，多球练习，半场单打教学比赛。

▶ 第二节　羽毛球运动基本战术

战术是指运动员在比赛中根据双方的情况合理运用技术，有针对性地组织自己的球路以争取胜利的策略。

一、单打战术

1. 战术分析

单打战术分为发球、接发球、发球强攻、压后场、攻前场、四方球结合突击、"杀上网""吊上网"等几项技术。发球要注意保持发球技术动作的一致性和时间差，要机动地变换发球点和发球的弧线并善于发现和把握对方接发球的习惯球路，重点防备，抓住战机，争取一拍解决战斗；一般以发网前球结合发平快、平高球。接发球时力争不让对方有直接进攻的机会，根据对手的技术特点，合理地使用压后场、攻前场和吊网前球。当对方击来后场高球时，即以杀球或吊球下压；当判断对方挡回网前球时，即可快速上网高点控制网前球。

2. 练习方法

发球、接发球战术对抗练习，"杀上网""吊上网"练习，两点打一点、一点打两点和一点打多点练习。

二、双打战术

双打战术的指导思想是快、狠、平、压。

1. 双打站位与配给

双打站位有前后站位、左右站位与站位轮转。

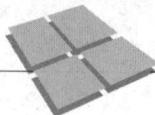

2. 双打的战术

发球与接发球技术、发球强攻技术、攻中路技术和避强打弱技术等。

3. 练习方法

加强双打技术的练习，主要是发球、接发球、封网技术、半场区的半蹲快打、平抽平打、边走边打、后场连续扣杀等技术，另外，还有"压网"练习和跑位配合练习。

▶ 第三节 羽毛球比赛基本规则

国际羽联对 21 分做了最后修订，新规则从 2006 年 2 月 1 日起正式实施。新规则的最大变化是取消了发球得分制，另外将所有单项的每局获胜分统一定为 21 分。

一、单打

(1)每场比赛采取三局两胜制。

(2)率先得到 21 分的一方赢得当局比赛。

(3)如果双方比分打成 20 比 20，获胜一方需超过对手 2 分才算取胜。

(4)如果双方比分打成 29 比 29，则率先得到第 30 分的一方取胜。

(5)首局获胜一方在接下来的一局比赛中率先发球。

(6)当一方在比赛中得到 11 分后，双方队员将休息 1 分钟。

(7)两局比赛之间的休息时间为 2 分钟。

二、羽毛球 21 分制双打新规则

(1)比赛开始前，双方通过掷硬币方式确定由哪一方来选择是先发球或后发球。

(2)取消二次发球，双方轮流发一次球，不会重复。

(3)比赛进行中，接发球站位不变。

(4)发球方分数是双数从右发球区先发球，单数从左发球区先发球。

(5)发球得分，发球方换站位。

双打 21 分制发球图解见图 11-4～图 11-11。

A 和 B 对 C 和 D 的双打比赛。A 和 B 赢了挑边并选择了发球。A 发球 C 接发球。A 为首先发球员，而 C 则为首先接发球员。

$\frac{0}{0}$ 从右发球区 A 发球，C 接发球。(见图 11-4)

A 和 B 得 1 分，A 和 B 交换发球区域。A 从左发球区再次发球。C 和 D 在原发球区接发球。$\frac{0}{1}$ 从左发球区 A 发球，D 接发球。(见图 11-5)

C 和 D 得 1 分，并获得发球权。两人均不改变各自原发球区。$\frac{1}{1}$ 从左发球区 D 发球，A 接发球。(见图 11-6)

A 和 B 得 1 分，并获得发球权。两人均不改变各自原发球区。$\frac{1}{2}$从右发球区 B 发球，C 接发球。（见图 11-7）

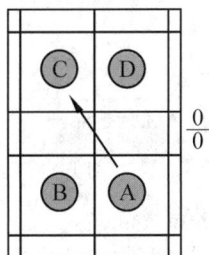 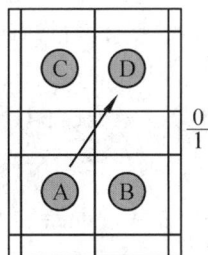 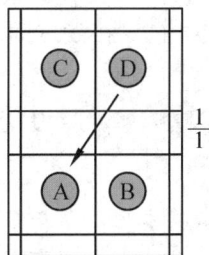 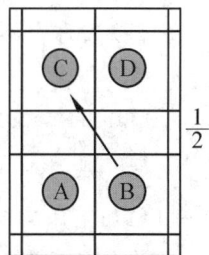

图 11-4   图 11-5   图 11-6   图 11-7

C 和 D 得 1 分，并获得发球权。两人均不改变各自原发球区。$\frac{2}{2}$从右发球区 C 发球，B 接发球。（见图 11-8）

C 和 D 得 1 分，C 和 D 交换发球区，D 从左发球区发球，A 和 B 不改变其各自原发球区。$\frac{3}{2}$从左发球区 C 发球，A 接发球。（见图 11-9）

A 和 B 得 1 分，并获得发球权，两人均不改变各自原发球区。$\frac{3}{3}$从左发球区 A 发球，C 接发球。（见图 11-10）

A 和 B 得 1 分，A 和 B 交换发球区，A 从左发球区再次发球。C 和 D 不改变其各自原发球区。$\frac{3}{4}$从右发球区 A 发球，D 接发球。（见图 11-11）

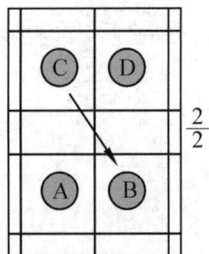 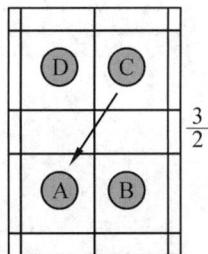 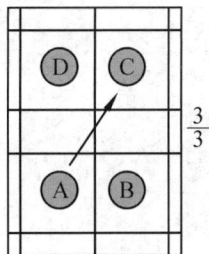 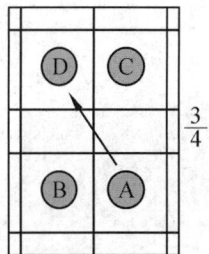

图 11-8   图 11-9   图 11-10   图 11-11

三、违例

发球违例包括过腰、过手（指整个拍框没有明显低于握拍的手）、未先击球托、发球方位错误、顺序错误（双打）、脚违例（踩线、任何一脚离开地面、移动等动作）。

击球违例：击球违例包括连击、持球、过网击球、触网、侵入对方场区。

四、发球方位

单打：分数为 0 或偶数时，双方应在各自的右发球区发球和接发球；奇数时，则在各自的左发球区发球和接发球。

双打：任何一方的每一轮发球的开始，都必须站在右发球区发球和接发球，除每局比赛开始首先发球的一方只有一次的发球权外，以后双方每一轮发球都有两次机会。只有发球方在得分后，才交换发球方的方位。发球方失误，则换另一位队员进行第二次发球或换发球，不交换方位。接发球则一直保持原来方位。

>>>>>>>>>>>>>>>>>>>>>>>>> 复习思考题 <<<<<<<<<<<<<<<<<<<<<<<<<

1. 在羽毛球运动基本技术中，正手握拍法、反手握拍法有哪些特点？
2. 你知道的羽毛球运动基本规则有哪些？

第十二章 网球运动

　　网球运动是一项深受人们喜爱，富有乐趣的体育活动，具有很高的锻炼价值。它既是一种自我娱乐和增进健康的手段，又是一种艺术追求和享受，同时还是一个观赏性很强的体育项目，现已列入奥运会比赛项目。

　　长期坚持网球锻炼能促进身心健康和人体机能的全面发展。网球运动丰富多彩，由多种技术集于一体，使练习者的情、意、行等身心要素渗透到每一个动作之中，培养练习者的思维敏捷、反应快速、判断准确。有利于练习者提高自强、自信、忍让、团结、协作进取的精神。

▶ 第一节　网球运动基本技术

一、握拍法

　　当前在运动员中流行的握拍法有东方式和西方式两种，此外还有大陆式、混合式和双手式握法。

　　1. 东方式握拍法

　　正手握拍法：图 12-1；反手握拍法：图 12-2。

　　2. 西方式握拍法

　　正手握拍法：图 12-3；反手握拍法：图 12-4。

　　3. 大陆式握拍法

　　大陆式握拍法又称英式握拍法，图 12-5。

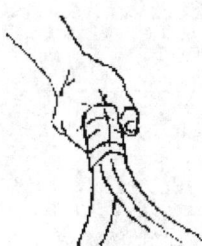  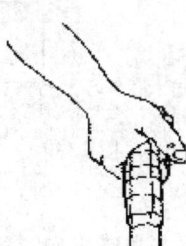 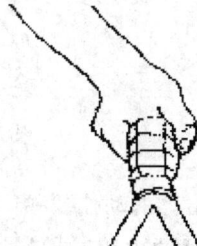 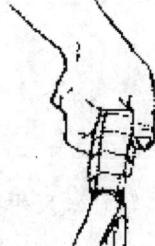

图 12-1　　　　　图 12-2　　　　　图 12-3　　　　　图 12-4　　　　　图 12-5

　　4. 练习方法

　　(1) 握拍转动及挥拍练习。

　　(2) 握拍颠球及对墙打球练习。

　　(3) 动作要求：握拍方法要稳定，握拍要紧。

　　(4) 根据自己的特点选择握拍方式。

二、抽击球技术

抽击球主要包括正手抽击球、反手抽击球、侧身抽击球和中场抽击球。

1. 正手抽击球的动作要领

(1)准备姿势和握拍方法。双脚分开站立，约与肩宽或略比肩宽，两膝微屈、放松，上身稍前倾，身体重心放在两脚的前脚掌上。

(2)后摆动作。当你准确地判断对方击球朝你的正拍来时，要迅速向后拉开球拍，转髋转肩，以带动向后引拍，重心向后移。同时左脚向右前方45°迈出，右脚与底线平行，屈右臂前伸，以协助转体，保持身体平衡。

(3)击球动作。主动向前迎击球，做到握紧球拍，手腕固定，臂弯曲。

(4)击球点。击球点应当在轴心脚的侧前方。

(5)随挥动作。击球后，球拍要沿着球飞行的方向充分挥动，肘关节向前上方跟进前送，转动身体。(见图 12-6)

图 12-6

2. 反手抽击球的动作要领

(1)握拍方法与准备姿势。当对方来球飞向反手位时，要迅速由东方式正拍握法变成东方式反拍握法，即右手虎口在网球拍柄的左斜面上。反手抽击球的准备姿势与正手抽击球的准备姿势一样。

(2)右摆动作。当判断对方打来的球是反手位时，迅速变成东方式反拍握法。

(3)击球动作。为了更好地发力，应做到向前迎击来球。击球点在右脚的侧前方。

(4)随挥动作。击球后，身体顺势转向球网，在跟进动作时，网拍和手臂充分伸展，使网拍挥到身体的右前上方，球拍挥到头部高度即可。

重点：掌握击球、后摆、右摆动作。

难点：挥拍动作不要太快、太猛。

3．练习方法

(1)徒手挥拍练习。

(2)持拍练习。

(3)分解法和完整练习法相结合。

(4)反复练习底线正反拍击球动作，并对球进行抽击。

三、发球

1．发球技术要领

(1)握拍方法。采用东方式反拍握拍法或大陆式握拍法。

(2)站位与准备姿势。站位：单打站位在端线外中场标记附近，站在底线后3～5厘米处。准备姿势：两脚自然开立约同肩宽，重心在左脚上，用东方式握拍法。(见图12-7)

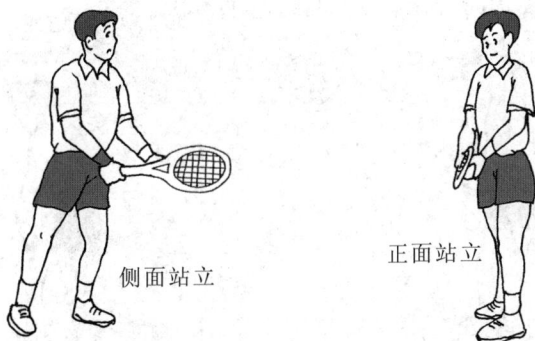

侧面站立　　　正面站立

图 12-7

(3)抛球与后摆动作。抛球和后摆动作要同步进行。左手掌心向上，用拇指、食指和中指握住网球(见图12-8)，从抛球开始，身体重心从准备姿势的左脚移向右脚，然后，身体重心又开始前移，这时身体侧对球网。(见图12-9)

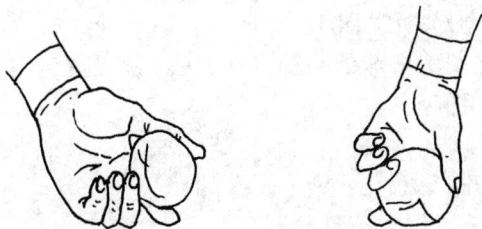

图 12-8

图 12-9

(4)击球动作。左手向上将球抛出，右臂肘关节放松，使身体向前转，手臂做一个

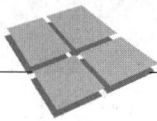

绕圈，呈挠臂姿势。（见图 12-10）

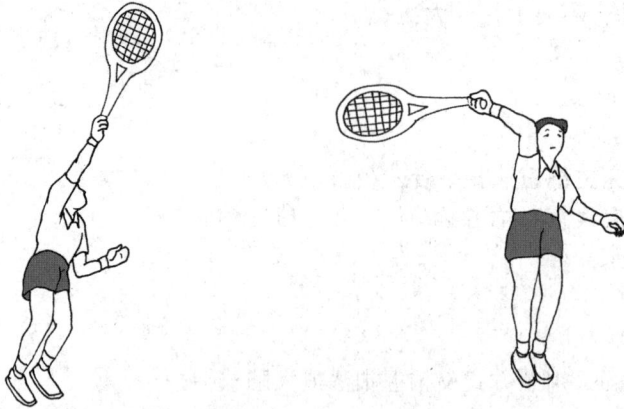

图 12-10

(5)随挥动作。把球击出后，身体保持连贯、完整地向前上方伸展，以随挥的力量将球拍经体前左膝侧面挥向身体后。（见图 12-11）

图 12-11

(6)击球点和击球高度。抛球是发球中非常重要的环节，只有抛球做到稳和准，才能发好球。

2. 发球种类及方法

(1)平击发球。发平击球时，两眼要注视球，把握好击球点，用球拍面中心平直对准抛出的球，在身体的右前上方抽击球的后中上部。（见图 12-12）

(2)削击发球。用球拍从球右上方往左下方切削击球的一种发球方法。优点是球速快、威胁大、命中率高，故成为优秀选手的撒手锏。

重点：掌握抛球与后摆动作及击球点。

难点：抛球与后摆协调配合，手臂充分展开。

图 12-12

3. 练习方法

(1)反复抛球练习。

(2)徒手练习准备姿势。

(3)采用多球法进行抛打结合的练习。

(4)对墙练发球，距墙 6～7 米。

四、接发球

1. 接发球的种类和方法

接发球包括正拍法和反拍法。这两种方法可以打出平击球、上旋球和下旋球，还可以挑高球或放轻球，也可以接发球上网和接发球破网。

2. 动作要领

(1)握拍方法：根据自己的特点选择。

(2)站位与准备姿势。接发球的站位，应该根据对手发球情况（力度、方法、水平）和自己的接发球能力来确定，一般站在底线前后 1.5 米左右。

准备姿势应以快速回击对方来球为宜，即两脚左右自然分开，与肩同宽，两腿微屈，上体稍向前倾，双手持拍放在腹前，拍面基本上垂直于地面。（见图 12-13）

(3)击球

击球动作是根据发球的力量大小、速度快慢和球的旋转程度而采取的相应对策。

重点：击球动作。

难点：准确判断不同球速、不同力量的来球。

3. 练习方法

(1)多球训练法的接球练习。

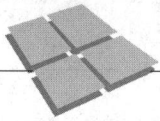
(2)接发球打目标练习。

五、截击球

1. 截击球的种类

截击球通常分为网前截击、中场截击；根据来球高度不同又可分为低球截击和高球截击。截击球可采用正拍或反拍。（见图12-14）

图 12-13

图 12-14

2. 截击球的要领

(1)握拍方法：东方式反拍握法，水平高的选手也可以使用大陆式反拍握法。

(2)准备姿势：两脚自然开立，约与肩同宽，身体重心在前脚掌上，上体放松稍向前倾，两手持拍于体前，两眼盯住来球，根据对手击球挥拍动作，及时做出判断。（见图12-15）

(3)击球动作。网前截击亦称近网截击，它是网前直接得分的重要手段。根据自身高度和手臂长短情况，一般距网1～2.5米为宜。（见图12-16）

图 12-15

图 12-16

重点：截击平稳，动作放松协调。

难点：掌握上网时机。

3.练习方法

(1)徒手做模仿挥拍练习。

(2)持拍做模仿挥拍练习。

(3)结合步法做挥拍练习。

六、高压球

1.高压球的种类

高压球包括原地高压、跳起高压、后摆高压、网前高压、后场高压和落地高压。

2.高压球的动作要领

(1)握拍法：大陆式握拍法。

(2)随球移动：选择最佳的击球位置，同时两眼一直盯准来球。

(3)侧身对球：在后退的过程中，要边退边侧身，握拍手上举至高向后拉拍，身体重心放在两脚掌上。(见图 12-17)

图 12-17

(4)扣腕击球：击球点在体前头上方即右眼前上方，用收腹、转肩、挥臂、扣腕将球击到对方场地的深区。近网高压球的击球点偏前，远网高压球的击球点位置稍后。

(5)跟进动作：高压击球后像发球那样随挥跟进，保持身体平衡。

重点：随球移动，扣腕击球。

难点：注视来球，快速随球移动。

3.练习方法

(1)反复做徒手高压球的模仿练习。

(2)持拍做模仿练习。

(3)一对一的高压球练习，即一人在网前练习高压球，一人在底线挑高球。

(4)用多球法练习打各种高压球。

七、挑高球

1. 挑高球的种类

挑高球技术分为两种，即防守性挑高球和进攻性挑高球。

2. 挑高球的动作要领

(1)防守性挑高球：握拍方法和底线正、反拍击下旋球动作一样。两眼注视来球，做到目接目送；边跑动、边举拍、边后摆、边侧身转肩以便身体侧对来球；充分地引拍后摆；挑球时，拍面要向上，击球的中下部像海底捞月一样，柔和地挥拍击球。（见图 12-18）

图 12-18

(2)进攻性挑高球：①准备动作与前挥要与底线正、反拍抽击上旋球动作相同。②击球前、中、后的整体过程，眼睛紧紧盯住球，在击球过程中手腕要紧固，握紧拍柄，机智地将球挑过对手头顶。（见图 12-19）

重点：随拍动作，握紧球拍，手腕紧固。

难点：加长擦击球时间，动作隐蔽。

3. 练习方法

(1)利用多球法进行定点挑高球练习。

(2)利用多球法进行不定点挑高球练习。

(3)利用多球法进行平击挑高球练习。

(4)网前一人进行高压球练习，一人在底线挑高球。

八、步法

练习接发球准备姿势：膝关节弯曲，脚跟提起，上体稍前倾，两脚不停地跳动。

反复练习滑步、跑步、跨步、垫步、交叉步等移动步法。

徒手练习向前、后、左、右移动脚步的动作。

持拍练习前、后、左、右做各种击球的挥拍步法。

利用跳绳练习单脚跳、双脚跳、移动的单脚交替跳。

采用多球法进行步法练习。

图 12-19

▶ 第二节　网球运动基本战术

一、发球上网战术

发球上网是获取胜利的重要手段。利用旋转发球压制对手，然后迅速上网抢攻，这种战术的特点是主动进攻，先发制人，是很有威胁的战术。

利用第一发球大力发出侧旋球，打到对方发球区右区外角，迅速上网到发球线中线偏左，以封住对手的正拍接直线球，截击球到对手反拍区。

二、接发球上网战术

当对手发球力量不太大、角度不十分刁钻时，要主动利用快速多变的手段接发球，随即上网截击。在接对手第二发球时，可抢攻上网或推切上网而直接得分。

在接对手的一区外角第二发球时，可以用有力的正手击球或来回推切球，来回击直线上网。

在接对手的一区角内第二发球时，及时利用反手击球或推切球，以还击对手反拍上网。

在接对手的一区角内第二发球时，果断地利用正手侧身抽球来牵制对手上网弱点。

三、底线战术

1. 对攻战术

(1)利用正、反手的大力击球,不断变换击球路线,促使对方左右奔跑,同时抓好战机。

(2)利用正、反手击球,发挥力量和速度的优势,攻击对方的弱点。

2. 拉攻战术

(1)利用正、反手拉上旋球,同时加拉正、反手小斜角,加长对手的跑动路线,造成对手回球质量较差,然后捕捉战机,及时有力地进攻对手。

(2)将上旋球拉到对方的反手深区,再伺机进攻对方的正手。

(3)利用正、反手拉出大力上旋球到对手的底线左右大角深处,压住对方使其难以上网和起拍,再伺机突击。

▶ 第三节　网球比赛基本规则

第一局比赛用掷钱币的方法来决定场区选择或首先发球权、接发球权。得胜者,有权选择或要求对方选择。

每局开始发球时,发球应先从右区端线后发球,得(失)一分后应换到左区发球,这样每得(失)一分就轮流交换发球位置。

第一次发球失误后,应在原发球位置进行第二次发球。

第一局比赛终了,接球员成为发球员,发球员成为接球员,以后每局终了,均依次互相交换直至比赛结束。

双方应在每盘的第一、第三、第五等单数局结束后,以及每盘双方局数之和为单数时,交换场地。如一盘结束,双方局数之和为双数则不交换场地,须待下一盘第一局结束后再进行交换。

落在线上的球都算界内球。

运动员每胜一球得一分,胜第一分记分15,胜第二分记分30,胜第三分记分40,先得第四分者胜一局,但遇双方各得三分时则为“平分”。“平分”后一方先得一分为“该方占先”,“占先”后再得一分才算胜一局;如一方“占先”后对方得一分,则仍为“平分”。以此类推,直到一方在“平分”后净胜两分后结束该局。

一方先胜六局为一盘,但遇双方各胜五局时,一方必须净胜两局才算胜一盘。若第6局的比分为6∶6,那么就由决胜局(抢七局)决定胜负,先得7分的且至少领先对方2分的球员为胜者。

一场比赛最多盘数为五盘,女子参赛时最多盘数是三盘。

▶▶▶▶▶▶▶▶▶▶▶▶▶▶▶▶▶▶▶▶▶▶▶ 复习思考题 ◀◀◀◀◀◀◀◀◀◀◀◀◀◀◀◀◀◀◀◀◀◀◀◀◀◀◀

1. 在网球运动基本技术中，正手握拍法、反手握拍法有哪些特点？
2. 你了解的网球运动基本规则有哪些？

第十三章　游　泳

▶ 第一节　简　述

游泳是一项人人喜爱的、简单易学的体育项目。游泳能充分利用自然条件——日光、空气、水来进行身体锻炼，促进身体全面发展，无论男女老幼，体力强弱甚至某些慢性病患者都适宜参加；游泳也是我国发展体育事业的一个重点运动项目，对增强人民体质，提高我国体育运动技术水平，为生产和国防建设服务都有着重要和深远的意义。

人类的游泳活动与动物游泳不同，人类游泳是一种有意识的活动，是随着人类社会的形成和发展而产生和发展起来的。游泳在其历史发展过程中，逐渐成为体育的重要项目。约 2500 年前，我国第一部《诗经》就有关于游泳活动的记载，《诗经·国风·邶风》中就有"就其深矣，方之舟之；就其浅矣，泳之游之"的诗句，说明那时人们就懂得游泳。

据史料记载，19 世纪中期和 20 世纪初期，在英国和澳大利亚等国出现了近代游泳，并逐渐发展起来。1896 年，在希腊雅典举行的第一届现代奥林匹克运动会，把游泳确定为比赛项目，一直延续至今，各届奥运会都有游泳比赛。1908 年，在英国伦敦举办第四届奥运会时，成立了国际业余游泳联合会（简称国际游联），并审定了各项游泳世界纪录，还制定了国际游泳竞赛规则。

游泳是在水的特殊环境里进行的一项体育运动。水的导热能力比空气大 25 倍左右，在 18℃水里，人体每分钟散失 20～30 千卡热量。由于游泳散热快，人体必须尽快补充热量，以抵抗冷水刺激，而水温刺激又引起皮肤血管的舒缩反应。经常进行游泳锻炼，能改善体温调节的机能，以适应外界气温变化的需要。

游泳时，人体处于平卧姿势，在水的压力作用下，肢体的血液易回流心脏，加之游泳时心跳频率加快，心血输出量大大增加。长期坚持游泳锻炼，心脏体积呈明显的运动性增大，收缩更加有力，血管壁厚度增加，弹性加大，每搏输出的血量增多，安静时心率徐缓，游泳运动员安静时心率一般每分钟 40～60 次，比一般人慢而有力。游泳还能刺激血液中运输氧气的血红蛋白量的增加，从而提高人体摄氧能力。据测定，游泳运动员每 100 毫升血液中血红蛋白含量为男子 14～16 克（一般男子为 12～15 克）；女子 13～15 克（一般女子为 11～14 克）。

坚持游泳锻炼，不但能使神经、呼吸和血液循环等系统的机能得到改善，而且还能提高肌肉力量、速度、耐力、弹性和全身关节灵活性，有效地增进健康，预防疾病，使身体协调发展。

　　游泳教学是体育教学的一个部分，在游泳教学过程中必须运用运动技能形成的规律和人体生理机能活动变化的规律，深入研究游泳教学的特点、过程、原则、方法，以利于教学的组织进行，掌握游泳教学规律，不断提高游泳教学质量。游泳教学分为理论教学和技术、技能教学两方面，通过游泳教学，使学生初步掌握自由泳（爬泳）、蛙泳的基本技术，学会游泳中的自我救护和有关卫生知识，以提高对大自然的适应能力，并进行良好的思想品德教育。

▶ 第二节　熟悉水性

　　让初学者了解和体验水的特性，克服怕水心理，掌握水感，如浮力感、阻力感和压力感等，习惯游泳时身体姿势的改变，培养对游泳的兴趣，并掌握一些水中活动的基本技能，即水中移动、呼吸、浮体和滑行，逐步适应水的环境，为进一步学习和掌握各种游泳技术打下基础。采用水中游戏、背系浮板、手拿浮板、同伴帮助等方法，可以消除恐水心理。在实践中重视熟悉水性的练习，打下良好的技术基础，增强学会游泳的自信心。

一、水中运动

　　侧对池壁，手扶池边，向前、向后迈步行走，或面向池壁，手扶池边，向左、向右迈步行走。

　　扶壁或5～6人手拉手向前、后、左、右走动。

　　与同伴手拉手成圆圈做游戏性的走、跑或互相推水、戏水。

二、呼吸练习

　　手扶池槽或手握同伴的手，深呼吸后闭气。然后慢慢下蹲把头部全部浸入水中，停留片刻，在水中用鼻、嘴慢慢吐气，直到吐完。然后起立，在水面上吸气后再重复做几次（见图13-1）。要求水中的呼吸要按照"快吸、稍闭、慢呼、猛吐"这一特殊的节律进行。

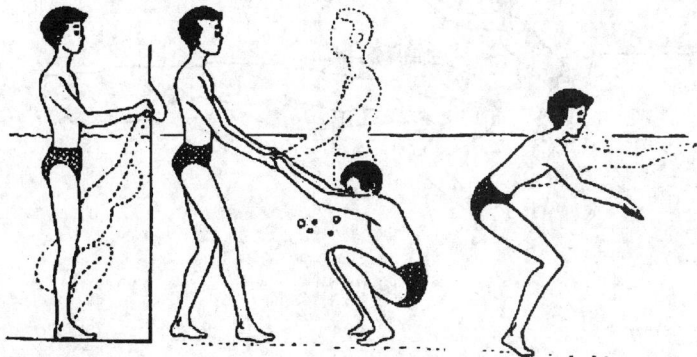

图 13-1

同时练习。要求吸气后头浸入水中，稍闭气后即在水中用嘴和鼻同时呼气，继之抬头。在嘴将露出水面，直至嘴一露出水面时，用力把气呼完。随即用嘴迅速吸气，吸气后头部又立即浸入水中。如此反复练习，做到吸、闭、呼气有节奏地进行（见图 13-1）。

三、浮体与站立练习

1. 抱膝浮体站立练习

原地站立深吸气后，下蹲低头抱膝，双膝尽量靠近胸部，前脚掌蹬离池底，成抱膝团身低头姿势，自然漂浮于水中。站立时，两臂前伸，向下压水并抬头（见图 13-2），同时两腿伸直，以脚触池底站立，两臂自然放于体侧。

2. 展体浮体练习

吸足气，身体前倒入水，闭气，抱膝，团身低头。等背部浮出水面后，伸直背和腿，呈俯卧姿势漂浮水中（见图 13-2）。站立时，收腹、收腿，两臂向下压水，然后抬头，两腿伸直，两脚触池底站立。

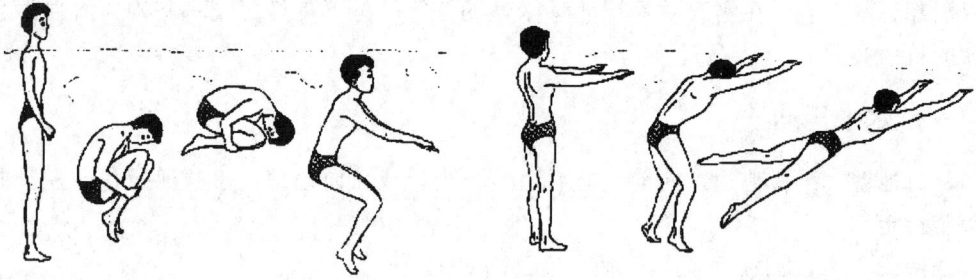

图 13-2

四、滑行练习

背向池壁，两臂前伸，一脚贴池壁，一脚站立。吸足一口气，身体前倾入水，收站立脚成双腿屈膝，接着用力蹬离池壁，身体呈流线型向前滑行。（见图 13-3）

图 13-3

▶ 第三节　游泳的基本技术

一、爬泳

爬泳是竞技游泳中速度最快的一种姿势。游泳竞赛规则规定，自由泳比赛中可采用任何一种姿势，因而人们通常都采用爬泳技术，所以爬泳也通称自由泳。

1. 技术分析

(1)身体姿势。

身体俯卧水中，背部和臀部肌肉保持适当紧张，身体自然伸展呈流线型，身体纵轴与水平面成 30°～50°，头部与身体纵轴成 20°～30°，两眼正视前下方。（见图 13-4）

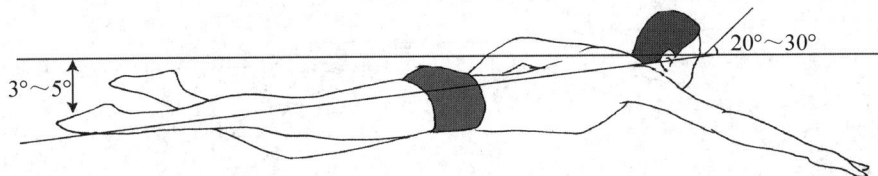

图 13-4

(2)腿部动作。

两腿自然伸直并拢，踝关节放松，两脚内扣，以髋为轴，由大腿带动小腿做上下鞭状打水动作，两脚尖上下幅度约 30～40 厘米，大、小腿弯曲约 140°～160°，两腿向下发力，两腿交替向下打水。（见图 13-5）

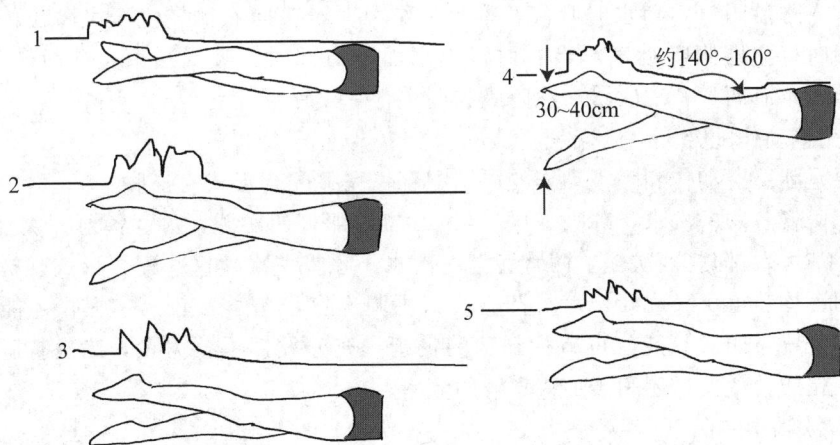

图 13-5

(3)臂部动作。

爬泳的两臂划水是推动身体前进的主要动力，两臂交替向前划水，整个划水周期分为入水、划水、出水和空中移臂，入水时手指自然并拢，入水点在肩的延长线上，

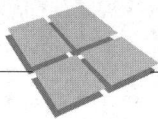

划水至与肩垂直时屈肘，上臂内旋并带动小臂向后推水至大腿旁，掌心向后划水，划水路线呈"S"形。

推水结束，立即向后上方提肘把臂抽出水面，同时上臂内旋向前挥摆，肘关节高于手。

两臂的配合形式有三种：前交叉，即一臂入水时，另一臂处于肩前方；中交叉，即一臂入水时，另一臂处于肩垂直下方；后交叉，即一臂入水时，另一臂已划至腹下与水面成150°左右的角。（见图13-6）

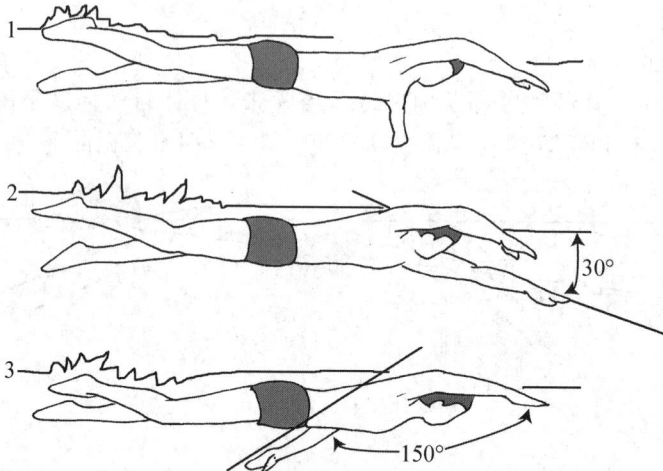

图 13-6

(4)呼吸与动作配合（以头右转为例）。

右臂入水后闭气，划水时呼气，推水将结束时，头向右侧转把余气呼出，并趁嘴露出水面时，立即张嘴吸气，当右肘提出水面至肩部时，吸气结束，继而转头复原。呼吸配合技术有两种：三次臂一次呼吸和两次臂一次呼吸。

(5)完整动作配合。

主要是腿、臂动作和呼吸动作的协调配合，完整配合形式有三种：6∶2∶1，即打六次腿，两臂各划一次水，呼吸一次。4∶2∶1，即打四次腿，两臂各划一次水，呼吸一次。2∶2∶1，即打两次腿，两臂各划一次水，呼吸一次。这些配合形式，被许多运动员采用，均获得优异成绩，六次打腿技术协调连贯，初学者较易掌握，还能保持较好的身体位置，四次打腿，可减少腿部的负担，充分发挥手臂力量，二次打腿，除进一步减少腿的消耗外，还利于加快划臂的频率。

2.爬泳教学方法

(1)腿部技术练习。

教学目的：学习两腿轮流交替的上下鞭状打水动作，为学习爬泳完整配合技术打下基础。

教学重点：以髋关节为轴，大腿带动小腿上下打水。

教学难点：鞭状动作。

　　教学要求：打腿时以髋关节为轴，大腿发力，膝和踝关节放松，大腿带动小腿做上下鞭状动作，腿向上时膝关节伸直，两脚上下活动幅度约 35 厘米。在教学中，开始可先采用直腿打水的方法体会以髋关节为轴大腿发力的动作，在直腿打水的基础上放松膝、踝关节，并逐渐过渡到鞭状打水的正确技术。

　　练习方法：①陆上模仿练习。坐在池边或岸边，两手后撑，两腿向前伸直并拢内旋，直腿做模仿打水的练习。（见图 13-7 之 1）②水中练习。a. 手抓水槽或撑住池底，身体或俯卧水平姿势，两腿伸直，做直腿或屈腿的打水练习。（见图 13-7 之 2）b. 蹬边滑行做直腿或屈腿的打水练习。

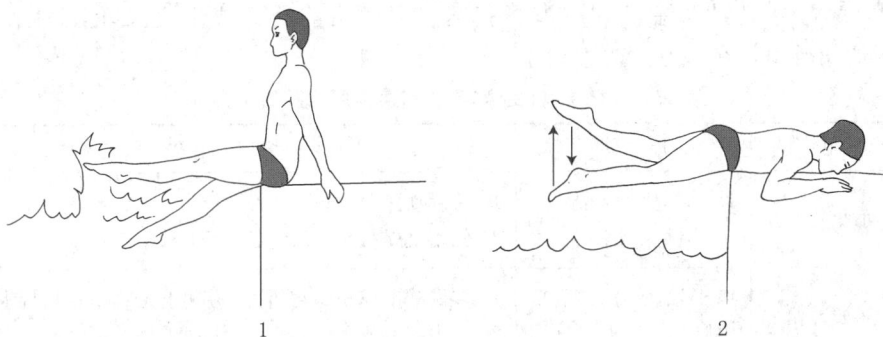

図 13-7

　　教学提示：①爬泳腿教学的重点是以髋为轴，教学的难点是大腿带动小腿交替协调的鞭状动作。②教直腿打水有助于体会大腿带动小腿的动作，展髋，踝关节放松。③爬泳打腿练习枯燥易累，宜多变换方式和方法，如陆上坐、卧交替，扶边打水快、慢交替等，滑行打水可单、双臂在前与双臂在后交替练习，随打水距离的增长，要与呼吸配合起来。

　　（2）手臂动作和手臂与呼吸配合动作的教。

　　教学目的：掌握爬泳两臂划水技术和臂与呼吸的配合技术，为学习爬泳的完整配合技术打好基础。

　　教学重点：臂的水下划水技术和臂与呼吸的配合技术。

　　教学难点：呼吸动作。

　　教学要求：先做直臂划水，入水点尽量前伸，两臂划水动作要连贯。

　　练习方法：①陆上模仿练习。a. 原地两脚开立，上体前倾做直臂划水模仿练习。b. 同上练习，要求划水时做出屈臂的动作，移臂时肘高于手。c. 呼吸练习，两脚开立，上体前倾，两手扶膝，向同侧转头吸气练习。d. 臂与呼吸配合：同侧臂开始划水时呼气，推水时转头吸气，吸气后头迅速转回，手再入水。②水中练习。a. 站立浅水中，做同陆上 a～d 的练习，如在深水中教学，可用一手扶池边做单臂划水动作练习。b. 两臂配合：扶板打水，单臂划水，向同侧转头呼吸。c. 蹬边滑行后腿轻轻打水或大腿夹助浮器帮助下肢浮起，身体浮起平衡，做单臂划水。

　　教学提示：①手臂动作的教学重点是屈臂高肘划水和臂与呼吸的配合时机，教学

难点是呼吸动作。②强调划水时保持高肘。

（3）完整配合动作教学。

教学重点：臂、腿配合动作和呼吸动作。

教学难点：转头吸气的动作。

教学要求：开始不要过于强调臂、腿动作的准确性，而应着重于动作配合的协调，强调练习时动作的放松。

练习方法：①陆上模仿练习。a. 俯卧凳上做臂、腿配合模仿练习。b. 同上练习，加上呼吸动作。②水中练习。a. 蹬边滑行打腿，一臂前伸，另一臂划水。b. 同上练习，配合两臂分解划水练习。c. 滑行打腿，两臂用前交叉或中交叉轮流划水练习。d. 逐渐加长游距，在练习中改进动作。

表 13-1　爬泳(自由泳)易犯错误、原因及纠正方法

部位	易犯错误	原 因	纠 正 方 法
腿部	小腿打水	1. 动作要领不清。 2. 屈膝太大。	1. 明确动作要领。 2. 先用直腿打水，以体会大腿带动小腿打水。
	屈髋打水	躯干没充分展开或收腰。	1. 多做陆上模仿练习，注意大腿上抬或用直腿打水。 2. 水中练习要展髋，打水时大腿上摆。
	勾脚打水	踝关节灵活性差。	1. 要求绷直脚尖打水。 2. 多做踝关节灵活性练习。
臂部	臂入水后向下压水	1. 直臂入水。 2. 过早用力划水。	1. 入水时手指先入水，此时肘高于手。 2. 入水后臂向前下方伸，抓到水后再划水。
	手在肩外侧划水和划水路线短	1. 手入水点偏外侧，并向外侧划水。 2. 没有推水动作。	1. 屈臂，手沿身体中线做S形划水，可要求在肩前入水，划水时向腹下朝同侧大腿处推水。 2. 在身体中线处入水，超过中线向后划水，划水结束时手触同侧大腿。
完整配合	配合不协调	1. 动作过分紧张。 2. 下肢沉或呼吸无节奏。	1. 放松慢游，逐渐增加游程。 2. 多次划水加呼吸。
	抬头吸气	1. 动作概念不清。 2. 怕呛水，不敢抬头。	1. 明确转头吸气。 2. 吸气时，绕纵轴转动，转头时做"咬肩"动作。
	吸不进气	不会呼吸或不会在水中吐气。	1. 在水中做呼吸的基本动作。 2. 强调水中吐气。 3. 掌握转头吸气的时机，嘴将出水时猛吐，深吸气。

二、蛙泳

游泳规则要求采用蛙泳姿势时，身体呈俯卧姿势。蛙泳要求两肩须与水面平行，两腿要同时在同一水面上弯曲，向外翻脚及做蹬腿动作，两手应在水面或水面下收回，

并须从胸前伸出，除出发和转身后准许做一次潜泳动作外，在整个动作中不得做潜泳动作。

1. 技术分析

(1)身体姿势。

滑行时，身体俯卧水中，两臂前伸并拢，头略抬，水齐发际，稍挺胸，腹部和下肢尽量处于水平姿势，身体纵轴与前进方向成 5°～10°。(见图 13-8)在游进时，身体随划臂和呼吸动作，有一定幅度的上下起伏。

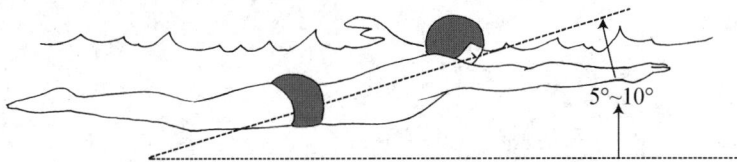

图 13-8

(2)腿部技术。

蛙泳腿部动作，是游进中产生主要推进力的动作之一。技术分为收腿、翻脚、蹬夹水三个不可分割的动作阶段。

①收腿和翻脚。在两腿完全伸直并稍下沉时，屈髋和屈膝，同时两小腿向大腿后折叠与臀部靠拢，边分边收，两膝距离与肩同宽，大腿和躯干成 130°～140°。(见图 13-9)当腿、脚跟接近臀部时，两膝稍向里扣，脚尖向两侧外翻做翻脚动作。(见图 13-10)

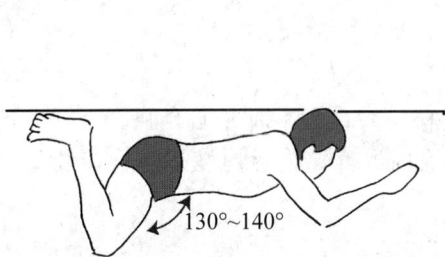

图 13-9

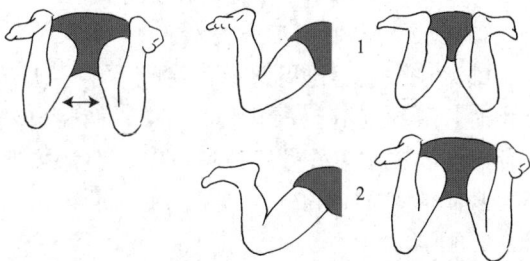

图 13-10

②蹬夹水。腿后蹬时，边后蹬边内夹，以蹬为主，蹬夹动作先伸髋，使髋、膝和踝关节相继伸直。(见图 13-11)

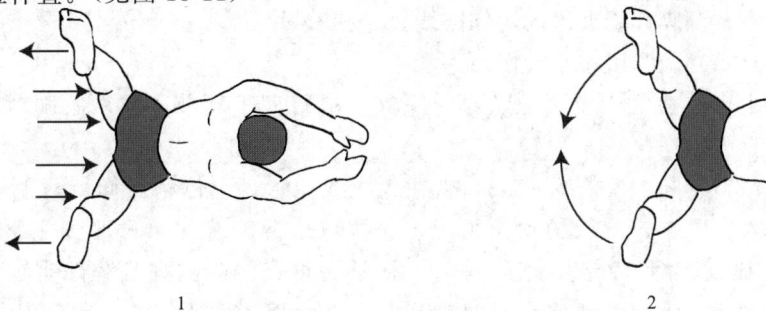

1

2

图 13-11

（3）臂部技术。

划水与抓水：开始时，手臂前伸内旋，掌心转向外斜下方，两手分开向斜下方抓水。当手感到有压力时，便开始向侧、下、后、内呈椭圆曲线划水。要求划水以肩为轴，动作连贯，肘部保持比手高的位置。

收手与伸臂：划水结束，臂由内向前收，两手相对，最后掌心向下并臂前伸。当两手收至下巴前下方时，借收手弧形惯性向前伸肘，两手靠近，掌心向下。（见图13-12）

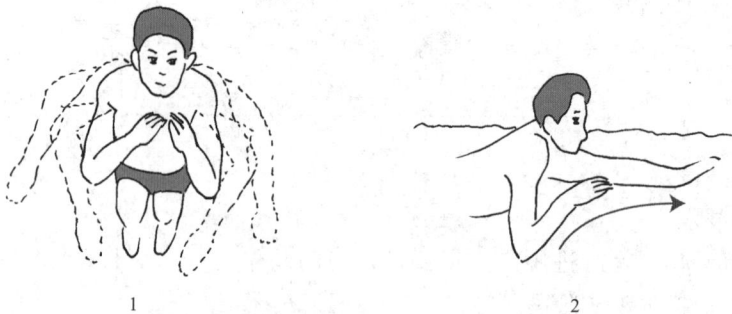

1　　　　　　　　　　　　　　　2

图 13-12

（4）呼吸。

呼吸要和臂的动作协调配合，划水结束时，抬头用鼻和口呼气，手臂划水时用口吸气，收手低头闭气，伸臂时徐徐呼气。

（5）腿、臂与呼吸配合技术。

蛙泳在一个动作周期中，一般采用一次呼吸，一次划水，一次腿的配合。臂开始划水时，腿伸直不动，划水将结束，两腿自然放松，并在收手时开始收腿。手臂开始前伸时，收腿结束并做好翻脚动作，手臂接近伸直时，开始向后蹬腿。伸臂蹬腿结束后，身体伸直向前滑行。（见图13-13）

2. 蛙泳教学方法

蛙泳技术比较复杂，因此，蛙泳教学中要抓住基本技术，其中腿是基础，呼吸动作是关键。蛙泳学习按腿、臂、臂腿配合及完整配合的顺序进行。

（1）腿部动作教学。

教学目的：掌握蛙泳腿的动作。

教学重点：翻脚和蹬夹水的动作路线。

教学难点：翻脚和蹬夹水动作。

教学要求：在教学中要抓收、翻、蹬夹、滑行四个环节，强调收腿时慢而放松，蹬腿时快而有力。

练习方法：①陆上模仿练习。a. 坐在地上或池边，上体稍后仰，两手体后撑，做蛙泳腿收、翻、蹬夹、滑行的动作练习，先按口令分解练习再过渡到完整连贯动作。b. 俯卧池边做收、翻、蹬夹、滑行练习。初学者重点体会翻脚及滑行动作。②水中练习。a. 手扶池边，身体浮于水中，做腿部练习。b. 蹬边两手前伸，闭气滑行做腿部动

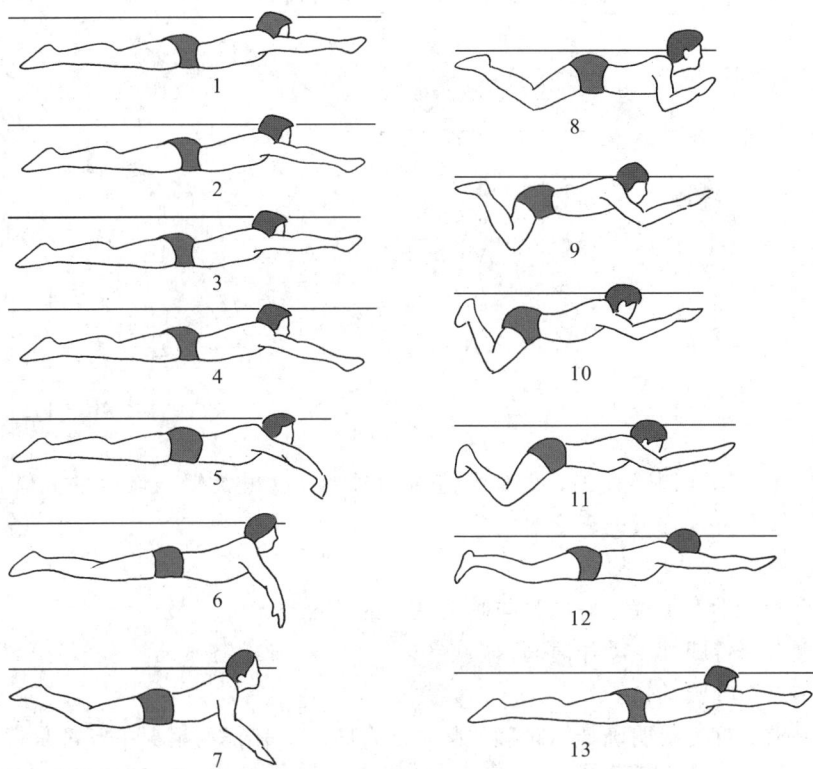

图 13-13

作练习。c. 扶住浮板，两臂伸直，头浸入水中，做蛙泳腿部动作练习。d. 扶住浮板，头浸入水中闭气，蹬两次腿呼吸一次。

教法提示：①教学难点是及时而充分的翻脚，做到翻脚时用力勾脚掌，并保持到蹬夹结束前。②大腿发力，蹬夹同时结束，最后转踝、绷脚、两腿伸直并拢。

(2)手臂动作和手臂与呼吸配合动作教学。

教学目的：掌握蛙泳手臂动作和手臂与呼吸配合的动作。

教学重点：体会臂划水的路线和臂与呼吸配合的动作。

教学难点：呼吸动作。

教学要求：臂的动作是和呼吸动作紧密联系在一起的，教学时强调早吸气，即两手滑下时抬头，划水时吸气。

练习方法：①陆上模仿练习。站立，上体前倾，两臂前伸，掌心向下。按口令做以下动作：两手同时向侧后下方划水，屈臂收手至颏下，掌心斜下对，两手向前并拢。②水中练习。a. 两脚开立站于齐胸深的水中，上体前倾，两臂按陆上练习要求做划水动作，先做原地后做运动的小划臂练习。b. 俯卧滑行小划臂练习。c. 臂和呼吸配合练习，臂的动作同上，由走动到俯卧滑行做臂与呼吸配合动作。（见图 13-14）d. 双人练习，由同伴抱住练习者双腿，做蛙泳臂与呼吸配合动作的练习。（见图 13-15）

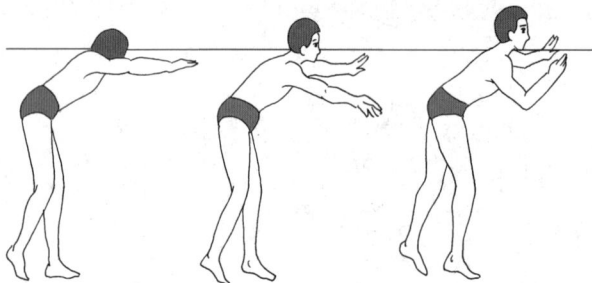

图 13-14

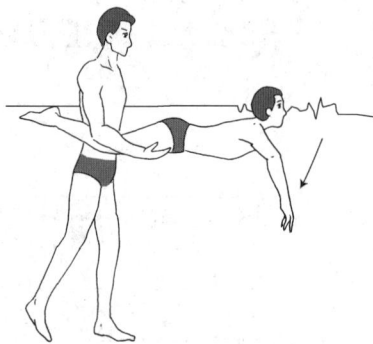

图 13-15

教法提示：①强调臂领先，划臂不宜过大过后。②蛙泳臂与呼吸的教学重点是划水的方向路线和臂与呼吸的配合时间。

（3）完整配合动作教学。

教学目的：学习掌握正确的臂与呼吸及腿的配合技术。

教学重点：臂腿配合动作时间。

教学难点：呼吸动作。

教学要求：首先要明确蛙泳正确的腿臂配合时间，在任何情况下，都是臂先腿后。

练习方法：①陆上模仿练习。站立，两臂向上伸直并拢，一腿支撑，另一腿做模仿练习，按口令做："1"——划手，脚不动；"2"——收手收腿；"3"——先伸臂；"4"——后蹬腿。②水中练习。a. 滑行后闭气做臂、腿配合的练习。b. 闭气滑行，划臂腿伸直，收手又收腿，臂将伸直再蹬腿，臂腿伸直后滑行的配合练习。

教法提示：①强调慢频率、低游速、小划臂，并有明确的划水动作。②完整配合游一段距离后，要强调练习者加长距离游。当划水、蹬水能产生一定效果后，则应学习晚吸气配合技术，并加大臂的划水幅度。

▶ 第四节　水上救护与安全

一、游泳的安全要求

为了保证游泳者的安全与卫生要求，在天然水域选择游泳场地时应考虑以下条件。

选择江、河做游泳场地时，要注意水流不能过急，水深要适当，水底要平坦；在游泳场地的一定距离内不得有污水排放口、垃圾堆或工业污染等影响；游泳场地岸边应有较平坦的河岸滩地或空地，以备游泳活动的需要；利用海滩或水库进行游泳时，要选择海滩广阔、水底坡度较小的沙滩或堤坝，并在一定范围内设置标志，或围起浮标，以防发生事故或游泳者误入深水域，并要定期检查安全措施。

凡属下列情况不能游泳。

第一，凡患有精神病、癫痫、严重心脏病、皮肤病、腹泻、中耳炎、肝炎、鼻窦炎、急性结膜炎，以及其他传染病者，不宜游泳；发热和其他急性病者也不宜游泳；女性月经期不应游泳。

第二，饭后、酒后或激烈运动之后，不宜立即下水游泳。

第三，暴风雨期间，瀑布或长满缠藤植物的环境中，不宜游泳。

第四，在天然浴场游泳，必须选择水质干净的地方，要注意水的深度与流速，不要在有污泥、乱石、乱礁、树桩、急流、旋涡、杂草丛生和船只来往频繁的水域游泳，有鲨鱼的海域、江河不应去游泳。

二、游泳时的身体要求

游泳对人体的积极作用已经越来越被人们所认识，这不仅因为它是掌握了一项很实用的本领，而且更重要的是因为通过游泳锻炼，可以起到其他运动项目所起不到的作用。游泳之所以有这些作用首先是由于游泳动作的特点和水的物理特性对人体作用两个方面决定的，同时也取决于游泳卫生。

1. 游泳前的身体检查

游泳前进行身体检查，主要是为防止患病者游泳时发生溺水事故，同时也避免将疾病传染给他人。游泳者经身体检查合格后，应持游泳健康证进行游泳活动，游泳健康证切勿调换使用。

2. 饮酒、饱食、饥饿和过分疲劳后不能游泳

饮酒能刺激中枢神经系统使之处于过度兴奋或抑制状态，酒后游泳容易发生溺水事故。饥饿空腹、饱食或过度疲劳时游泳都会发生险情，这类事件容易在学生中发生。饥饿时人体内血糖含量降低，如这时游泳就会出现头晕、昏厥以至溺水；饱食后游泳则血液分布有变化，脑部血液供给不足，也会出现头晕，造成险情；另外，饱食后游泳，因活动加强，胃肠道的血液供应量相应减少，影响了食物的消化和吸收，时间长了会引起胃病，因此，饭后最好休息半小时到 1 小时再游泳；过度疲劳后游泳容易造成抽筋或因体力不支而溺水，因此，从事繁重体力劳动或参加大运动量的体育活动后，以及儿童戏耍过分疲劳后都不宜马上下水游泳。

3. 游泳前要做准备活动

游泳前做准备活动，可使身体各部位的肌肉、关节及内脏器官、神经系统都进入活动与兴奋状态，使身体适合激烈的游泳活动和适应低温水的刺激，以便更好地发挥人体机能和游泳技术，避免意外事故发生。因此，不管是否会游泳的人，包括游泳运动员在内，都应该在下水前做好准备活动，否则容易出现头晕、恶心和心慌等不适感，或发生抽筋、肌肉拉伤等事故。

准备活动内容有慢跑步、徒手操（上肢、下肢、各关节）和陆上游泳姿势的模仿练习等。准备活动的运动量要适中，时间为 10～15 分钟，活动至身体微热为止。

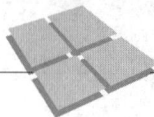

三、对溺水者的救护

游泳救护是保障游泳者生命安全的一项重要措施。游泳救护要以预防为主，做到有备无患，以救为辅，防救结合，这对于保障游泳者的生命安全，顺利开展游泳运动，都十分重要。因此，在开展游泳活动的同时，必须加强救护工作，掌握一定的救护知识和技术是非常必要的。

1. 间接救护

间接救护是指救护者利用救生器材对溺水者进行施救的一种技术，下面介绍几种常用的救护器材和使用方法。

(1)救生圈。

在救生圈上系上一条绳子，当发现溺水者时，可将救生圈掷给溺水者。在江河里，将救生圈向溺水者的上游掷去，溺水者抓住救生圈后，将其拖至岸边。

(2)竹竿。

当溺水者离岸、船较近时，将竹竿伸给溺水者，当溺水者抓住后将其拖至岸或船边。

(3)绳子。

在绳子的一头系一漂浮物，另一头结一个套，套在左手上，再将盘起来的绳子掷在溺水者的前方，使溺水者握住绳子后将其拖上岸。

(4)木板。

在没有其他救护器材的情况下，可把木板作为救护器材。将木板掷给溺水者，还可扶木板游向溺水者，然后将溺水者拖带上岸。

2. 直接救护

直接救护是救护者在没有任何救护器材的情况下，徒手对溺水者进行施救的一种技术，直接救护包括入水前的观察、入水、游近溺水者、水中解脱、拖运、上岸和岸上急救等过程。

(1)入水前的观察。

当发现溺水者时，立刻迅速扫视水面，判断溺水者与自己的距离、方位。在江河湖海中要注意水流方向、水面宽窄、水底杂物等因素。救护者要遵循入水后尽快游近溺水者进行施救的原则，立即选择入水地点。

(2)入水。

入水要快，并要注意安全和目标，根据不同的环境和情况，采用不同的入水方法。

在熟悉的水域或游泳池，可采用游泳出发入水，但动作要快；也可采用鱼跃式(头先入水)的出发动作，其特点是速度快。

在不熟悉的水域或游泳池，可采用跨步式方法以脚先入水。动作要领是：入水后，两臂侧前举，两腿前后分开，一腿前伸微屈，另一腿稍向后屈。当身体接近水面时，两腿向下夹水，手臂迅速压水，使身体处于较高位置，便于看清目标，防止碰到石头、

暗桩及其他杂物，而且救援及时。（见图 13-16）

（3）游近溺水者。

救护者在入水后迅速靠拢和控制溺水者做好拖带准备，一般采用速度较快的抬头爬泳和头不入水的蛙泳，以便观察溺水者。

正面急救有两种。方法一，在离溺水者 3～4 米处，深吸一口气潜入水中，两手扶住他的髋部将他转体背向自己，然后拖带（见图 13-17）。方法二是游近溺水者后，用左（右）手反握住他的左（右）手，用力向左（右）边拉，借助惯性使溺水者背向自己，然后拖带出水（见图 13-18）。

图 13-16

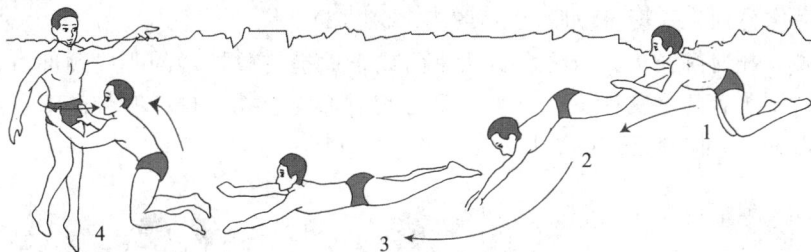

图 13-17

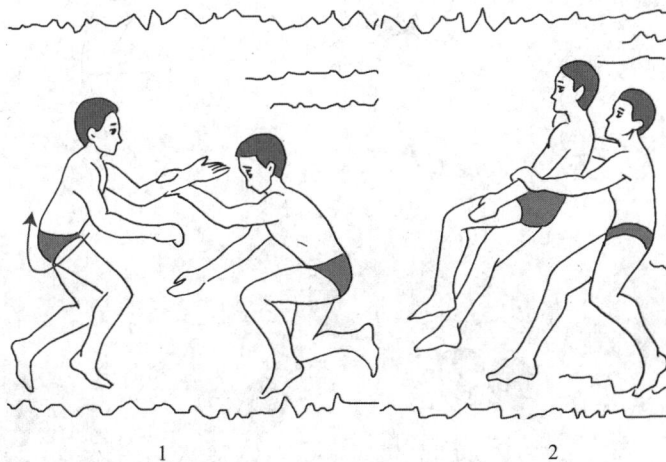

图 13-18

（4）水中解脱。

当遇到溺水者在水中挣扎时，救护者一定要冷静、沉着、果断。由于在水中溺水者只要抓住任何东西，就不会轻易放手，如救护者被抓住或被抱住，应立即进行解脱。动作要迅速、熟练、果断。

下面是几种常见的水中解脱方法。

第一种，虎口解脱法。虎口是指溺水者拇指与食指之间的部位，当救护者的臂部任何部位被抓住时，都可采用这种方法。如溺水者两手从上抓住救护者的两手腕时，立即握紧双拳向溺水者的拇指方向外旋，肘内收即能解脱。（见图 13-19 之1）如溺水者从下抓住救护者的两手腕，则紧握双拳向溺水者虎口方向内旋，肘关节向外展，即能解脱。如溺水者的两手从下抓住

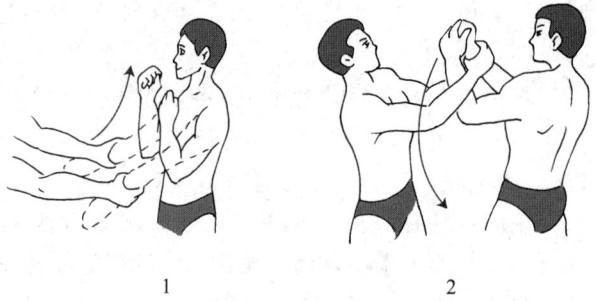

图 13-19

救护者的一只手腕时，则该手可握紧拳头，另一手从溺水者的两臂中穿出，握住自己被抓住的手突然向下拉即可解脱。（见图 13-19 之 2）

第二种，托肘解脱法。当溺水者从后面或正面抱住救护者的头或颈部时，救护者可一手抓住溺水者的手腕往下拉，另一手将其肘部向上托，自己顺势向下滑脱，并立即将溺水者转至背向自己。（见图 13-20、图 13-21）

图 13-20

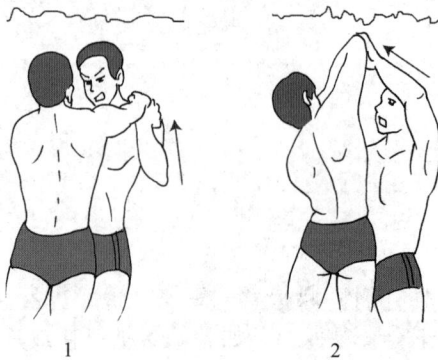

图 13-21

第三种，推扭解脱法。当溺水者从正面抱住救护者的腰部时，救护者应立即一手

按住溺水者的后脑勺，另一手托住其下颌，用力向上、向后推，或向外扭转他的头，并顺势将溺水者转至背向自己，即可解脱。（见图 13-22 之 1）

第四种，扳指解脱法。若救护者被溺水者从后方抱住腰部时，可用两手分别抓住溺水者两手的一指，向两边用力拉开，再放开溺水者的一只手，用力向侧牵拉，使其转体背向自己拖运。（见图 13-22 之 2）

第五种，外撑解脱法。若救护者被溺水者从后面连同两臂拦腰抱住时，可用两腿用力向下蹬夹水，同溺水者一起向上升高身体位置，当头露出水面后深吸口气，突然下沉，同时两臂猛用力向外撑和向上顶，从溺水者的两臂中间钻出来，转到溺水者背后进行拖运。（见图 13-22 之 3）

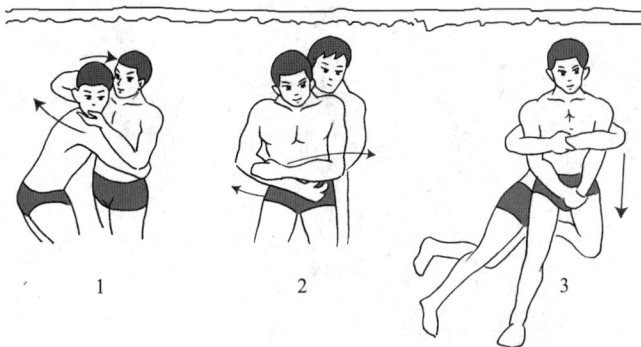

图 13-22

（5）拖运。

拖运一般采用侧泳和反蛙泳两种方式，但被拖运者的嘴、鼻必须露出水面，夹带臂不可贴近溺水者的喉部。

侧泳拖运法。一种是让溺水者仰卧水中，一手托住溺水者的后脑，另一手在体侧划水，两腿做侧泳蹬剪水的动作拖运，游向岸边。（见图 13-23 之 1）另一种是一手将溺水者的胸抱于对侧腋下，同侧髋部靠紧溺水者的背部，用上述动作进行拖运。（见图 13-23 之 2）

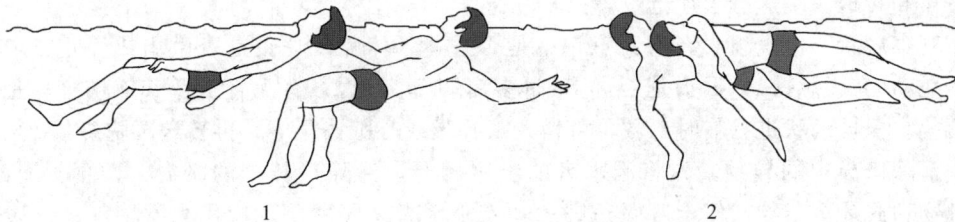

图 13-23

反蛙泳拖运法。一种是仰卧水面，两臂伸直扶住溺水者的两颊，腿做反蛙泳动作进行拖运（见图 13-24）。另一种是仰卧水面，两臂伸直，用两手的四指夹住溺水者的两侧腋下，大拇指放在肩胛骨上，用反蛙泳的蹬腿动作前进。（见图 13-25）

图 13-24

图 13-25

(6)上岸。

当遇到处于昏迷状态的溺水者时，应首先将他拖运到岸边，扶他上岸以待抢救。下面介绍两种上岸的方法：

图 13-26

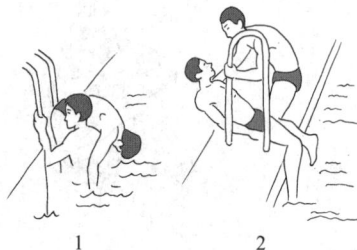

图 13-27

一种是池边上岸：救护者用右手握住溺水者的右臂，将其右手放在岸上，并用左手将溺水者的右手压在岸边，自己先上岸，随后用两手握住溺水者的两手腕，将他往水中一沉，借助水的浮力把他提拉上岸(见图 13-26)。另一种是扶梯上岸：将溺水者拖运到梯前，搭在自己的右肩上，两手握住扶梯，稳步上岸，当溺水者臂部移到池边时，慢慢放下，右手托住其颈部，左手握住扶梯，慢慢将溺水者放下(见图 13-27)。

(7)岸上急救。

救护员将溺水者拖出水上岸后，要立即进行急救。对溺水者的急救，是一套综合的措施，包括搬运、检查溺水者情况、清除口鼻中的异物、排出腹水、人工呼吸、心脏按压和转送医院进行医疗抢救等。

观察病状。检查溺水者有无意识；是否昏迷、休克；呼吸是否微弱或停止；心脏是否跳动(有无脉搏)；喝水是否过多(过多者腹部突出)；有无骨折及其他伤害；是否真死等。根据病状进行临时急救，可做人工呼吸或心脏按压等，再转送医院急救。

清除口鼻中的异物。先将溺水者的衣服解开，清除口鼻中的淤泥、杂草、泡沫、呕吐物和假牙等杂物，使上呼吸道畅通。若溺水者牙关紧闭，应用力摩擦他腮上隆起的肌肉，使口张开，或在溺水者头后，用两手大拇指由后向前顶住溺水者的下颌关节，用力向前推，同时两手食指与中指向下扳其下颌骨，将嘴分开。

检查呼吸。把脸贴在溺水者的鼻、口，感觉呼吸情况，同时观察胸腹部动态，若有呼吸，腹部的皮肤就会上下起伏。

检查脉搏。一般切手腕的动脉，如无此脉，就切颈动脉。一般成人脉率为：60～

80 次/分钟；小孩为：80～100 次/分钟。当脉搏只有 30 次/分钟左右时（无脉或微跳时），即做心脏按压。

空水。如溺水者喝水过多，应进行空水。其方法是：救护者一腿跪地，另一腿屈膝，将溺水者腹部放在屈膝的大腿上，使他的头垂下，用一手扶住溺水者的头，使他的嘴向下，将进入溺水者呼吸道、肺部和腹中的水排出。（见图 13-28）

人工呼吸（口对口吹气法）。这种方法简便易行，效果比较好。操作方法是：使溺水者仰卧，救护者在他的身旁，用一手捏住溺水者的鼻子，另一手托住他的下颌，深吸一口气，然后用嘴对紧溺水者的嘴吹气。吹完一口气后，离开溺水者的嘴，同时松开捏鼻子的手，并用手压一下他的胸部，帮他呼气。如此有规律地进行，每分钟做 15～20 次，开始稍慢些，以后可适当加快，直至溺水者呼吸正常为止。（见图13-29）

图 13-28

图 13-29

心脏按压。心脏按压方法很多，这里仅介绍常用的仰卧举臂压胸法和俯卧压背法两种。

①仰卧举臂压胸法。此法优点是既可做人工呼吸又能起到压放心脏的作用，因此遇溺水者呼吸、心脏均停止时可采用此法。将溺水者仰卧，肩下垫毛巾或衣服，头稍后仰，救护者跪于溺水者头部上方，握其两手腕。做呼气动作时，救护者上体前倾，以便增加压力，并将溺水者的双臂弯曲，用其两前臂压迫双肋处，通出肺部空气。（见图 13-30）操作吸气动作时，将溺水者双手提起，向左右两侧做伸展动作，此时胸腔扩展，空气便会进入肺里。（见图 13-31）如此这样再继续将溺水者的两臂经头上，回复到呼气的手势。

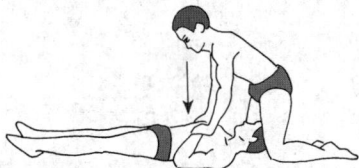
图 13-30

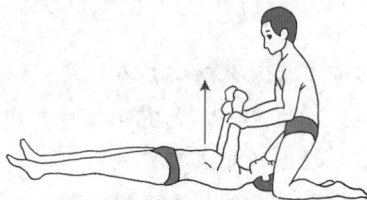
图 13-31

②俯卧压背法。此法特点是溺水者为俯卧姿势，可减少呼吸道的阻塞，方法简便易行，容易掌握。方法是：将溺水者俯卧在平板或平地上，一臂前伸，另一臂弯曲垫于

头下，脸向侧，使口鼻呼吸畅通。救护者两腿跪在溺水者大腿两侧，两手按住溺水者后背的肋腰部位。操作时拇指相对，靠近脊柱，四指稍分开，俯身向前下方推压，将溺水者肺内空气压出，形成呼吸。然后，救护者身体还原，同时两手放松，让其胸廓扩张，使空气进入肺内，形成吸气。（见图13-32）按上述方法进行，每分钟做18次左右，直至溺水者呼吸恢复正常为止。

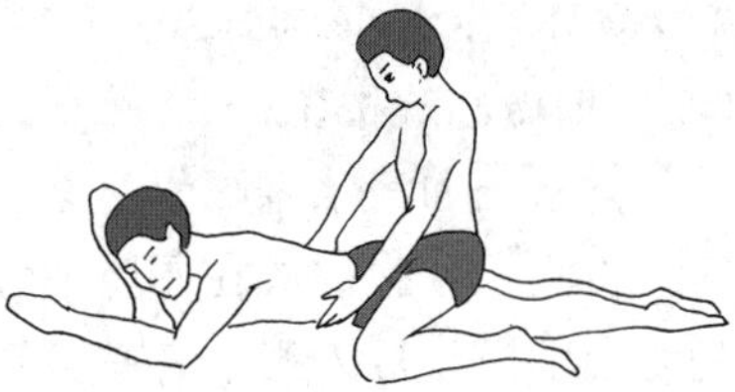

图 13-32

3. 自我救护

在游泳中，发生抽筋时不要慌张，必须保持镇静，可自救也可呼救。在水中自我解救抽筋的方法，主要是拉长抽筋的肌肉，使收缩的肌肉松弛和伸展。方法如下：

（1）手指抽筋。将手握拳，然后用力张开（见图13-33）。反复做几次，直到消除抽筋为止。

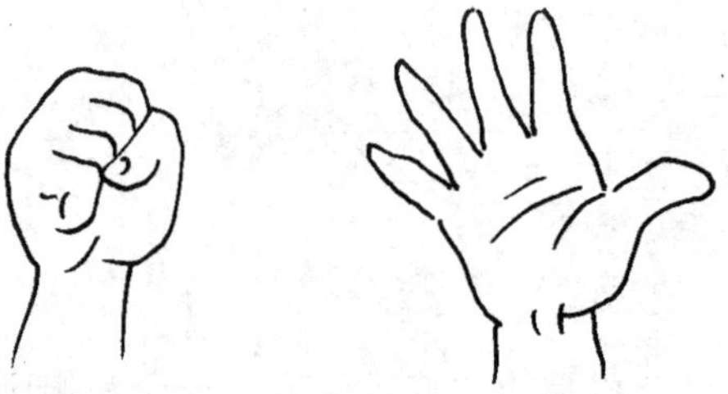

1

2

图 13-33

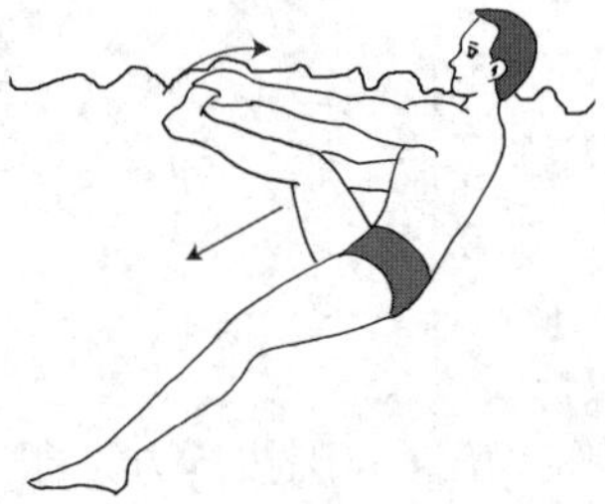

图 13-34

（2）小腿或脚趾抽筋。先吸一口气仰浮水面，用抽筋肢体对侧的手握住抽筋肢体的脚趾，并用力向身体方向拉，同时用同侧手掌压在抽筋肢体的膝盖上，帮助抽筋腿伸直。（见图13-34）

（3）大腿抽筋。可同样采用拉长抽筋肌肉的办法解救。

>>>>>>>>>>>>>>>>>>>>>>> 复习思考题 <<<<<<<<<<<<<<<<<<<<<<<

1. 爬泳臂技术包括哪几个环节？

2. 爬泳手腿配合形式有哪几种？

3. 学习蛙泳的难点有哪些？

4. 怎样选择天然环境来进行游泳？

5. 发生游泳溺水的主要原因是哪些？

6. 游泳抽筋时如何自我救护？

第十四章 武 术

▶ 第一节 简 述

武术是中华民族历史文化的重要组成部分，是我国具有独特民族风格的传统体育项目。其内容是把踢、打、摔、拿、击、劈、刺等攻防动作作为主要内容，以功法、套路和搏斗为主要运动形式，集健身、自卫、娱乐、艺术欣赏、陶冶情操等多种功能于一体的民族体育运动。

一、武术运动的特点

1. 攻防技击性

武术动作具有攻防技击性是它的本质特征。无论功法、套路或搏斗运动，其动作都具有鲜明的攻防含义。如散打、短兵等搏斗运动的技术与实用技击术基本是一致的，集中体现了武术攻防格斗的特点，只是从体育的观念出发，比赛中以不伤害对方为原则，限制了禁击部位和使用保护器具；作为中国武术特有表现形式的套路运动，虽然拳种不同，风格各异，有的还具有地方特色，但无论何种套路，其共同特点都是以踢、打、摔、拿、击、劈、刺等攻防动作构成套路的主要内容。虽然套路中不少动作的技术规格与技击原形不同，或因连接贯串及演练技巧的需要，穿插了一些不具备攻防意义的动作，但通过一招一式，表现攻与防的内在意义与精神，仍然是套路运动的技术核心。

2. 内外合一，神形兼备

既讲究动作的形体规范，又要求精气神传意、内外合一的整体运动观，是中国武术的又一大特点。所谓"内"，指的是心、神、意、气等心态活动和气息运行。所谓"外"，指的是手、眼、身、步等外在的形体活动。武术动作舒展大方、形象优美，运动时要求手到眼随，手眼紧密配合，做到手脚相随，上下协调，动迅静定。动则快速有力，静则稳如磐石，动静节奏鲜明。武术练习，十分强调内外合一，神形兼备的练功方法。这种练功方法，对外能够利关节、强筋骨、壮体魄；对内能够理脏腑、通经脉、调精神，使身体得到全面锻炼。

3. 普遍的适应性

武术运动不仅健身价值高，而且内容十分丰富、形式多样。它可以不受年龄、性别、体质、时间、季节、场地和器材的限制，人们可以根据自己的需要和条件，选择适合的项目来锻炼。

二、武术的内容和分类

武术的内容丰富，流派众多，过去有以山脉、河流划分的，有以姓氏划分的，也有以拳种的特点及风格划分为内家、外家。现在，一般按其运动形式的分类方法，将武术内容分为功法运动、套路运动、搏斗运动（见表 14-1）。

表 14-1　中国武术分类

类别	内容	说明
拳术	长拳、太极拳、南拳、形意拳、八卦拳、通臂拳、翻子拳、地趟拳、劈挂拳、螳螂拳、八极拳、猴拳、醉拳、华拳、化拳、鹰爪拳、绵拳、六合拳、蛇拳、意拳、少林拳、查拳等	大都各有独特的器械练法
器械练习	短器械（刀、剑等） 长器械（枪、棍等） 双器械（双刀、双剑、双枪、双勾等） 软器械（九节鞭、流星锤、绳镖等）	器械大都由古代兵器演化而来
对练	徒手对练、器械对练 徒手与器械对练	两人以上按规定的动作顺序进行攻防练习或表演
集体表演	6 人以上进行徒手的或器械的集体表演	动作要整齐划一，可用音乐伴奏
攻防技术	两人按照一定规则进行搏斗，有散打、推手、短兵器、长兵器等	动作具有实战意义

1. 功法运动

功法运动是以单个动作为主进行不断地强化练习，以达到健体或增强某方面体能的运动方式。功法运动主要为武术套路和攻防格斗服务。按其形式和功用又可以进一步分为以下几类。

（1）内壮功：泛指习武者通过专门的训练方法和手段，对人体内在的精、气、神及脏腑、经络、血脉等的修炼，以达到精足、气壮、神明、内脏坚实、经络血脉通畅、内壮外强的功效。从形式和方法上看，大致有静卧、静坐、站桩和鼎桩等几种方法。

（2）外壮功：泛指习武者通过专门的训练方法和手段，使人体具有比常人更强的击打、抗击打、摔跌、磕碰的能力，以达到强筋骨、壮体魄之功效的功夫运动。

（3）轻功：泛指习武者通过各种专门的训练方法和手段，以达到增强弹跳能力而蹦得高、跳得远之功效的功法运动。

（4）柔功：泛指习武者通过专门的训练方法和手段，以达到提高肢体关节活动幅度和肌肉伸展性能的功法运动。

2. 套路运动

套路运动是指以技击动作为内容，以攻守进退、动静疾徐、刚柔虚实等矛盾运动的变化规律为依据编成的组合及整套动作练习。按照练习时的人数多少，套路运动又分为单练、对练和集体演练。

（1）单练：指个体独自进行套路练习的方式。根据练习时是否手持器械，单练又分为拳术和器械运动两类。

拳术：种类很多，有长拳、南拳、太极拳、形意拳、八卦掌、通臂拳、劈挂拳、翻子拳、地躺拳、象形拳等。

器械运动：包括长器械（枪、棍、大刀等）；短器械（刀、剑、鞭等）；双器械（双刀、双剑等）；软器械（九节鞭、三节棍、流星锤等）。

（2）对练：是指在单练的基础上，两人或两人以上，在预定条件下进行的假设性攻防练习。其中包括徒手对练、器械对练、徒手与器械的对练。

（3）集体项目：是指多人（竞赛中要求 6 人以上）徒手、器械或徒手与器械同时进行演练的套路形式。练习时可变换队形，要求队形整齐，动作协调一致。

3. 搏斗运动

搏斗运动是两人在一定条件下按照一定的规则进行斗智、较力、较技的实战攻防练习。主要包括：散打、推手、短兵、长兵。目前，开展较为普遍的有散打和推手。

三、武术图解知识

用图来描绘动作的形象和身体各部位的动作路线，用文字来说明动作的详细过程和要领，两者合起来称为图解。正确地掌握武术图解知识，便于自学，对自修能力的培养和技术水平的提高都有重要意义。

1. 运动方向

图解中的运动方向，是以图中人的躯干姿势为准，并且随着躯干姿势所处的位置变化而变化。图中人的身前为前，身后为后，左侧为左，右侧为右；此外，还有左前（左与前方成 45°方向）、左后、右前、右后之分。如各种套路开始的预备势，前后左右的方向是以图中人躯干姿势为准。转体时，则以转后的身前为前，身后为后，以此类推。武术的动作很多，身体位置的变化也大，但始终以躯干姿势来确定方向，不受头部和视线的影响。

2. 动作路线

插图中一般用虚线（···➔）或实线（➔）表示该部位下一动作行进的路线。箭尾为起点，箭头为止点。有的插图上、下肢的运动路线都用虚线表示，有的右上肢和左下肢用实线表示，左上肢和右下肢用虚线表示，有的上、下肢分别用虚、实线表示。虽然用法不一，但作用是一致的，都是指明下一动作将经过的路线。有的图解还加用足迹图，以表示脚在运动中的方位及触地面积。

3. 往返路线

武术套路由若干段（趟）构成，各段的往返路线，一般是单数段向左，双数段则转回来向右。弄清段的前进方向之后，即使在前进中有转身的动作变化，在转身后仍须

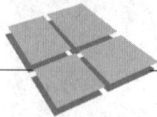

朝着原来的方向前进，这样段的方向就不会搞错。较为复杂的套路，每段的前进方向经常变化，可将一段分成若干小节，一节节地看就容易看懂了。

4. 术语的运用

为了简练，图解的文字说明中常用术语来解释动作。如步法中的上步、退步、插步等；步形中的马步、弓步、仆步等；腿法中的正踢、弹踢、侧踹等。有的从简说明，有的只用术语。掌握术语对阅读图解会有很大的帮助。

5. 要领说明

有些武术图解，在某个动作的后面附有"要领""要点"之类的说明，它是为了提示该动作的要领，或者说明注意之处，阅读时可以参考。

6. 文中的左(右)或右(左)

在动作说明中有左(右)或右(左)的写法，它是指左、右均可或左右互换的意思。例如"左(右)拳前冲"，就是告诉读者既可左拳前冲，也可右拳前冲。

四、武术基本功与基本动作练习

1. 身形、手形和步形

(1)身形。

身形的基本要求是头正、顶平、颈直、沉肩、挺胸、背直、塌腰、收腹、敛臀。

(2)手形。

拳：四指并拢卷握，拇指紧扣食指和中指的第二指节，拳面要平，拳握紧。（见图 14-1）

掌：四指并拢伸直，拇指弯曲紧扣于虎口处。（见图 14-2）

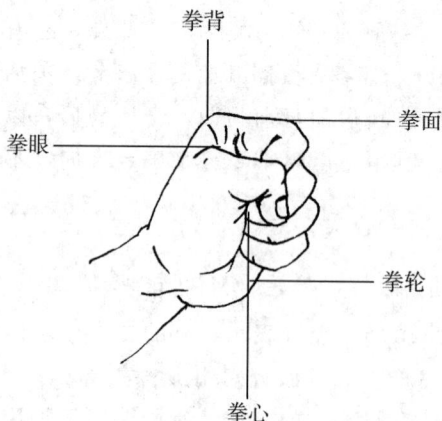

图 14-1

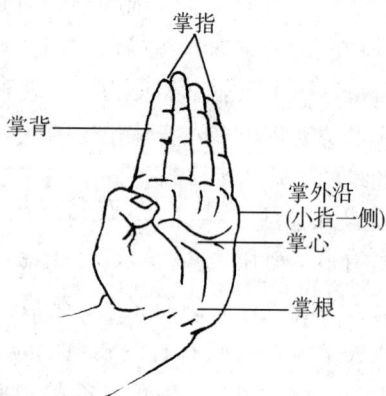

图 14-2

勾：五指第一指节捏拢在一起，屈腕。（见图 14-3）

（3）步形。

①弓步（见图 14-4）：左脚向前一大步（本人脚长的 4～5 倍），两脚全掌着地，膝与脚尖垂直，左腿弓为左弓步，右腿弓为右弓步。

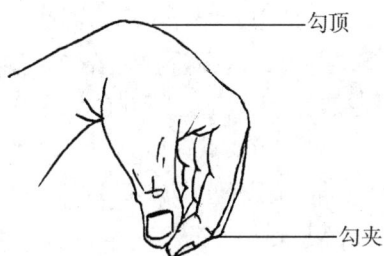

图 14-3

要求与要点：前腿弓、后腿绷（且脚尖内扣）；挺胸、塌腰、沉髋；前脚尖同后脚跟呈一直线。

②马步（见图 14-5）：两脚平行开立（约为本人脚长的 3 倍），两腿屈膝半蹲，大腿接近水平，全脚着地，身体重心落于两腿之间。

图 14-4   图 14-5

要求与要点：挺胸、塌腰、展髋、裹膝、脚跟向外蹬。

③虚步（见图 14-6）：两脚前后开立，重心落在后腿上，屈膝半蹲，脚尖外展 45°；前脚向前伸出，膝关节微屈，脚尖稍内扣，虚点地面。左脚在前为左虚步；右脚在前为右虚步。

要求与要点：挺胸、塌腰，虚实分明。

④仆步（见图 14-7）：一腿屈膝全蹲，脚尖稍外展，另一腿伸直平铺地面、脚尖内扣，两脚全掌着地。仆左腿为左仆步；仆右腿为右仆步。

要求与要点：挺胸、塌腰、沉髋。

 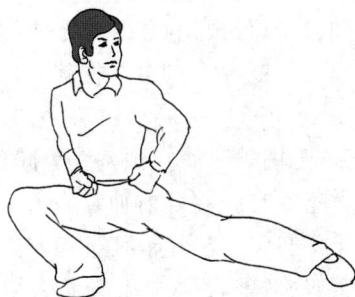

图 14-6   图 14-7

⑤歇步(见图 14-8)：两腿交叉靠拢全蹲，前脚全脚掌着地，脚尖外展，后脚前脚掌着地，膝部贴于前脚外侧，臀部坐于后腿接近脚跟处。左脚在前为左歇步；右脚在前为右歇步。

图 14-8

要求与要点：挺胸、塌腰、两脚靠拢并贴紧。

2. 腿功与腰功

(1)腿功。

①正压腿(见图 14-9)：面对肋木或一定高度物体，并步站立，左腿提起，脚跟放在肋木上，脚尖勾起，踝关节屈紧，两手扶按膝上。两腿伸直、立腰、收髋，上体前屈，并向前，向下做压振动作。练习时两腿交替进行，逐渐加大振幅，逐步提高腿的高度。

②侧压腿(见图 14-10)：侧对肋木，左腿举起，脚跟搁在肋木上，脚尖勾起，踝关节屈紧。右臂屈肘上举，左掌附于右胸前。练习方法同正压腿，只是上体向侧做压振动作。

③后压腿(见图 14-11)：背对肋木，两手叉腰或扶一定高度的物体。一腿支撑，另一腿向后举起，脚背搁在肋木上，脚面绷直，上体后屈并做压振动作。练习时左右腿交替进行。

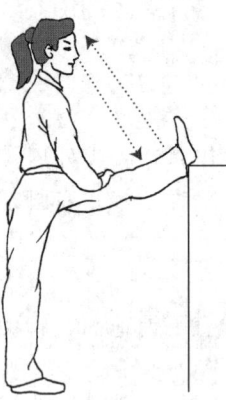

图 14-9   图 14-10   图 14-11

④正踢腿(见图 14-12)：从直立两手立掌侧平举开始，左脚向前上半步，左腿支撑，右脚尖勾起向前额处用力踢，两眼向前平视，左右腿交替练习。

要求与要点：挺胸、直腰、收髋、用力收腹，勾起勾落，踢腿过腰后要加速，要有寸劲。

⑤侧踢腿(见图 14-13)：预备姿势同正踢腿。右脚向前上半步，脚尖外展，左脚跟稍提起，身体略右转，左臂前伸，右臂后举。随即，左脚脚尖勾紧向左耳侧踢起，同时右臂屈肘上举亮掌，左臂屈肘立掌于右胸前或垂于裆前，两眼向前平视。

要求与要点：挺胸、立腰、开髋、侧身、用力收腹，左右交替练习。

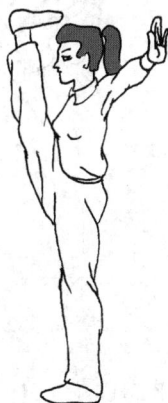

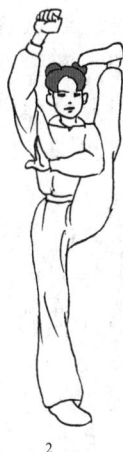

图 14-12   图 14-13

⑥外摆腿（见图 14-14）：预备姿势与正踢腿相同。右脚向右前方上半步，左脚尖勾紧，向右侧踢起，经面前向左侧上方外摆，直腿落在右腿旁。

要求与要点：挺胸、塌腰、松髋、展髋，外摆幅度要大并呈扇形。

图 14-14

⑦弹腿（见图 14-15）：从直立两手叉腰开始，一腿屈膝提起，大腿与腰平，脚尖绷直提膝接近水平时，迅速猛力挺膝，向前平踢（弹击），力达脚尖，大小腿成一直线。

要求与要点：挺胸、立腰、脚面绷直、收髋，弹击要有寸劲。

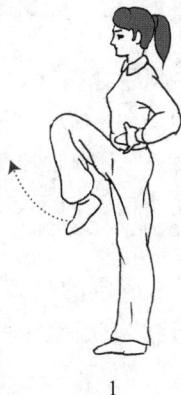

图 14-15

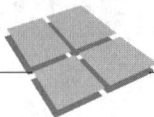

⑧侧踹腿(见图 14-16)：预备姿势同弹腿。两腿左右交叉，右腿在前，稍屈膝，随即右腿伸直支撑，左腿屈膝提起，左脚内扣，脚跟用力向左侧上方踹出，高与肩平，上体向右侧倒，目视左侧方。

要求与要点：挺膝、开髋、用力踹，脚外侧朝上，力达脚跟部，有爆发力。

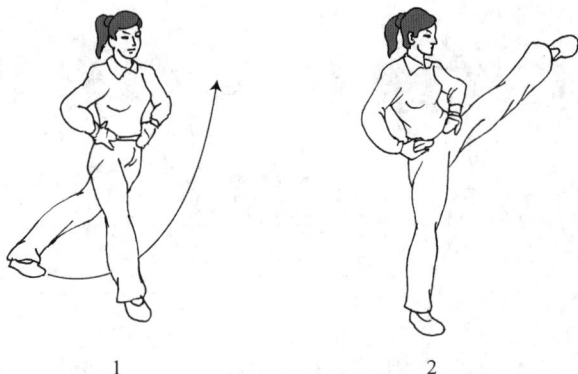

1   2

图 14-16

(2)腰功。

①前俯腰(见图 14-17)：直立，两手手指交叉，直臂上举，手心朝上。上体前俯，两手尽量贴地，然后两手松开，抱住两脚跟腱逐渐使胸部贴近腿部，持续一定时间再起立。练习时注意，向前折体后双腿一定要伸直。

②甩腰(见图 14-18)：开步站立，两臂上举，以腰、髋关节为轴，上体做前后屈和甩腰动作，两臂也跟着甩动，两腿伸直。练习时注意，前后甩腰要快速，动作紧凑而有弹性。

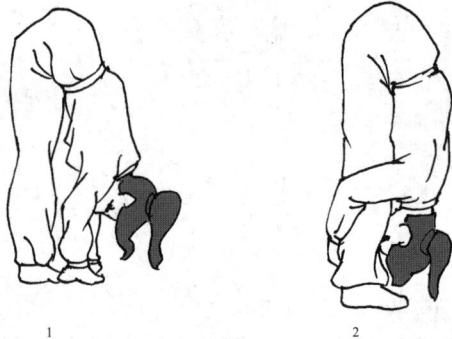

1   2

图 14-17

图 14-18

3. 基本动作和小组合动作

(1)腾空飞脚(见图 14-19)。

并步站立，右脚上步，左腿向前上方摆踢，右脚蹬地跃起，身体腾空，两臂由下经体前向头上摆起，右手背迎击左手掌(见图 14-19 之 1、2)。在空中，右腿向前，向上弹踢，脚面绷直，右手迎击右脚面，同时左腿屈膝，左脚收控于右腿侧，脚面绷直，脚尖向下。左手在击响的同时摆至左侧方，变勾手，勾尖向下，略高于肩。上体微前倾，两眼平视前方。(见图 14-19 之 3)

要求与要点：在空中踢摆时，脚高必须过腰，在腾空的最高点完成击响动作，在击响的一瞬间，左腿须收控于右腿侧。拍击动作要连续、准确、响亮。

1,2   3   4

图 14-19

（2）五种步形的组合练习（简称五步拳）。

五步拳是结合五种步形、步法和三种手形组合编成。练习时先做分解动作，并按前面的要点反复练习，然后再进行组合练习。组合练习时，强调眼随手、身随步、步随势换，逐渐做到手、眼、身、步法协调一致。

在手法中，冲拳分平拳和立拳两种。平拳拳心向下；立拳拳眼向上。

五步拳动作：拗弓步冲拳—弹踢冲拳—马步架打—歇步盖打—提膝仆步穿掌—虚步挑掌。

预备姿势：并步抱拳（见图14-20）。

拗弓步冲拳（见图14-21）：迈左脚成左弓步，右拳冲出成立拳。

弹踢冲拳（见图14-22）：右腿弹踢，同时左拳冲出成立拳。

图 14-20   图 14-21   图 14-22

马步架打（见图14-23）：右脚落地向左转90°，两脚下蹲成马步；同时左拳变掌，屈臂上架，右拳由腰间向右冲出成立拳。头右转，目视右前方。

歇步盖打（见图14-24）：左脚向右脚后插一步，同时右拳变掌经头上向左下盖，掌外缘向前，身体左转90°，左掌收回腰间抱拳。目视右手，下蹲呈歇步；同时左拳向前冲出呈平拳，右掌变拳收回腰间，目视左拳。

图 14-23   图 14-24

提膝仆步穿掌(见图 14-25)：两腿起立，身体左转，随即左拳变掌，手心向下，右拳变掌，手心向上由左手背上穿出，同时左腿提膝，左手顺势收回右腋下，目视右手。(见图 14-25 之 1)左脚落地呈仆步，左手掌指朝前贴左腿内侧穿出，目视左掌。(见图 14-25 之 2)

虚步挑掌(见图 14-26)：左腿屈膝前弓，右脚蹬地向前上步，呈右虚步，同时左手向上、向后划弧呈正勾手，略高于肩。右手由后向下，向前顺右腿外侧向上挑掌，掌指向上，高与肩平，目视前方。

继续练习，动作相同，方向相反。

收势(见图 14-27)：两腿靠拢，并步抱拳。

图 14-25   图 14-26   图 14-27

五、武术运动常见的运动损伤及预防

武术运动中下肢损伤最多见。如大腿后群肌、内收肌群拉伤；踝、膝关节扭伤等。损伤原因多为准备活动不充分，动作用力过猛，跳起腾空落地不稳，技术动作有误，场地不良等。

　　髋骨劳损、腰肌劳损是常见的慢性损伤。这和武术的技术特点有密切关系，如练马步、弓箭步、虚步等时，膝关节经常处于半蹲状态；做旋子、腾空转体、后踢腿等动作时，腰的负担量很大。如果肌肉力量不足，很容易受伤。

　　预防运动损伤的措施如下。

　　一是压腿、踢腿、劈叉等基本功训练，要循序渐进，不应由旁人用力加压。

　　二是加强各种翻腾跳跃动作的基本训练，增强肌肉力量。合理安排局部负担量。

　　三是注意场地平整与硬度适宜。

▶ 第二节　套　路

一、青年长拳

本套路冲拳都为平拳。

1. 起势

(1)提膝亮掌(见图 14-28 之 1、2、3)。

直立。

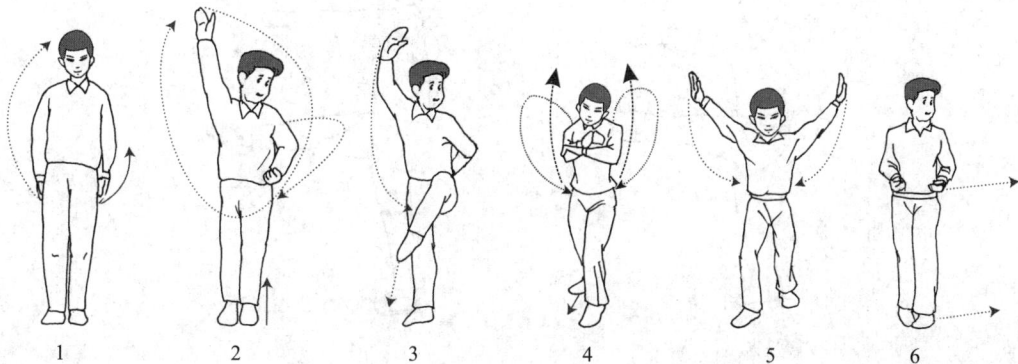

1　　　　2　　　　3　　　　4　　　　5　　　　6

图 14-28

　　右掌由体侧上举，掌心向左；左掌提至腰间，掌心向上。

　　右掌继续向左、向下、向右上绕环至上举亮拳，同时左掌在右臂内向上穿掌，向左绕环至下后勾手。两臂依次绕环至亮掌，勾手时，提起左膝，转头，眼向左看。

　　(2)并步抱拳(见图 14-28 之 4、5、6)。

　　左脚上一步，重心前移，右脚跟离地，同时右掌经后下划弧至胸前与左掌(勾变掌)交叉，右掌在内，两掌心向外。

　　右脚上一步，重心前移，左脚跟离地，两掌向上绕环至斜上举。

　　左脚向右脚并拢直立。同时两臂经侧下落，两掌握拳收抱腰间，转头，眼向左看。

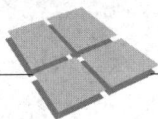

2. 第一段

(1)搂手弓步右冲拳(见图14-29)：左转90°。

(2)搂手弓步左冲拳。(见图14-30)

图 14-29

1

2

图 14-30

(3)弹腿右冲拳。(见图14-31)

(4)弹腿左冲拳。(见图14-32)

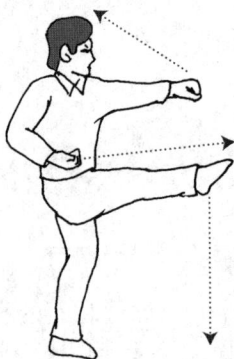

图 14-31

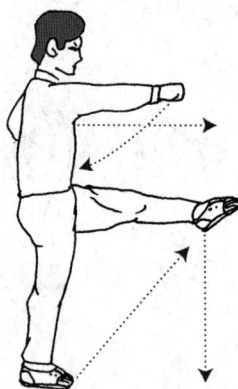

图 14-32

(5)马步左架打(见图14-33)：右脚落地，左转90°。

(6)马步右架打(见图14-34)：①以右脚跟为轴转体90°。②继续右转90°。

图 14-33

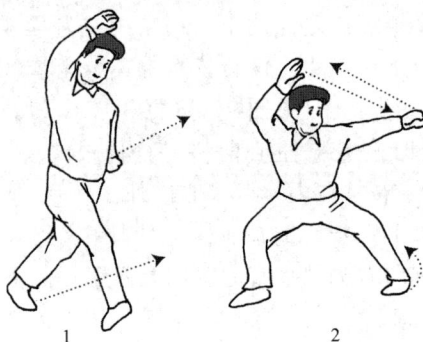

1

2

图 14-34

（7）勾手侧踹（见图 14-35）：①向左转体 90°，以左脚跟为轴脚尖外撇约 45°。②右脚踹出后略高于胯。

（8）弓步架打（见图 14-36）：右手勾变掌横架于右前上方，左拳由腰间冲出。

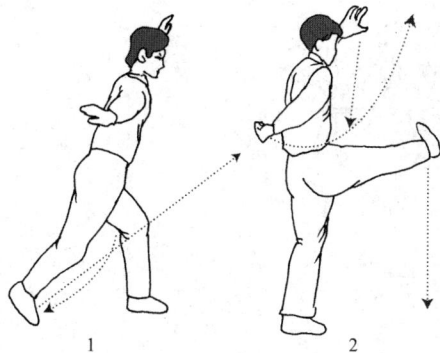

图 14-35

图 14-36

3. 第二段

（1）提膝穿掌（见图 14-37）：①右掌向前下横盖。②左拳变掌由左经上向前下横盖。③右脚尖内扣，向左转体 90°，同时，右拳变掌经左腕上穿出。

图 14-37

（2）仆步穿掌提膝挑掌。（见图 14-38）

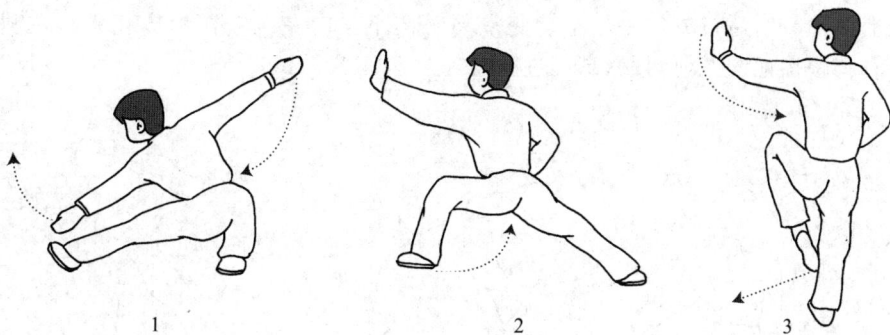

图 14-38

（3）虚步右格拳（见图14-39）：①左脚落地脚尖外撇，左掌搂手。②上动不停，向左转身90°，右臂屈肘向左格挡，拳与鼻齐，拳心向内。

图 14-39

（4）弓马步连环冲拳（见图14-40）：①右脚向前半步呈弓步。②右脚内扣，左脚掌碾地向左转身90°呈马步，迅速向右冲拳。

（5）虚步左格拳（见图14-41）：以右脚跟为轴脚尖外撇向右转体90°。

图 14-40   图 14-41

（6）弓马步连环冲拳（见图14-42）：动作同（4），只是方向相反。

（7）勾手勾踢（见图14-43）：向左转身180°（以左脚跟右脚掌为轴），同时右拳变掌由后经上向前、向后拉成勾手，左拳变掌同时向下、向左至左额上方亮掌；左腿微屈站立，右脚跟擦地向左前勾踢（高不过膝）。

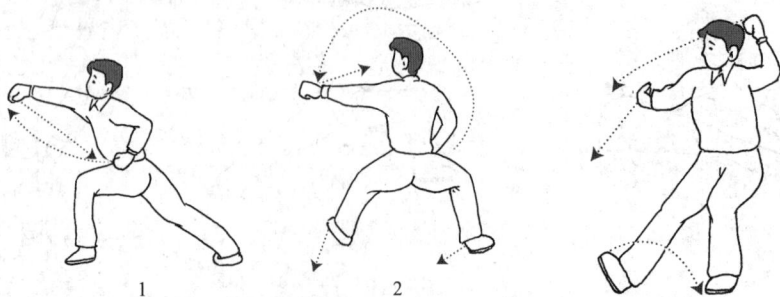

图 14-42   图 14-43

(8)小缠震脚马步冲拳(见图14-44):①左手搭扣右手腕,右勾手变掌,两臂微屈肘于胸前,右脚收回在左脚前。②上动不停,向右转体90°,右手做小缠动作(右手立掌向外旋,至掌心翻转向上,握拳),随即收抱腰间(左手仍扣紧右手腕),拳心向上,右脚全掌落地震踏(左脚提起,脚背贴附右小腿后)。③左脚侧出一步成马步冲拳。

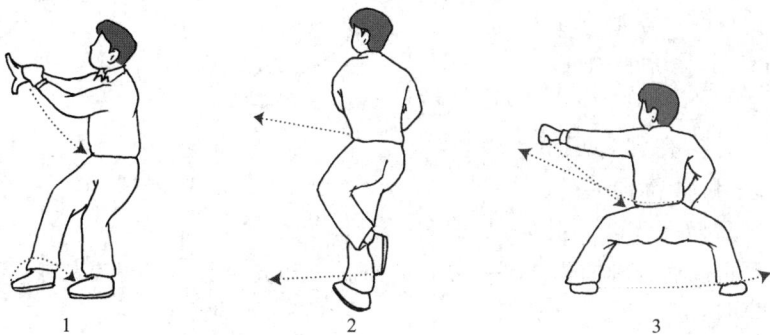

图 14-44

4. 第三段

(1)弓步右击掌(见图14-45):左脚后撤一步向左转身90°呈弓步右击掌。

(2)弓步左击掌(见图14-46):动作同(1),换右脚左手做。

(3)马步右格勾(见图14-47):①左脚后退一步,向左转身180°呈半马步,同时右拳变掌向左格挡。②上动不停,右脚内扣成马步,眼看右勾手。

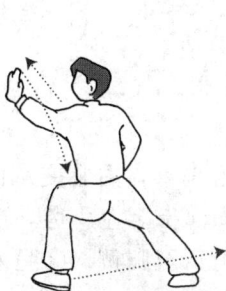

图 14-45　　　　　图 14-46　　　　　　　图 14-47

(4)马步左格勾(见图14-48):动作同(3),换右脚左手做。

(5)弓步右冲拳(见图14-49):左转身90°呈左弓步右冲拳。

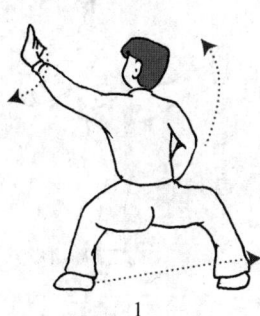
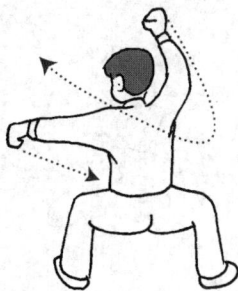

图 14-48　　　　　　　　图 14-49

（6）勾手退步砍掌（见图14-50）：①右拳变勾屈臂向内勾搂。②上动不停，左脚后撤一步呈右弓步，同时左拳变掌由后划弧向前砍掌，掌心向上与肩平，右勾手握拳收抱腰间，眼看左掌。

（7）勾手提膝亮掌（见图14-51）：①左手屈臂向内勾搂，同时右脚后撤一步。②上动不停，左手再以肩为轴向内绕环一周，向左后拉开成勾手，同时提左膝，亮右掌。

图 14-50

（8）弓步冲拳虚步挑掌。（见图14-52）

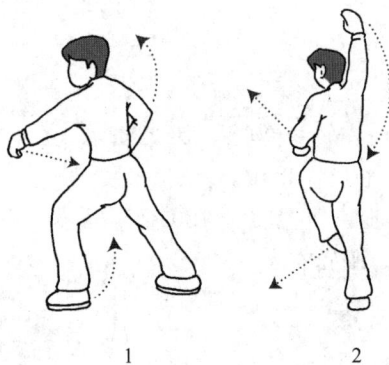

图 14-51

图 14-52

5. 第四段

（1）托掌震脚双推掌（见图14-53）：①重心前移，右拳变掌前伸与左掌并齐，向上托掌与下颌平，掌心向上。②上动稍顿，右脚前抬至左脚旁，迅即全脚掌猛力震脚下踏，同时左脚跟离地贴于右脚旁，两掌心向上压至腿侧。③呈左弓步两掌推出，立掌与肩平。

（2）双勾弹踢。（见图14-54）

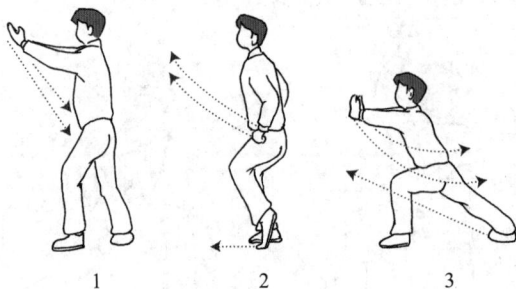

图 14-53

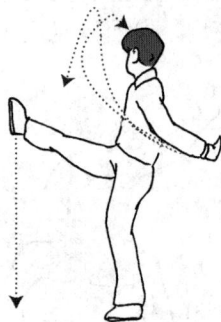

图 14-54

（3）跃步箭弹（见图 14-55）：①右脚向前落地，同时左腿随即向前摆起，右脚继续猛力蹬地向前上跳起腾空，同时两勾变掌由后向前、向上至两侧平举成勾手，勾与头顶平，勾尖向下。②上动不停，身体腾空刹那间，右脚用力向前箭弹，脚略高于胯。

（4）歇步亮掌（见图 14-56）：①左、右脚先后落地向左转 90°呈右弓步。②上动不停，左脚随即向右脚后插成右歇步亮掌，眼向右看。

（5）转身正踢（见图 14-57）：①两臂不动，身体逐渐起转 270°，呈左脚在前的站立式。②随即以肩为轴两臂依次向前绕环一周；右勾在前绕中先变掌，绕至

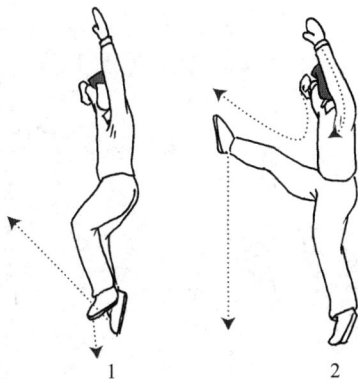

图 14-55

下方再变勾，左手绕至头上方亮掌，同时，右腿伸直勾脚尖向前额摆踢，眼看前方。

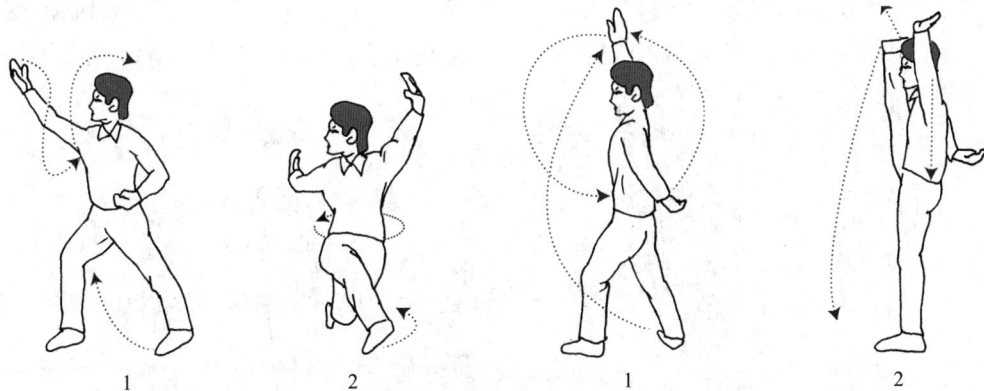

图 14-56　　　　　　　　　　　　　　图 14-57

（6）左、右斜拍脚（见图 14-58）：①②右勾变掌由后向前摆至右肩上方，臂微屈。左腿脚面绷平向上摆踢，同时，右掌击拍左脚面。③④动作同①②，换右脚踢，左手拍击，眼看拍击手。

图 14-58

(7)腾空飞脚。（见图14-59）

(8)弓步击掌（见图14-60）：左、右脚依次落地成右弓步。

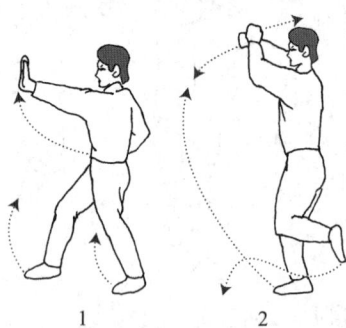

图 14-59　　　　　　　　　　　　　　　　　　　　图 14-60

6. 收势（见图14-61）

(1)前点步格拳（见图14-61之1）：右腿直立支撑，向左转90°，左脚向右脚前移半步，腿伸直，脚尖虚点地成前点步姿势。同时右掌握拳，屈臂向胸前内格，拳心向内，拳与眉齐，同时，转头眼看左前方。

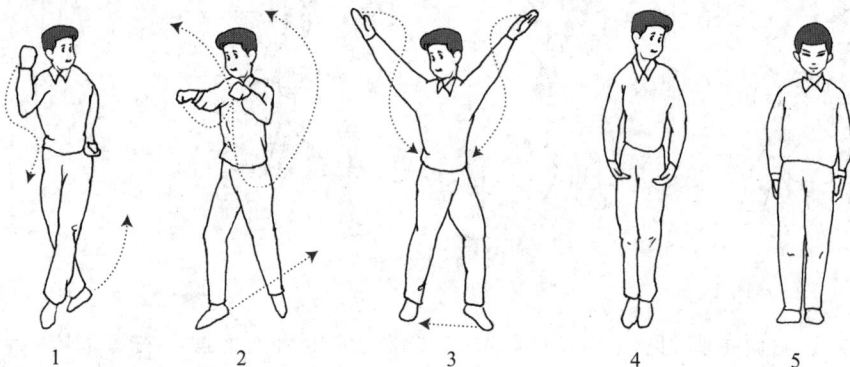

图 14-61

(2)并步对掌（见图14-61之2～5）：①左脚后退一步，两拳变掌并齐向前穿掌，掌心向上与肩平，眼看两掌。②右脚后退一步，两掌向下、向后绕环弹腿至斜上举。③左脚收回与右脚并拢，两掌不停由上向下按掌于体侧，同时，转头，眼向左看。④还原、直立。

二、太极拳

历史悠久的太极拳是我国宝贵的民族传统体育遗产，由于它具有良好的康复医疗作用，因此经久不衰。经过数千年的整理、改编，至今已发展为多种类型。按照架式的不同一般可分为三大类：一是大架式：以八十八式和简化太极拳为代表，其特点为拳式舒展大方，轻灵而沉稳。二是中架式：较为常用，以柔见长。三是小架式：其攻架紧凑，步态灵活。以不同地区的风格来分，则有杨氏太极拳、陈氏太极拳、吴氏太极拳、武氏太极拳、孙氏太极拳五类。

1. 太极拳的基本技术

(1)太极拳的基本手形有拳、掌、勾三种。

(2)太极拳中基本的步形主要有弓步、虚步、仆步、半马步、歇步和丁步。

2. 太极拳的技术要领

(1)虚领顶颈。太极拳对头部的要求是自然上顶，避免颈部肌肉僵硬，不要东偏西歪，或自由摇晃。

(2)含胸拔背。胸略内含，以便气沉丹田；"拔背"指的是背部肌肉随着两臂伸展动作，尽量地舒展开来，也就是说"含蓄在胸，运动在两肩"。

(3)松腰。腰是身体的主宰，是身体运动的关键，放松腰部，有利于增强腰部转动的灵活性和腿部的稳定性。

(4)分虚实。这是太极拳的基本步伐要求。要求腿部动作虚实分明，避免重心同时落在双腿上。

(5)沉肩坠肘。要求肩肘自然下垂，以免气往上提。

(6)用意不用力。指练太极拳时全身放松，用意念引导动作，消除紧张，避免动作僵硬。

(7)上下相随。练太极拳时要求全身动作协调一致，"一动无有不动"。

(8)内外相和。练太极拳时不仅要做到肢体配合协调、动作连贯，还要做到意识、动作和呼吸三者相结合。

(9)相连不断。动作要求连贯、圆活、连绵不断，一气呵成，不可在衔接处有显著的停顿或露出断续的痕迹。

(10)动中求静。放松身体，集中思想，排除杂念。

3. 简化太极拳(二十四式)

"简化太极拳"是以杨式太极拳为基础简化改编的，是一项松紧自然，正稳细绵的武术运动。它易学易练，圆活轻柔，舒展大方，适合于初学者练习和用于健身治病。在校学生中，有些同学因各种疾病处在恢复期，不适合参加过于剧烈的运动项目，选学太极拳是非常适宜的。

动作的学习以图像分解和文字说明为主，个别动作的线条受角度、方向等限制，增加了附图，以便对照。练习时应力求连贯衔接，练习者可连贯演练，也可以选择单式或分组练习。

简化太极拳动作名称

第一组(一)起势

(二)左右野马分鬃

(三)白鹤亮翅

第二组(四)左右搂膝拗步

(五)手挥琵琶

(六)左右倒卷肱

　　　　第三组(七)左揽雀尾
　　　　　　　(八)右揽雀尾
　　　　第四组(九)单鞭
　　　　　　　(十)云手
　　　　　　　(十一)单鞭
　　　　第五组(十二)高探马
　　　　　　　(十三)右蹬脚
　　　　　　　(十四)双峰贯耳
　　　　　　　(十五)转身左蹬脚
　　　　第六组(十六)左下势独立
　　　　　　　(十七)右下势独立
　　　　第七组(十八)左右穿梭
　　　　　　　(十九)海底针
　　　　　　　(二十)闪通臂
　　　　第八组(二十一)转身搬拦捶
　　　　　　　(二十二)如封似闭
　　　　　　　(二十三)十字手
　　　　　　　(二十四)收势

图示说明：

第一组

(1)起势

　　①身体自然直立，两脚开立，与肩同宽，脚尖向前；两臂自然下垂，两手放在大腿外侧；眼向前平看。(见图 14-62 之 1)

　　要点：头颈正直，下巴微向后收，不要故意挺胸或收腹，精神要集中(起势由立正姿势开始，然后左脚向左分开，呈开立步)。

　　②两臂慢慢向前平举，两手高与肩平，与肩同宽，手心向下。(见图 14-62 之 2、3)

　　③上体保持正直，两腿屈膝下蹲；同时两掌轻轻下按，两肘下垂与两膝相对；眼平看前方。(见图 14-62 之 4)

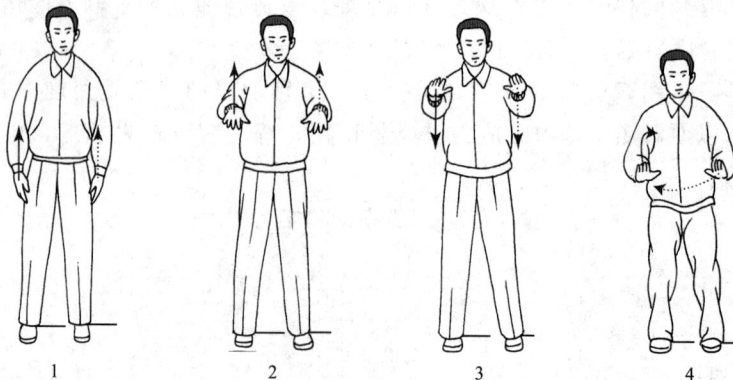

图 14-62

要点：两肩下沉，两肘松垂，手指自然微屈，屈膝松腰，臀部不可凸出，身体重心落于两腿中间，两臂下落和身体下蹲的动作要协调一致。

(2)左右野马分鬃

①上体微向右转，身体重心移至右腿上，同时右臂收在胸前平屈，手心向下，左手经体前向右下划弧放在右手下，手心向上，两手心相对成抱球状，左脚随即收到右脚内侧，脚尖点地，眼看右手。(见图 14-63 之 1、2)

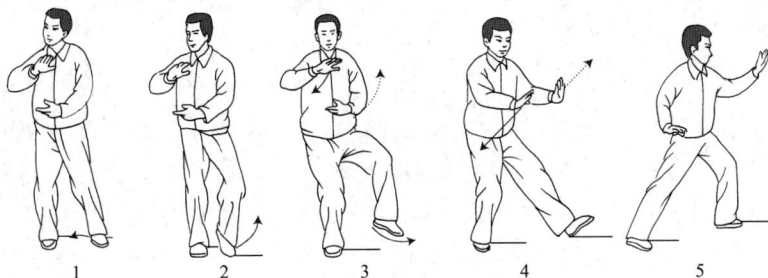

图 14-63 之 1~5

②上体微向左转，左脚向左前方迈出，右脚跟后蹬，右腿自然伸直，呈左弓步；同时上体继续向左转，左右手随转体慢慢分别向左上、右下分开，左手高，与眼平(手心斜向上)，肘微屈；右手落在右胯旁，肘也微屈，手心向下，指尖向前；眼看左手。(见图 14-63 之 3~5)

③上体渐渐后坐，身体重心移至右腿，左脚尖跷起，微向外撇(45°~60°)，随后脚掌慢慢踏实，左腿慢慢前弓，身体左转，身体重心再移至左腿；同时左手翻转向下，左臂收在胸前平屈，右手向左上划弧放在左手下，两手心相对成抱球状；右脚随即收到左脚内侧，脚尖点地；眼看左手。(见图14-63 之 6~8)

④右腿向右前方迈出，左腿自然伸直，呈右弓步，同时上体右转，左右手随转体分别慢慢向左下、右上分开，右手高，与眼平(手心斜向上)，肘微屈；左手落在左胯旁，肘也微屈，手心向下，指尖向前；眼看右手。(见图 14-63 之 9、10)

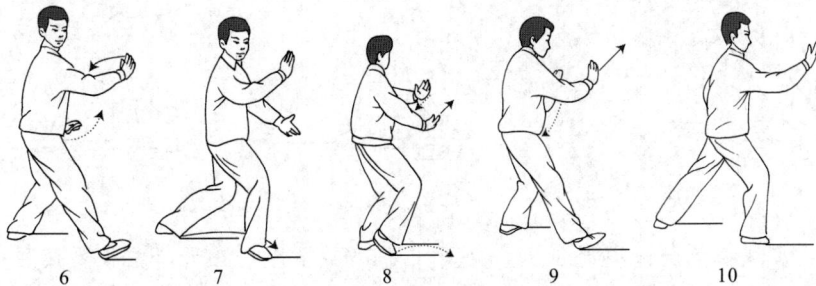

图 14-63 之 6~10

⑤与③同，只是左右相反。(见图 14-63 之 11~13)

⑥与④同，只是左右相反。(见图 14-63 之 14、15)

11　　　　　12　　　　　13　　　　　14　　　　　15

图 14-63 之 11～15

要点：上体不可前俯后仰，胸部必须宽松舒展，两臂分开时要保持弧形，身体转动时要以腰为轴。弓步动作与分手的速度要均匀一致，做弓步时，迈出的脚先是脚跟着地，然后脚掌慢慢踏实，脚尖向前，膝盖不要超过脚尖；后腿自然伸直；前后脚夹角成 45°～60°（需要时后脚脚跟可以后蹬调整）。野马分鬃式的弓步，前后脚的脚跟要分在中轴线两侧，它们之间的横向距离（即以动作行进的中线为纵轴，其两侧的垂直距离为横向）应该保持在 10～30 厘米。

（3）白鹤亮翅

①上体微向左转，左手翻掌向下，左臂平屈胸前，右手向左上划弧，手心转向上，与左手呈抱球状，眼看左手。（见图 14-64 之 1）

②右脚跟进半步，上体后坐，身体重心移至右腿，上体先向右转，面向右前方，眼看右手，然后左脚稍向前移，脚尖点地，成左虚步，同时上体再微向左转，面向前方，两手随转体慢慢向右上、左下分开，右手上提停于右额前，手心向左后方，左手落于左胯前，手心向下，指尖向前，眼平看前方。（见图 14-64 之 2、3）

1　　　　　　　　　　　2　　　　　　　　　　　3

图 14-64

要点：完成姿势胸部不要挺出，两臂上下都要保持半圆形，左膝要微屈；身体重心后移和右手上提、左手下按要协调一致。

第二组

（4）左右搂膝拗步

①右手从体前下落，由下向后上方划弧至右肩外侧，肘微屈，手与耳同高，手心

斜向上，左手由左下向上，向右下方划弧至右胸前，手心斜向下；同时上体先微向左再向右转，左脚收至右脚内侧，脚尖点地，眼看右手。（见图 14-65 之 1～3）

②上体左转，左脚向前（偏左）迈出成左弓步，同时右手屈回由耳侧向前推出，高与鼻尖平，左手向下由左膝前搂过落于左胯旁，指尖向前，眼看右手手指。（见图 14-65 之 4、5）

图 14-65 之 1～5

③右腿慢慢屈膝，上体后坐，身体重心移至右腿，左脚尖跷起微向外撇，随后脚掌慢慢踏实，左腿前弓，身体左转，身体重心移至左腿，右脚收到左脚内侧，脚尖点地；同时左手向外翻掌由左后向上划弧至左肩外侧，肘微屈，手与耳同高，手心斜向上；右手随转体向上、向左下划弧落于左胸前，手心斜向下；眼看左手。（见图 14-65 之6～8）

④与②同，只是左右相反。（见图 14-65 之 9、10）

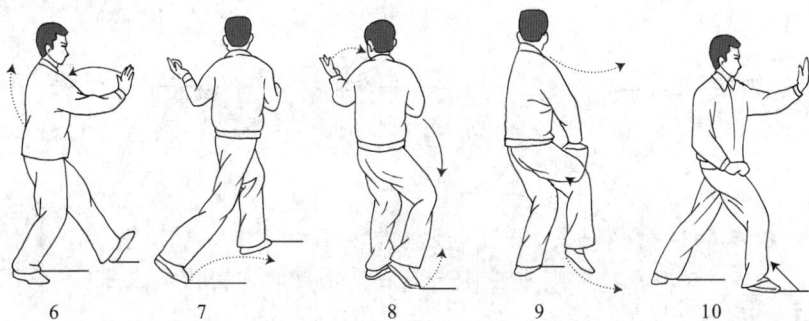

图 14-65 之 6～10

⑤与③同，只是左右相反。（见图 14-65 之 11～13）

⑥与②同。（见图 14-65 之 14、15）

要点：前手推出时，身体不可前俯后仰，要松腰松胯。推掌时要沉肩垂肘、坐腕舒掌，同时须与松腰、弓腿上下协调一致，搂膝拗步成弓步时，两脚跟的横向距离保持约 30 厘米。

（5）手挥琵琶

右脚跟进半步，上体后坐，身体重心转至右腿上，上体半面向右转，左脚略提起稍向前移，变成左虚步，然后脚跟着地，脚尖跷起，膝部微屈；同时左手由左下向上

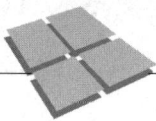

图 14-65 之 11~15

挑举,高与鼻尖平,掌心向右,臂微屈,右手收回放在左臂肘部里侧,掌心向左;眼看左手食指。(见图 14-66)

要点:身体要平稳自然,沉肩垂肘,胸部放松。左手上起时不要直向上挑,要由左向上、向前,微带弧形。右脚跟进时,脚掌先着地,再全脚踏实。身体重心后移和左手上起、右手回收要协调一致。

图 14-66

(6)左右倒卷肱

①上体右转,右手翻掌(手心向上)经腹前由下向后上方划弧平举,臂微屈,左手随即翻掌向上;眼的视线随着向右转体先向右看,再转向前方看左手。(见图 14-67 之 1、2)

②右臂屈肘折向前,右手由耳侧向前推出,手心向前,左臂屈肘后撤,手心向上,撤至左肋外侧;同时左腿轻轻提起向后(偏左)退一步,脚掌先着地,然后全脚慢慢踏实,身体重心移到左腿上,呈右虚步,右脚随转体以脚掌为轴扭正;眼看右手。(见图 14-67 之 3、4)

③上体微向左转,同时左手随转体向后上方划弧平举,手心向上,右手随即翻掌,掌心向上;眼随转体先向左看,再转向前方看右手。(见图 14-67 之 5)

④与②同,只是左右相反。(见图 14-67 之 6、7)

⑤与③同,只是左右相反。(见图 14-67 之 8)

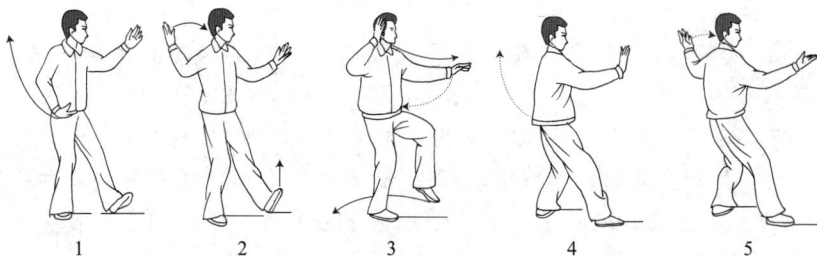

图 14-67 之 1～5

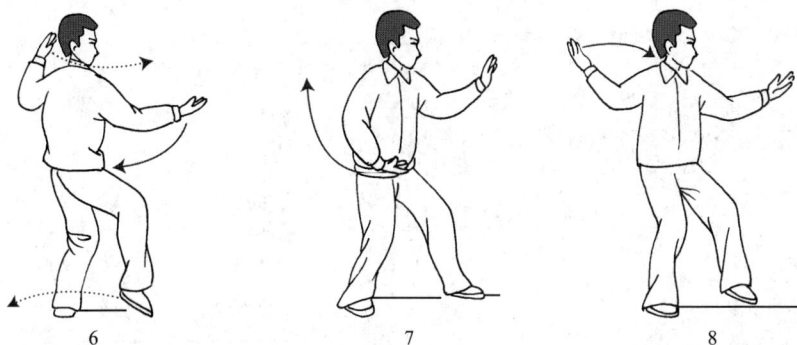

图 14-67 之 6～8

⑥与②同。（见图 14-67 之 9、10）

⑦与③同。（见图 14-67 之 11）

⑧与②同，只是左右相反。（见图 14-67 之 12、13）

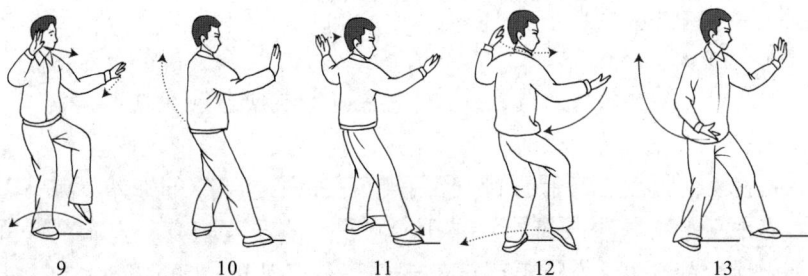

图 14-67 之 9～13

要点：前推的手不要伸直，后撤的手也不可直向回抽，随转体仍走弧线。前推肘，要转腰松胯，两手的速度要一致，避免僵硬。退步时，脚掌先着地，再慢慢全脚踏实，同时，前脚随转体以脚掌为轴扭正。退左脚略向左后斜，退右脚略向右后斜，避免使双脚落在一条直线上。后退时，眼神随转体动作先向左右看，然后再转看前手。最后退右脚时，脚尖外撇的角度略大些，便于接做"左揽雀尾"的动作。

（三）第三组

（7）左揽雀尾

①上体微向右转，同时右手随转体向后上方划弧平举，手心向上，左手放松，手心向下，眼看左手。（见图 14-68 之 1）

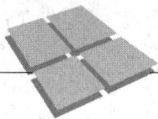

②身体继续向右转，左手自然下落逐渐翻掌经腹前划弧至右肋前，手心向上；右臂屈肘，手心转向下，收至右胸前，两手相对呈抱球状；同时身体重心落在右腿上，左脚收到右脚内侧，脚尖点地；眼看右手。(见图 14-68 之 2、3)

③上体微向左转，左脚向左前方迈出，上体继续向左转，右腿自然蹬直，左腿屈膝，呈左弓步；同时左臂向左前方绷出(即左臂平屈成弓形，用前臂外侧和手背向前方推出)，高与肩平，手心向后；右手向右下落放于右胯旁，手心向下，指尖向前；眼看左前臂。(见图 14-68 之 4、5)

要点：绷出时，两臂前后均保持弧形，分手、松腰、弓腿三者必须协调一致，揽雀尾弓步时，两脚跟横向距离不超过 10 厘米。

图 14-68 之 1~5

④身体微向左转，左手随即前伸翻掌向下，右手翻掌向上，经腹前向上、向前伸至左前臂下方；然后两手下捋，即上体向右转，两手经腹前向右后上方划弧，直至右手手心向上，高与肩齐，左臂平屈于胸前，手心向后；同时身体重心移至右腿；眼看右手。(见图 14-68 之 6、7)

要点：下捋时，上体不可前倾，臀部不要凸出，两臂下捋须随腰旋转，仍走弧线，左脚全掌着地。

⑤上体微向左转，右臂屈肘折回，右手附于左手腕里侧(相距约 5 厘米)，上体继续向左转，双手同时向前慢慢挤出，左手心向后，右手心向前，左前臂要保持半圆；同时身体重心逐渐前移变呈左弓步；眼看左手腕部。(见图 14-68 之 8、9)

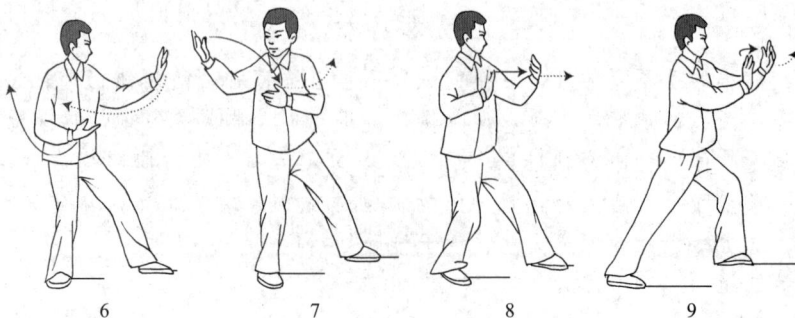

图 14-68 之 6~9

要点：向前挤时，上体要正直，挤的动作要与松腰、弓腿相一致。

⑥左手翻掌，手心向下，右手经左腕上方向前、向右伸出，高与左手齐，手心向下，两手左右分开，宽与肩同；然后右腿屈膝，上体慢慢后坐，身体重心移至右腿上，左脚尖跷起；同时两手屈肘回收至腹前，手心均向前下方；眼向前平看。（见图14-68之10～12）

⑦上式不停，身体重心慢慢前移，同时两手向前、向上按出，掌心向前；左腿前弓呈左弓步；眼平看前方。（见图14-68之13）

要点：向前按时，两手须走曲线，手腕部高与肩平，两肘微屈。

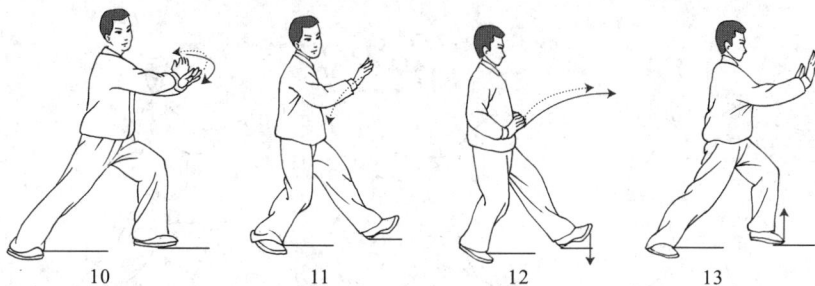

10　　　　11　　　　12　　　　13

图 14-68 之 10～13

(8)右揽雀尾

①上体后坐并向右转，身体重心移至右腿，左脚尖里扣；右手向右平行划弧至右侧，然后由右下经腹前向左上划弧至左肋前，手心向上；左臂平屈胸前，左手掌向下与右手呈抱球状；同时身体重心再移至左腿上，右脚收至左脚内侧，脚尖点地；眼看左手。（见图14-69之1～4）

②与"左揽雀尾"③同，只是左右相反。（见图14-69之5、6）

③与"左揽雀尾"④同，只是左右相反。（见图14-69之7、8）

1　　　　2　　　　3　　　　4

5　　　　6　　　　7　　　　8

图 14-69 之 1～8

④与"左揽雀尾"⑤同，只是左右相反。（见图 14-69 之 9、10）

9　　　　　　　　10　　　　　　　　11

12　　　　　　　　13　　　　　　　　14

图 14-69 之 9～14

⑤与"左揽雀尾"⑥同，只是左右相反。（见图 14-69 之 11～13）

⑥与"左揽雀尾"⑦同，只是左右相反。（见图 14-69 之 14）

要点：均与"左揽雀尾"相同，只是左右相反。

第四组

（9）单鞭

①上体后坐，身体重心逐渐移至左腿上，右脚尖里扣；同时上体左转，两手（左高右低）向左弧形运转，直至左臂平举，伸于身体左侧，手心向左，右手经腹前运至左肋前，手心向后上方；眼看左手。（见图 14-70 之 1、2）

②身体重心再渐渐移至右腿上，上体右转，左脚向右脚靠拢，脚尖点地；同时右手向右上方划弧（手心由里转向外），至右侧方时变勾手，臂与肩平；左手向下经腹前向右上划弧停于右肩前，手心向里；眼看左手。（见图 14-70 之 3、4）

③上体微向左转，左脚向左前侧方迈出，右脚跟后蹬，成左弓步；在身体重心移向左腿的同时，左掌随上体的继续左转慢慢翻转向前推出，手心向前，手指与眼齐平，臂微屈，眼看左手。（见图 14-70 之 5、6）

要点：上体保持正直，松腰。完成时，右臂肘部稍下垂，左肘与左膝上下相对，两肩下沉。左手向外翻掌前推时，要随转体边翻边推出，不要翻掌太快或最后突然翻掌。全部过渡动作，上下要协调一致。如面向南起势，单鞭的方向（左脚尖）应向东偏北（大约为 15°）。

图 14-70

(10)云手

①身体重心移至右腿上，身体渐向右转，左脚尖里扣；左手经腹前向右上划弧至右肩前，手心斜向后，同时右手变掌，手心向右前；眼看左手。（见图 14-71 之 1～3）

图 14-71 之 1～3

②上体慢慢左转，身体重心随之逐渐左移，左手由脸前向左侧运转，手心渐渐转向左方，右手由右下经腹前向左上划弧，至左肩前，手心斜向后；同时右脚靠近左脚，呈小开立步（两脚距离 10～20 厘米）；眼看右手。（见图 14-71 之 4、5）

③上体再向右转，同时左手经腹前向右上划弧至右肩前，手心斜向后，右手向右侧运转，手心翻转向右；随之左腿向左横跨一步；眼看左手。（见图 14-71 之 6～8）

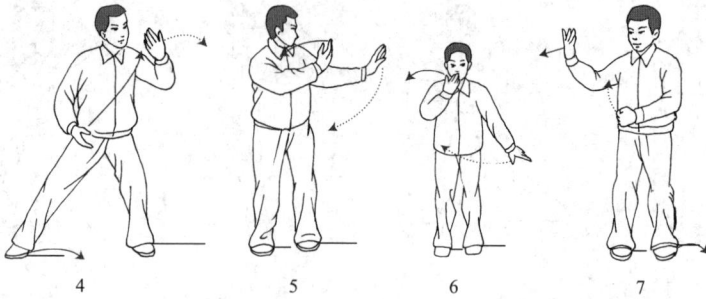

图 14-71 之 4～7

图 14-71 之 8～15

④与②同。(见图 14-71 之 9、10)

⑤与③同。(见图 14-71 之 11～13)

⑥与②同。(见图 14-71 之 14、15)

要点:身体转动要以腰脊为轴,松腰松胯,不可忽高忽低;两臂随腰的转动而运转,要自然圆活,速度要缓慢均匀;下肢移动时,身体重心要稳定,两脚掌先着地再踏实,脚尖向前;眼的视线随左右手而移动;第三个"云手",右脚最后跟步时,脚尖微向里扣,便于接"单鞭"动作。

(11)单鞭

①上体向右转,右手随之向右运转,至右侧方时变成勾手;左手经腹前向右上划弧至右肩前,手心向内;身体重心落在右腿上,左脚尖点地;眼看左手。(见图 14-72 之 1～3)

②上体微向左转,左脚向左前侧方迈出,右脚跟后蹬,呈左弓步;在身体重心移

向左腿的同时，上体继续左转，左掌慢慢翻转向前推出，呈"单鞭"式。（见图 14-72 之4、5）

1　　　　　　2　　　　　　3　　　　　　4　　　　　　5

图 14-72

要点：与前"单鞭"式相同。

第五组

(12) 高探马

①右脚跟进半步，身体重心逐渐后移至右腿上；右勾手变成掌，两手心翻转向上，两肘微屈，同时身体微向右转，左脚跟渐渐离地；眼看左前方。（见图14-73 之 1）

②上体微向左转，面向前方；右掌经右耳旁向前推出，手心向前，手指与眼同高；左手收至左侧腰前，手心向上；同时左脚微向前移，脚尖点地，呈左虚步，眼看右手。（见图 14-73 之 2）

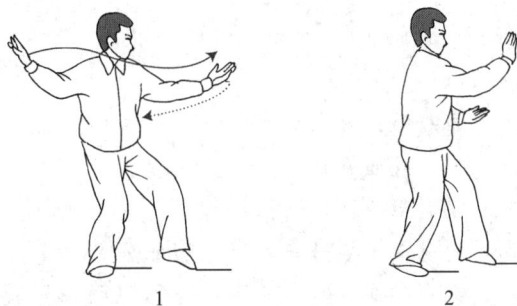

1　　　　　　2

图 14-73

要点：上体自然正直，双肩要下沉，右肘微下垂，跟步移换重心时，身体不要有起伏。

(13) 右蹬脚

①左手手心向上，前伸至右手腕背面，两手相互交叉，随即向两侧分开并向下划弧，手心斜向下；同时左脚提起向左前侧方进步（脚尖略外撇）；身体重心前移，右腿自然蹬直，呈左弓步；眼看前方。（见图 14-74 之 1、2）

②两手由外圈向里圈划弧，两手交叉合抱于胸前，右手在外，手心均向后；同时右脚向左脚靠拢，脚尖点地，眼平看右前方。（见图 14-74 之 3、4）

③两臂左右划弧分开平举，肘部微屈，手心均向外；同时右腿屈膝提起，右脚向右前方慢慢蹬出；眼看右手。（见图 14-74 之 5、6）

要点：身体要稳定，不可前俯后仰；两手分开时，腕部与肩齐平；蹬脚时，左腿微屈，右脚尖回勾，劲使在脚跟；分手和蹬脚须协调一致；右臂和右腿上下相对，如

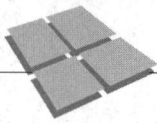

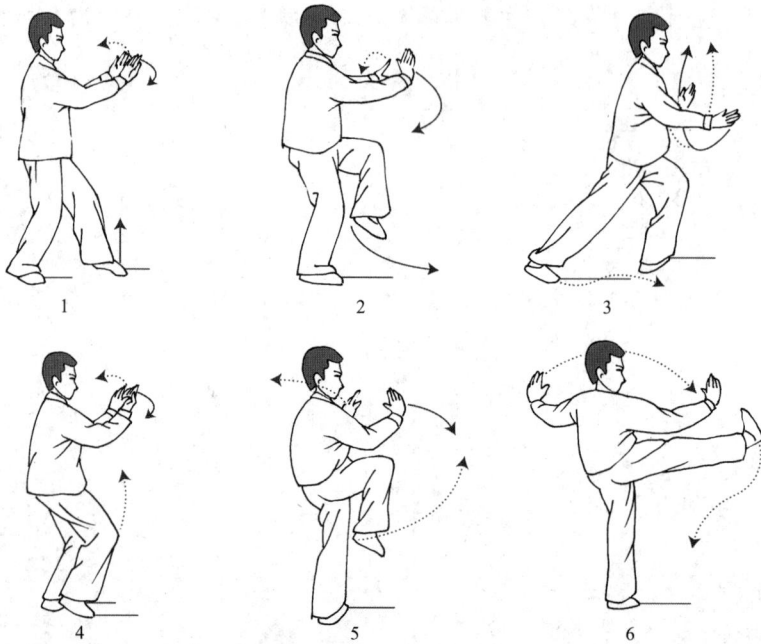

图 14-74

面向南起势，蹬脚方向应为正东偏南（约 30°）。

(14)双峰贯耳

①右腿收回，屈膝平举，左手由后向上、向前下落至体前，两手心均翻转向上，两手同时向下划弧分落于右膝盖两侧，眼看前方。（见图 14-75 之 1、2）

②右脚向右前方落下，身体重心渐渐前移，呈右弓步，面向右前方；同时两手下落，慢慢变拳，分别从两侧向上、向前划弧至面部前方，呈钳形状，两拳相对，高与耳齐，拳眼都斜向内下（两拳中间距离 10～20 厘米），眼看右拳。（见图 14-75 之 3、4）

要点：完成时，头颈正直，松腰松胯，两拳松握，沉肩垂肘，两臂均保持弧形。双峰贯耳式的弓步和身体方向与右蹬脚方向相同，弓步的两脚跟横向距离同"揽雀尾"式。

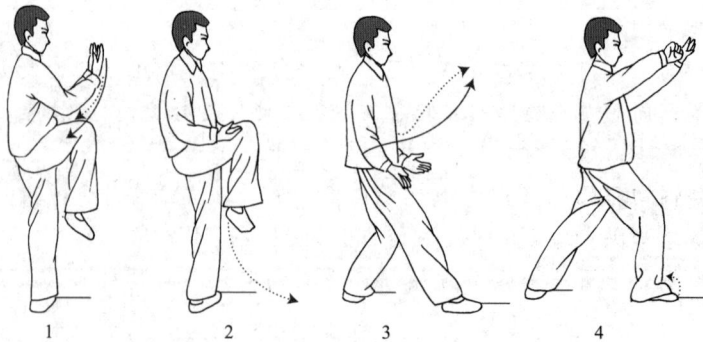

图 14-75

（15）转身左蹬脚

①左腿屈膝后坐，身体重心移至左腿，上体左转，右脚尖里扣；同时两拳变掌，由上向左右划弧分开平举，手心向前；眼看左手。（见图14-76之1、2）

②身体重心再移至右腿，左脚收到右脚内侧，脚尖点地；同时两手由外圈向里圈划弧合抱于胸前，左手在外，手心均向后；眼平看左方。（见图14-76之3、4）

③两臂左右划弧分开平举，肘部微屈，手心均向外；同时左腿屈膝提起，左脚向左前方慢慢蹬出；眼看左手。（见图14-76之5、6）

要点：与右蹬脚式相同，只是左右相反，左蹬脚方向与右蹬脚成180°（即正西偏北，约30°）。

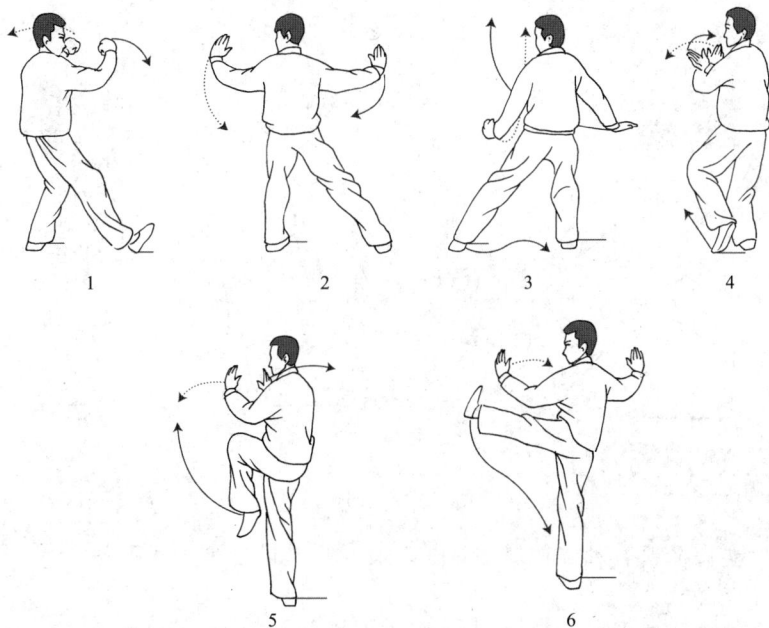

图 14-76

第六组

（16）左下势独立

①左腿收回平屈，上体右转；右掌变成勾手，左掌向上、向右划弧下落，立于右肩前，掌心斜向后；眼看右手。（见图14-77之1、2）

②右腿慢慢屈膝下蹲，左腿由内向左侧（偏后）伸出，呈左仆步，左手下落（掌心外）向左下顺左腿内侧向前穿出；眼看左手。（见图14-77之3、4）

要点：右腿全蹲时，上体不可过于前倾，左腿伸直，左脚尖须向里扣，两脚脚掌全部着地，左脚尖与右脚跟踏在中轴线上。

③身体重心前移，左脚跟为轴，脚尖尽量向外撇，左腿前弓，右腿后蹬，右脚尖里扣，上体微向左转并向前起身；同时左臂继续向前伸出（立掌），掌心向右，右勾手下落，勾尖向后，眼看左手。（见图14-77之5）

④右腿慢慢提起平屈，呈左独立式；同时右勾手变掌，并由后下方顺右腿外侧向

前弧形摆出，屈臂立于右腿上方，肘与膝相对，手心向左；左手落于左胯旁，手心向下，指尖向前；眼看右手。（见图14-77之6、7）

图 14-77 之 1～4

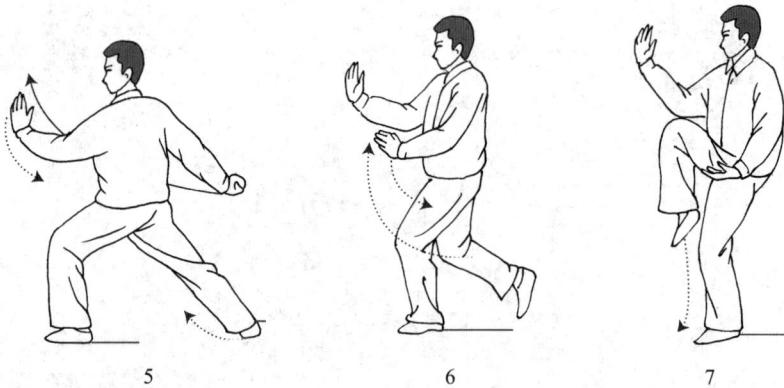

图 14-77 之 5～7

要点：上体要正直，独立的腿要微屈，右腿提起时脚尖自然下垂。

(17)右下势独立

①右脚下落于左脚前，脚掌着地，然后左脚前掌为轴脚跟转动，身体随之左转；同时左手向后平举变成勾手，右掌随着转体向左侧划弧，立于左肩前，掌心斜向后；眼看左手。（见图14-78之1、2）

②与"左下势独立"②同，只是左右相反。（见图14-78之3、4）

③与"左下势独立"③同，只是左右相反。（见图14-78之5）

④与"左下势独立"④同，只是左右相反。（见图14-78之6、7）

图 14-78

要点：右脚尖触地后必须稍微提起，然后再向下仆腿，其他均与"左下势独立"相同，只是左右相反。

第七组

(18)左右穿梭

①身体微向左转，左脚向前落地，脚尖外撇，右脚跟离地，两腿屈膝成半坐盘式；同时两手在左胸前呈抱球状（左上右下）；然后右脚收到左脚的内侧，脚尖点地；眼看左前臂。（见图 14-79 之 1～3）

图 14-79 之 1～3

②身体右转，右脚向右前方迈出，屈膝弓腿，呈右弓步；同时右手由脸前向上举并翻掌停在右额前，手心斜向上；左手先向左下再经体前向前推出，高与鼻尖平，手心向前；眼看左手。（见图 14-79 之 4～6）

③身体重心略向后移，右脚尖稍向外撇，随即身体重心再移至右腿，左脚跟进，停于右脚内侧，脚尖点地，同时两手在右胸前呈抱球状（右上左下），眼看右前臂。（见图 14-79 之 7、8）

图 14-79 之 4～8

④与②同，只是左右相反。(见图 14-79 之 9～11)

要点：完成姿势面向斜前方(如面向南起势，左右穿梭方向分别为正西偏北和正西偏南，均约 30°)。手推出后，上体不可前俯，手向上举时，防止引肩上耸，一手上举一手前推要与弓腿松腰上下协调一致。做弓步时，两脚跟的横向距离同搂膝拗步式，保持在 30 厘米左右。

图 14-79 之 9～11

(19)海底针

右脚向前跟进半步，身体重心移至右腿，左脚稍向前移，脚尖点地，成左虚步；同时身体稍向右转，右手下落经体前向后、向上提抽至肩上耳旁，再随身体左转，由右耳旁斜向前下方插出，掌心向左，指尖斜向下；与此同时，左手向前、向下划弧落于左胯旁，手心向下，指尖向前；眼看前下方。(见图 14-80)

图 14-80

要点：身体要先向右转，再向左转；完成姿势，面向正西，上体不可太前倾；避免低头和臀部外凸；左腿要微屈。

(20)闪通臂

上体稍向右转，左脚向前迈出，屈膝弓腿呈左弓步；同时右手由体前上提，屈臂上举，停于右额前上方，掌心翻转斜向上，拇指朝下；左手上起经胸前向前推出，高与鼻尖平，手心向前；眼看左手。(见图 14-81)

要点：完成姿势上体自然正直，松腰松胯。左臂不要完全伸直，背部肌肉要伸展开。推掌、举掌和弓腿动作要协调一致，弓步时，两脚跟横向距离同"揽雀尾"式(不超过 10 厘米)。

第八组

(21)转身搬拦捶

①上体后坐，身体重心移至右腿上，左脚尖里扣，身体向右后转，然后身体重心再移至左腿上；与此同时，右手随着转体向右、向下(变拳)经腹前划弧至左肋旁，拳

心向下；左掌上举于头前，掌心斜向上；眼看前方。（见图 14-82 之 1、2）

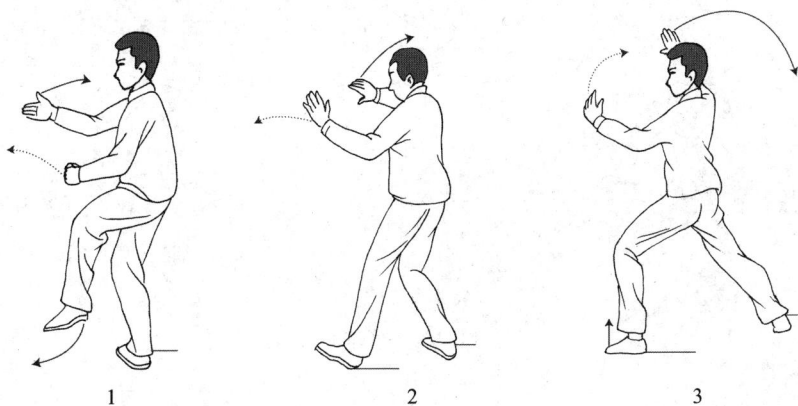

图 14-81

图 14-82 之 1～2

②向右转体，右拳经胸前向前翻转撇出，拳心向上；左手落于左胯旁，掌心向下，指尖向前；同时右脚收回后（不要停顿或脚尖点地）即向前迈出，脚尖外撇；眼看右拳。（见图 14-82 之 3、4）

③身体重心移至右腿上，左脚向前迈一步；左手上起经左侧向前上划弧拦出，掌心向前下方；同时右拳向右划弧收到右腰旁，拳心向上；眼看左手。（见图 14-82 之 5、6）

④左腿前弓呈左弓步，同时右拳向前打出，拳眼向上，高与胸平，左手附于右前臂里侧；眼看右拳。（见图 14-82 之 7）

要点：右拳不要握得太紧，右拳回收时，前臂要慢慢内旋划弧，然后再外旋停于右腰旁，拳心向上。向前打拳时，右肩随拳略向前引伸，沉肩垂肘，右臂要微屈。弓步时，两脚横向距离同"揽雀尾"式。

图 14-82 之 3～7

(22)如封似闭

①左手由右腕下向前伸出，右拳变掌，两手手心逐渐翻转向上并慢慢分开回收；同时身体后坐，左脚尖跷起，身体重心移至右腿；眼看前方。（见图 14-83 之 1～3）

图 14-83 之 1～3

②两手在胸前翻掌，向下经腹前再向上、向前推出，腕部与肩平，手心向前；同时左腿前弓呈左弓步；眼看前方。（见图 14-83 之 4～6）

要点：身体后坐时，避免后仰，臀部不可凸出；两臂随身体回收时，肩、肘部略向外松开，不要直着抽回；两手推出宽度不要超过两肩。

(23)十字手

①屈膝后坐，身体重心移向右腿，左脚尖里扣，向右转体；右手随着转体动作向右平摆划弧，与左手呈两臂侧平举，掌心向前，肘部微屈；同时右脚尖随着转体稍向外撇，呈右侧弓步；眼看右手。（见图 14-84 之 1、2）

4   5   6

图 14-83 之 4～6

1   2   3   4

图 14-84

②身体重心慢慢移至左腿，右脚尖里扣，随即向左收回，两脚距离与肩同宽，两腿逐渐蹬直，呈开立步；同时两手向下经腹前向上划弧交叉合抱于胸前，两臂撑圆，腕高与肩平，右手在外，呈十字手，手心均向后；眼看前方。（见图 14-84 之 3、4）

要点：两手分开和合抱时，上体不要前俯；站起后，身体自然正直，头要微向上顶，下巴稍向后收；两臂环抱时须圆满舒适，沉肩垂肘。

（24）收势

两手向外翻掌，手心向下，两臂慢慢下落，停于身体两侧，眼看前方。（见图 14-85）

1   2   3

图 14-85

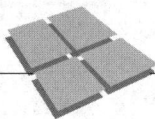

要点：两手左右分开下落时，要注意全身放松，同时气也徐徐下沉（呼气略加长），呼吸平稳后，把左脚收到右脚旁，再走动休息。

▶ 第三节　散　手

散手俗称散打，是对抗性搏击项目之一。它是运用中国各种拳术零散招数，以踢、打、摔为内容，按照一定规则进行的徒手格斗。与传统套路相比较，散手更具实战性。

散手历史悠久。据《汉书·艺文志》记载，有"手搏六篇"，手搏即为徒手进行搏斗。古代有打擂台之说，即在特设的台上互相击打，以决胜负。近代又有枪手、散手的说法，皆指散手而言。

自1982年全国武术工作会议后，武术散手本着"积极、慎重、稳妥"的方针，每年举行一次全国性武术对抗项目（散手）表演赛，并不断总结、改进、充实和完善规则，从而成为以擂台为民族特色的武术对抗项目竞赛形式。

一、散手基本技术简介

散手的基本技术包括实战姿势、步法、拳法、腿法、摔法、防守法等。

1. 实战姿势

一般分为左手在前的"正架"和右手在前的"反架"两种。

2. 基本步法

基本步法指散手格斗中身体向前、后、左、右移动的方法。灵活而敏捷的步法，不仅是调节重心维持身体平衡的关键，也是进攻和防守占据有利位置，发挥最优攻势的基础步法。基本步法有进步、退步、前疾步、后疾步、上步、撤步、垫步、侧跨步、内步、盖步、击步、换步等。

3. 基本拳法

拳法是散手常用的技击方法之一，在实践中具有速度快和灵活多变的特点，它能以最短的距离、最快的速度击中对手。在技击实战中最常用的拳法有直拳、摆拳、勾拳。

4. 基本腿法

腿法的内容十分丰富，根据其用力的特点分为屈伸性、直摆性、旋扫性三大部分。在实战演练中腿法灵活多变、攻击距离远、力度大，具有隐蔽性、突出性攻击对方有效部位的特点。常用的腿法有蹬腿、侧踹腿、侧弹腿、旋扫腿等。

5. 基本摔法

摔法是在竞技格斗中采用巧妙、快速的技法，使对手失去重心和支撑点倒地的方法。摔法灵活多变，一般分为抱腿摔、抱腰摔、夹颈摔、别腿摔等。

6. 基本防守法

防守是一种可以截制和化解对方的攻击，保护自己并能处于反击位置的方法。准确巧妙地防守，不但能保护自己，而且能为攻击创造条件。一般采用的防守法有拍挡防守、挂挡防守、里抄防守、外抄防守、提膝防守、截击防守、后闪防守、侧闪防守、下潜防守等。

二、散手竞赛基本规则

1. 场地

散手比赛场地是一块高 60 厘米、边长为 8 米台面铺有软垫的正方形木质台，台下四周铺有长 20~40 厘米、宽 2 米的保护垫。

2. 器材

比赛运动员双方必须戴护具，所戴护具包括护头、护肘、护腿、护裆、护脚背和拳套。

3. 分级

散手比赛按体重分为 9 个级，分别为 52 公斤级、56 公斤级、60 公斤级、65 公斤级、70 公斤级、75 公斤级、80 公斤级、85 公斤级、85 公斤以上级。

4. 禁击部位与有效部位

(1)禁击部位：后脑、颈部、裆部。

(2)有效(得分)部位：头部、躯干、大腿和小腿。

5. 禁用方法与可用方法

(1)禁用头、肘、膝和反关节的动作进攻对方；禁用转身后摆腿进攻对方头部；禁用迫使对方头部先着地的摔法或有意砸击对方；当一方倒地时，另一方禁用脚进攻对方头部。

(2)可用除禁用方法外的各种武术流派招法。

6. 得分

(1)得 3 分动作：用主动倒地的动作致使对方倒地，而自己迅速站立者；用转身后摆腿击中对方躯干部位，而自己站立者得 3 分。

(2)得 2 分动作：用腿法击中对方躯干部位；一方倒地(两脚以外任何部位接触台面)时，站立者；对方被强制读秒 1 次；对方受警告 1 次。

(3)得 1 分动作：用手击中对方得分部位；用腿法击中对方头部、大腿和小腿得 1 分；对方受劝告 1 次得 1 分。

7. 胜负判定

(1)优势胜利：在一局比赛中，先完成 3 个 3 分动作者；比赛中双方实力悬殊，台上裁判员征得裁判长同意，判技术强者为该场胜方；被重击(侵人犯规除外)倒地不起达 10 秒，或虽能站立但知觉失常，判对方为该场胜方；一场比赛中被重击，强制读秒(侵人犯规除外)达 3 次，判对方为该场胜方；比赛中，运动员出现伤痛，经医生鉴定不能继续比赛者，判对方为该场胜方。

(2)比赛中得分多者为胜方。

>>>>>>>>>>>>>>>>>>>>>>>>> **复习思考题** <<<<<<<<<<<<<<<<<<<<<<<<<<<<<<<

1. 简述武术运动的特点。

2. 按顺序说出简化太极拳的动作名称，并任选一组说出其动作要点。

第十五章　健美操运动

▶ 第一节　简　述

一、健美操运动的起源和发展

"健美操"源于英文原名"Aerobics"，意为"有氧运动""有氧健美操"，属于体操运动体系，是一项以健身、健心和健美为目标，融运动、音乐、舞蹈为一体，以协调多变的身体动作伴随音乐的节奏和韵律进行的体育项目。有氧运动最早于 20 世纪 60 年代开始在美国推广。Aerobics 原来只强调"有氧运动"的重要性，并且以训练心肺功能为主要目的，最早以有氧跑步健身为主。随着有氧运动的发展，到 20 世纪 70 年代末，健美操运动逐渐受到大众的欢迎。

现代健美操是从 20 世纪 20 年代初开始萌芽的，最初是美国太空总署医生库帕博士为太空人设计的体能训练阿洛别克项目。1969 年，杰姬·索伦森综合体操和现代舞创编了健美操。20 世纪 80 年代以来，健美操以其强大的生命力在世界范围迅猛开展起来。1985 年美国正式举办一年一度的健美操锦标赛，确定了竞技项目和规则，使健美操发展成为竞技性运动项目。

健美操运动于 20 世纪 80 年代初传入我国。1987 年我国举办了首届"长城杯"中国健美操电视邀请赛。1992 年正式举办全国锦标赛和全国冠军赛，同年 9 月中国健美操协会在北京正式成立，标志着我国健美操运动进入一个新的发展阶段。

二、健美操分类

1. 传统的有氧健美操

传统有氧健美操是健身性健美操的核心内容，是不同类型健美操的基础，以提高人体的心肺功能和有氧代谢能力为目的。采用单个步伐或步伐组合配合上肢动作进行练习。

2. 搏击健美操

运动时，传统有氧健美操、搏击健美操，拉丁健美操结合拳击、武术、跆拳道的基本动作，配合音乐节奏挥拳、踢腿。由于瞬间爆发力强、肢体伸展幅度大，运动量比传统健美操更大。

3. 拉丁健美操

以有氧运动为基础，结合了拉丁舞的基础动作，舞姿优美，热情奔放，具有强烈的动感。让你在轻松的练习中达到减肥瘦身的效果。

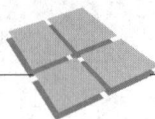

4. 街舞健美操

是由黑人街头即兴舞蹈演变而来的，融入了有氧舞蹈。肢体动作夸张，节奏搭配明显，全身上下自由舞动，最有特点之处是以全身的活力带来充满激情的感觉。

5. 自行车健美操

自行车运动健美操课程主要是有氧室内固定自行车课程，是在健美教练的指导下进行室内的有氧自行车练习，通过调节自行车的难度档次，使人有如在山坡、平地等地方进行自行车锻炼的感觉。有氧室内固定自行车课程的特点在于疯狂的音乐、鼓动性的教练和集体锻炼的气氛，达到提高心肺功能，消耗体内过剩脂肪的目的。

6. 水中有氧操

水中有氧操是一种新型的有氧健身项目。水中有氧操运动结合了不同节奏的身体动作、游泳动作和舞蹈步伐，在水中进行健身有氧运动。在水中进行有氧操锻炼能充分利用水的阻力和浮力。通过水的阻力，水中有氧操可以锻炼人的力量、耐力，塑造完美的形体；通过水的浮力，水中有氧操可以锻炼人的韧性，减少运动损伤。

水中有氧操是老少皆宜的锻炼项目，只要在齐腰水中，无论你是否会游泳都可以进行。水中有氧运动更是幼儿健身锻炼的最佳选择，幼儿在水中锻炼不易受伤，水中的环境与胎儿在母亲羊水中的环境接近，所以，幼儿也比较喜欢在水中活动。水中有氧操运动同时也是许多运动损伤康复的有效手段。

7. 哑铃健美操

利用小的哑铃重量进行有氧健美操的训练，可以增加有氧运动的强度，能有效缩减身体多余的脂肪，达到塑身、美体的目的。

▶ 第二节　健美操基本动作

一、头部运动

屈：头颈关节做前后、左右的弯曲动作。

转：头颈部绕身体垂直轴做转动动作。

绕及绕环：以头颈部中心为轴做弧形或圆形运动的动作。

二、肩部动作

提沉肩：肩部做由上向下的动作或肩部做向上运动的动作。

肩的绕及绕环：以肩关节为轴做弧形或圆形运动的动作。

移动肩：固定胸部，肩做急速地向前或向后移动的动作。

三、上肢动作

1. 手形(见图 15-1)

(1)并拢式：五指并拢，大拇指微屈。

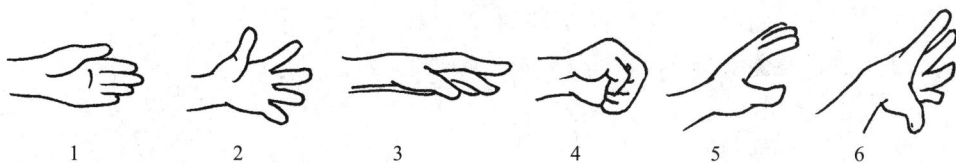

图 15-1

（2）分指式：五指用力伸直，充分张开。

（3）芭蕾手位：五指微屈，后三指并拢，稍内收，拇指内扣。

（4）拳式：四指屈于手心，拇指扣在食指和中指上，拳要握紧。

（5）立掌式：五指用力伸直，相互并拢，手掌用力上翘。

（6）西班牙舞手形：五指用力，小指、无名指、中指自掌关节处依次屈，拇指稍内扣。

2. 手臂基本部位（见图 15-2）

图 15-2

（1）上举：两臂向上同肩宽，手心相对。

（2）前平举：两臂前举与肩平，手心向下。

（3）前上举：臂前举与上举之间 45°的方向，手心向前。

（4）前下举：臂前举与下垂之间 45°的方向，手心向下。

（5）后上举：臂后举与上举之间 45°的方向，手心向下。

（6）后下举：臂后举与下垂之间 45°的方向，手心向下。

（7）侧平举：两臂侧平举，手心向下。

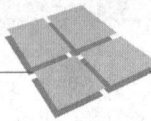

(8)侧上举：臂侧举与上举之间 45°，手心相对。

(9)侧下举：臂侧举与下垂之间 45°，手心向下。

3. 手臂基本动作

(1)屈伸臂：臂部肌肉群收缩，做关节的屈和伸的动作。

(2)摆臂：以肩为轴完成手臂摆动动作。

(3)振臂：以肩为轴做臂的快速振动动作。

(4)臂的绕及绕环：以肩或肘为轴做弧形或圆形运动的动作。

(5)旋臂：以肩为轴做臂的内旋或外旋动作。

四、躯干动作

1. 胸部动作

(1)含展胸：含胸，两肩内合、胸廓内收；展胸，挺胸肩向后合。

(2)振动胸：胸急速前挺后含做振动动作。

2. 腰部动作

(1)体屈：固定下肢，上体做体前、体下、体侧、体后屈动作。

(2)体转：固定下肢，上体沿垂直轴做扭转的动作。

3. 髋部动作

(1)顶髋：髋关节做急速地移动动作。

(2)提髋：髋关节向某一方向做向上提的动作。

(3)摆髋：髋部做钟摆式的移动动作。

(4)髋的绕及绕环：髋关节做弧形或圆形运动的动作。

五、下肢运动

1. 站立

上体正直，两腿并拢，立腰收腹，平视前方。

2. 蹲

脚尖向前，大腿小腿约呈 90°为半蹲，小于 90°为微蹲，可并腿或分腿做。

3. 弓步

一腿屈膝，膝关节弯曲呈 90°左右，另一腿伸直，有前弓步、侧弓步等。

4. 移重心

两脚开立，一侧重心通过半蹲移向另一侧，分前后、左右移动重心。

5. 基本步伐

(1)踏步类。

①踏步。(见图 15-3)

摆动腿膝关节向前，提脚适度离开地面，落地时由前脚掌着地并迅速过渡到全脚掌，两脚交替进行。收腹立腰，屈臂握拳自然摆动。

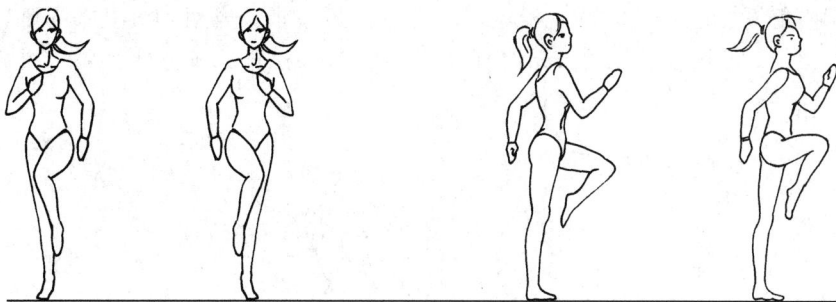

图 15-3

②走步。（见图 15-4）

迈步向前走四步或向后退四步，然后反之。向前走时，脚跟先落地，过渡到全脚掌；向后走时动作相反。落地时，膝、踝关节有弹性地缓冲。

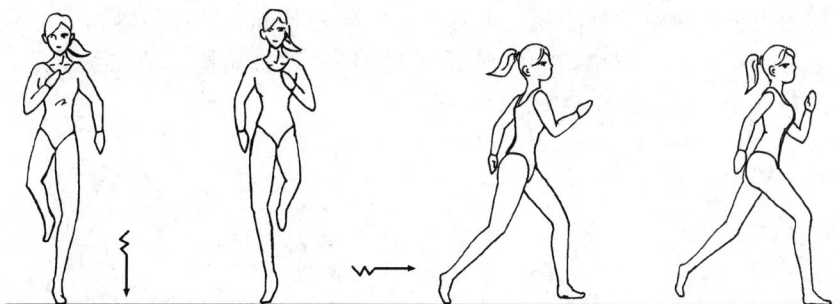

图 15-4

③一字步。（见图 15-5）

一脚向前一步，另一脚并于前脚，然后再依次还原。向前迈步时，脚跟先落地，过渡到全脚掌，前后均要有并腿过程，每一拍动作膝关节始终有弹性地缓冲。

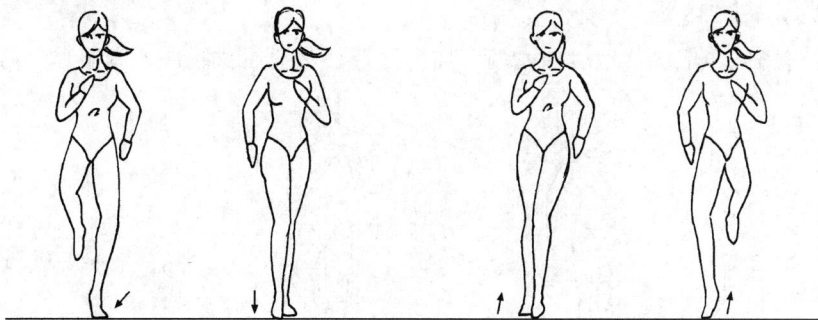

图 15-5

④V字步。(见图15-6)

一脚向前侧方迈一步，另一脚随之向另一方迈一步，成两脚分立，屈膝，然后再依次退回原位。两腿膝、踝关节始终保持弹动状态，分开后成分腿半蹲，重心在两脚之间。

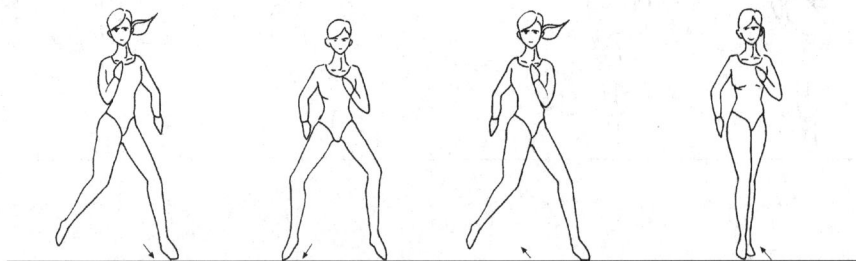

图 15-6

⑤漫步。(见图15-7)

一脚向前迈出，屈膝，重心随之前移，另一脚稍抬起，然后原地落下；或者向后撤一步，重心后移，另一脚稍抬起，然后原地落下。两脚始终保持交替落地，身体重心随动作前后移动，但始终在两脚之间。

图 15-7

⑥跑步。(见图15-8)

两腿经过腾空，依次落地缓冲，两臂屈肘摆臂。落地屈膝缓冲，脚跟尽量落地。

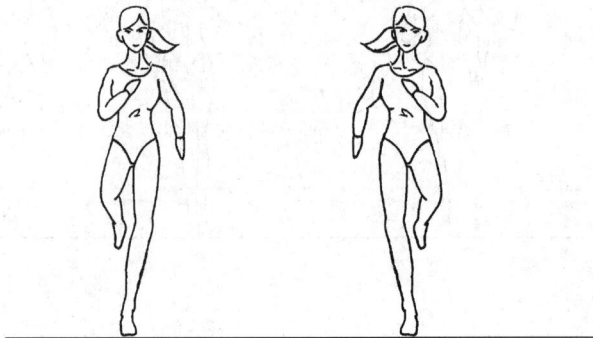

图 15-8

（2）迈步类：一条腿先迈出一步，重心移到这条腿上，另一条腿用脚跟、脚尖点地或吸腿、屈腿、踢腿等，然后向另一个方向迈步的动作。

①并步。（见图 15-9）

一脚迈出，另一脚随之并拢屈膝点地，再向反方向迈步。两膝始终保持弹动，动作幅度和力度可随风格而定。

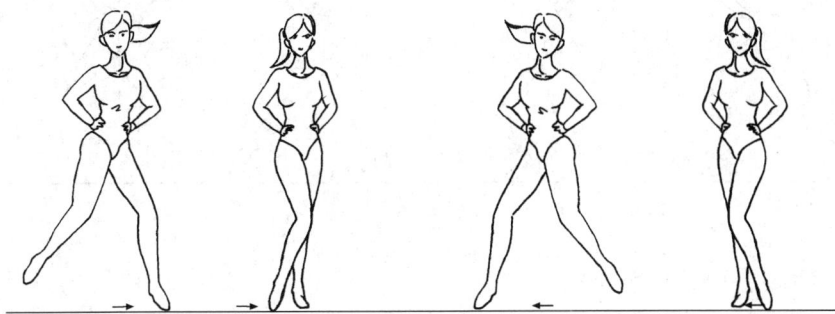

图 15-9

②迈步点地。（见图 15-10）

一脚向外侧迈一步，两脚经屈膝移重心，另一腿在前、侧、后用脚尖或脚跟点地。两膝同时有弹性地屈伸，重心移动轨迹成弧形，上体不要扭转。

图 15-10

③迈步吸腿。（见图 15-11）

一脚迈出一步，另一腿屈膝抬起，然后向反方向迈出。经过屈膝半蹲，抬膝时支撑腿稍屈膝。

图 15-11

④迈步后屈腿。(见图15-12)

一脚迈出一步，另一腿后屈，然后向反方向迈步。经过屈膝半蹲，支撑腿稍屈膝，后屈腿的脚跟靠近臀部。

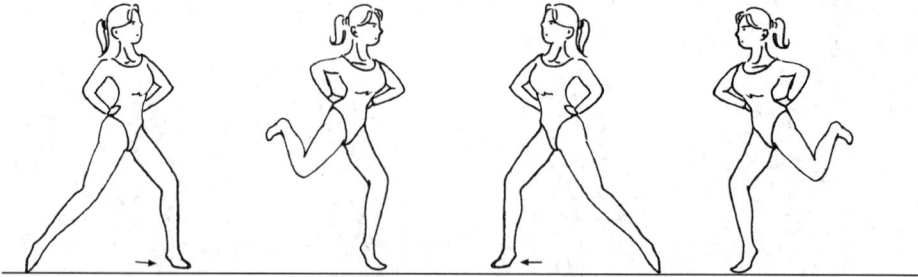

图 15-12

⑤侧交叉步。(见图15-13)

一脚向外侧迈一步，另一脚在其后交叉，随之再向外侧迈一步，另一脚并拢，屈膝点地。第一步脚跟先落地，身体重心快速随着脚步而移动，保持膝、踝关节的弹动。

图 15-13

(3)点地类：一腿屈膝站立，另一腿伸出，用脚尖或脚跟点地后还原到并腿位置的动作。

①脚尖点地。(见图15-14)

一腿稍屈膝站立，另一腿伸出，脚尖点地，然后还原到并腿姿势。支撑腿始终保持屈膝站立，并且随动作有弹性地屈伸。

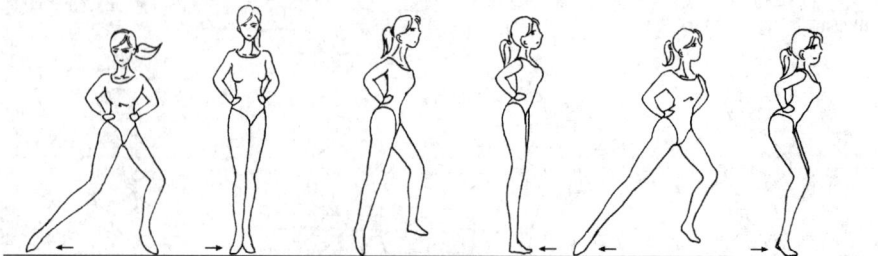

图 15-14

②脚跟点地。（见图 15-15）

一腿稍屈膝站立，另一腿伸出，脚跟点地，然后还原到并腿姿势，只可做向前和向侧的脚跟点地。支撑腿始终保持屈膝站立，并且随动作有弹性地屈伸。

（4）抬腿类：一脚站立，另一脚抬起的动作。

①吸腿。（见图 15-16）

一腿屈膝抬起，落下还原。支撑腿保持屈膝推动，大腿上抬超过水平，上体保持正直。

②摆腿。（见图 15-17）

③踢腿。（见图 15-18）

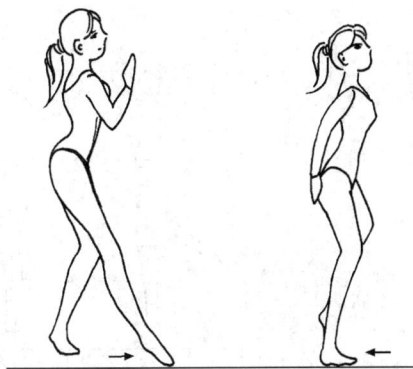

图 15-15

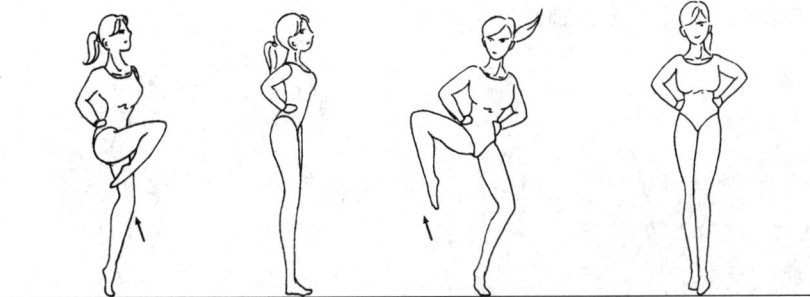

图 15-16

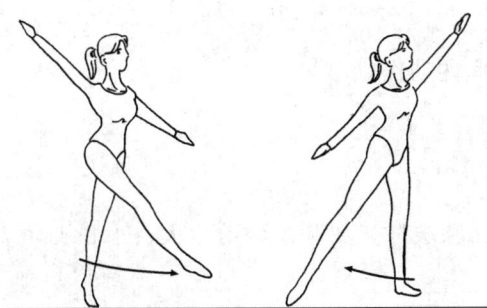

图 15-17

图 15-18

一腿稍屈膝站立，另一腿抬起，然后还原。抬起腿不需很高，但要有控制，保持上体正直。

④弹踢腿。（见图 15-19）

支撑腿连跳两次，第一跳摆动腿屈膝小腿后屈，第二跳摆动腿小腿主动向前弹踢，落地缓冲，两腿交替进行。通常以高冲击力的形式出现，腿弹出时要有控制，保持上体正直。

图 15-19

⑤后屈腿(跳)。(见图 15-20)

一腿站立(跳起),另一腿向后屈膝,放下腿还原。通常以高冲击力的形式出现,支撑腿保持弹性,两膝并拢,脚跟靠近臀部。

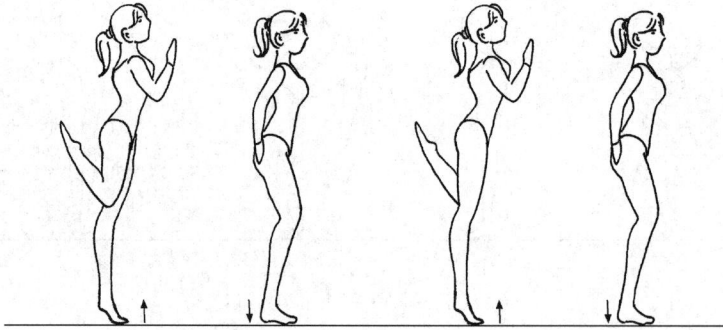

图 15-20

(5)双腿类:双腿站立、身体重心在两腿之间的动作。

①并腿跳。(见图 15-21)

两腿并拢跳起。落地缓冲有控制。

②分腿跳。(见图 15-22)

分腿站立屈膝半蹲,向上跳起,分腿落地屈膝缓冲。屈膝半蹲时,大、小腿夹角不要小于 90°,空中注意身体的控制。

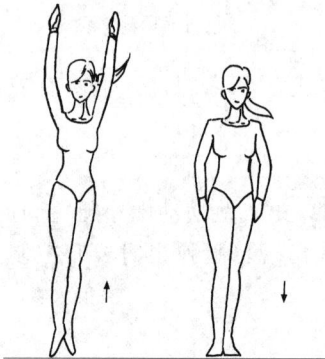

图 15-21

图 15-22

③开合跳。(见图 15-23)

由并腿跳起，分腿落地，再由分腿跳起，并腿落地。分腿屈膝时，两脚自然外开，膝关节沿脚尖方向屈膝缓冲，两脚同时落地，间距稍比肩宽，膝关节夹角不小于 90°，脚跟落地。

图 15-23

④半蹲。(见图 15-24)

两腿有控制地屈和伸。可分为并腿半蹲和分腿半蹲。分腿半蹲时，两腿左右分开稍大于肩(或与肩同宽)，脚尖稍向外，屈膝时关节角度不得小于 90°，膝关节对准脚尖方向，臀部向后向下蹲，上体保持直立。

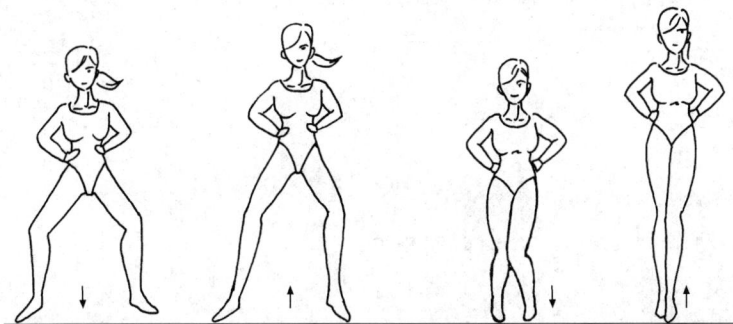

图 15-24

⑤弓步。(见图 15-25)

两腿前后分开，两脚平行站立，蹲下、起来。半蹲时后腿膝关节向下，大腿垂直于地面，重心始终在两脚之间，两腿交替进行。

图 15-25

⑥提踵。(见图 15-26)

两腿脚跟抬起,落下脚跟稍屈膝。两腿夹紧,重心上提时收紧腹部,落下时屈膝缓冲。

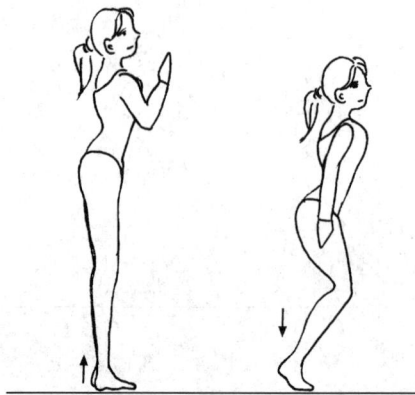

图 15-26

六、健美操成套动作

健美操大众锻炼标准测试套路一级动作说明(有氧操)。(见图 15-27)

1. 组合一　4×8×2

(1)8 次踏步。

(2)8 次走步。

(3)动作同(2)。

(4)4 次半蹲。

(5)~(8)动作同(1)~(4),但方向相反。

2. 组合二　4×8×2

(1)4 次侧并步。

(2)2 次连续 2 次侧并步。

(3)2 次交叉步。

(4)1~4 拍 1 次交叉步,5~8 拍 2 次迈步后屈腿。

(5)~(8)动作同(1)~(4),但方向相反。

3. 组合三　4×8×2

(1)2 次一字步。

(2)2 次 V 字步。

(3)4 次小马跳。

(4)1~4 拍 2 次迈步侧点地,5~8 拍 1 次半蹲。

(5)~(8)动作同(1)~(4),但方向相反。

4. 组合四　4×8×2

(1)8 次跑步。

(2)2 次开合跳。

(3)2 次迈步吸腿。

(4)1～4 拍 2 次前点地，5～8 拍连续 2 次前点地。

(5)～(8)动作同(1)～(4)，但方向相反。

组合一：

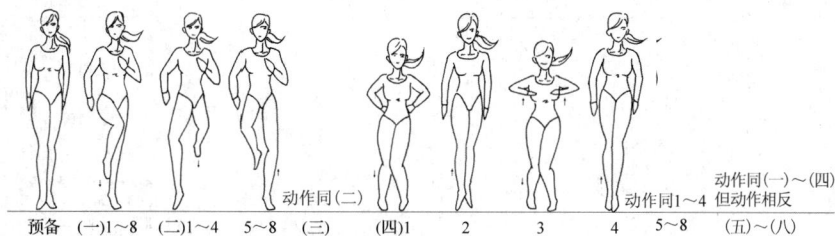

图 15-27

组合二：

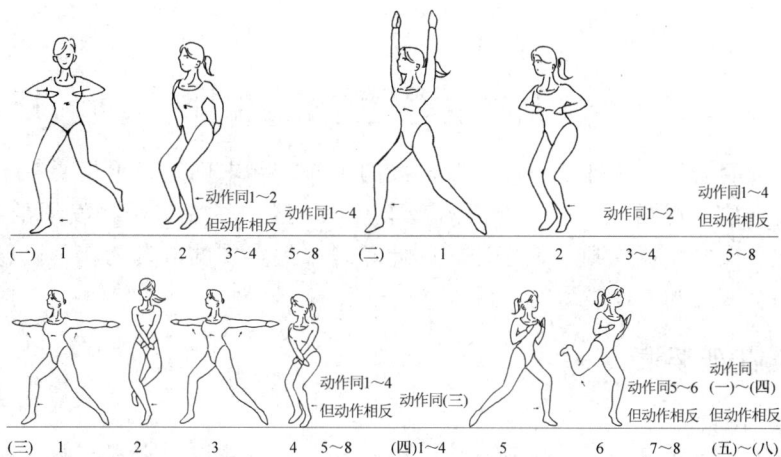

组合三：

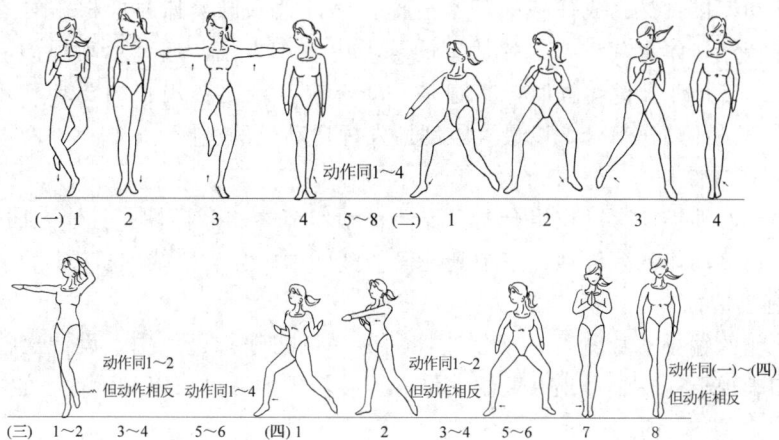

组合四：

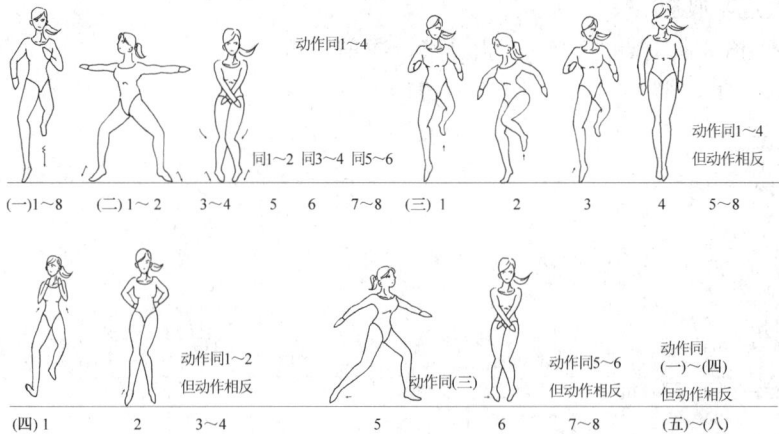

图 15-27（续）

▶ 第三节　健美操的编排

健美操成套动作的编排是一件比较复杂的工作，要求创编者不仅要有丰富的体育知识，具备音乐、舞蹈、美学等方面的基本常识，还应了解健美操发展的最新信息，十分熟悉健美操的比赛规则与裁判法。因此，编排健美操的成套动作，可以全面体现创编者的综合素质和工作能力。

一、编排的要求

1. 具有针对性

各类健美操的成套动作一般都是为不同的使用对象量身定做的，因而具有针对性地进行设计和编排，是完成任务的基本前提。编排大众健美操时应根据对象不同年龄层次的生理特点与体育基础，选择适宜的练习内容和方法，遵循运动规律，注重健身和娱乐效果。编排竞技健美操时，其音乐、动作应符合比赛规则的要求，并根据运动员的实际情况设计动作组合，以最大限度地发挥运动员的潜能。

2. 具有多样性

成套动作的编排应有动作组合的多样性；动作节奏的多样性；身体方向的多样性；过渡动作、连接动作的多样性；空中到地面的多样性；移动路线的多样性。

3. 具有创造性

成套动作的编排本身就是一项创造性的劳动，在编排过程中，设计出他人没有的动作内容和表现形式，编排出新颖的动作、连接巧妙的队形，以显示自己的特色。

二、编排的方法

1. 选择音乐素材，构思成套框架

首先，根据编排对象的实际情况，选择好与之相宜的音乐。其次，创编者要反复分析，加强对音乐的感受，寻找音乐的风格、节奏、乐句、重音、高低音以及表达方式等，勾画出音乐的段落结构。然后，按照音乐的段落、节奏，写出动作的节拍，初步勾画出成套动作的主体结构和框架（如全套操的音乐时间、节奏、动作的节拍、难易程度、动作的顺序、运动量的负荷大小以及身体各部位的特殊要求等）。

2. 选择动作素材，编排动作顺序

按照音乐的段落和节奏，将各种不同的基本步伐、动作组合、特殊动作（如难度动作）等素材流畅地编排进成套动作。写出各节动作的节次、名称、重复次数，绘制出动作简图，标明移动路线和队形，仔细落实每一个动作的做法、方向、路线，动作之间的连接技巧，动作与音乐在韵律、节奏和情感表现等方面的联系，使动作与音乐协调一致。

3. 修改完善动作，进行艺术加工

成套动作编排完成后，应检查对照编排的音乐风格、动作内容是否符合编排对象的要求；动作的方向、路线、队形变化是否巧妙；动作的动静、快慢、强弱是否有变化；空间的高低起伏、造型是否优美；音乐的高潮与动作结合是否有闪光点。不断地修改，精雕细刻，使之不断完善。

练习方法：

(1)先熟悉健美操的基本动作。

(2)熟练掌握健美操的基本步伐。

(3)在音乐伴奏下完成成套动作。

>>>>>>>>>>>>>>>>>>>>>>>>>> **复习思考题** <<<<<<<<<<<<<<<<<<<<<<<<<<

1. 健美操的运动价值有哪些？

2. 健美操有哪些基本动作？

第十六章 台球运动

▶ 第一节　简　述

一、斯诺克台球的历史与文化内涵

1. 斯诺克台球的起源与发展

斯诺克台球的起源可以追溯到 1875 年，是由驻扎在印度的一位英国军官内维尔·鲍斯·张伯伦和他的一帮战友们首先发明的。

1880 年，英国人约翰·罗伯特从印度把斯诺克台球打法和规则带回了英国。但是，当时正处于英式台球的热潮，很多著名的选手及观众都热衷于英式台球。斯诺克台球根本无法引起人们的重视。直到 20 世纪 30 年代，英式台球日渐衰落，许多著名的选手逐渐转向斯诺克台球运动，从此斯诺克台球才开始在英国兴盛起来，成了英国的国球。直到现在，斯诺克台球已成为各国人民喜爱的一项国际性体育运动。

台球最早传到亚洲的国家是印度和泰国，后来是日本。台球运动传入中国是在 19 世纪清朝末年。到了 20 世纪 80 年代，随着改革开放，人民生活水平得到不断提高，台球运动才得到了普及和发展。特别是近年来，随着人们物质生活水平的显著提高，台球运动在中国已成为最受群众欢迎的体育项目之一。

2. 台球运动的价值

台球运动是一项具有很强的娱乐性、健身性的休闲体育项目。不论是作为一项娱乐活动，还是作为一项体育活动，斯诺克台球都给人以文明、高雅的享受。所以，得到各层人士的推崇。

台球运动的娱乐性、技巧性和竞争性很强，是一种有益于锻炼思维能力的智力型健身运动。经常打台球，可以让人们进入到环境舒适、气氛安详的竞技当中，它需要精确的计算，对心态与肌肉要有自控意识。正所谓"运动而不激烈，思考而又从容不迫"。

台球的运动量不大，是低能量消耗的运动。据《健康文摘》报道，近年来专家对健身运动的新观点是"低能量运动更健身"。对一些身体强弱不等的健身者，进行长期跟踪调查，结果证实长寿者大多并不是长年累月热衷于剧烈运动者，相反都是经常参加低能量运动的人。打台球正符合低能量运动的要求，因此它对促进身心健康、强壮体魄有积极作用。也正是由于这一特点，台球运动适宜于各年龄段的人。

打台球时要求注意力集中，击球前先预测主球撞击目标球后，台面上球的走向和球势的变化。击球时要镇气凝神，身体放松，并做到合理呼吸。运动员在击球过程中，注意力集中，呼吸会变得轻微而缓慢，甚至暂时屏息。吸气短，呼气长而缓慢，这是在击球瞬间应当做到的。否则在出杆的一瞬间，就会偏离预想的位置。击球时，对运动员心理素质的要求也很高，情绪不佳、意念纷乱就不可能精神集中，也就打不准球。另外，使用球杆瞄准击球，对提高身体动作的协调性，也有促进作用。

由于台球运动入门容易，又深不可测，胜负也往往难以预料，选手在比分落后的情况下，仍有可能后来居上，可以培养选手胜不骄、败不馁、顽强拼搏的良好意志品质。

3. 台球运动的礼仪

台球运动是一种文明高雅的活动，被誉为"绅士的运动"。在外国，许多家庭都有豪华讲究的台球间，而且人们在进行台球活动时还有一些不成文的礼仪规定：

(1)双方通过抛硬币决定谁先开球，但是注意不要在台球桌面上旋转硬币，以免损坏台布。

(2)双方在打球时，尽量保持安静，不能高声喧哗。

(3)不可站在对方瞄准的袋口后面，或者其他容易影响到打球方的位置。

(4)在友谊赛及平时对阵时，场上无裁判。这时，在对方进了彩球后，应该帮忙将彩球摆回台面，并且主动报分数。

(5)当自己打了失误球时，即使裁判没有看出，都应主动声明。

(6)要有端正的态度和良好的举止，要求参加者具有高水准的体育精神和绅士风度。

二、台球运动鉴赏

1. 台球的种类

台球运动可划分为撞击式和落袋式两种，撞击式台球即开伦台球，起源于法国，现在主要盛行于日本和韩国，有日本国球之称。落袋式台球主要有斯诺克、比利和美式三种打法，其中斯诺克和美式打法在世界和我国最为流行。

2. 台球运动的主要设备器材

(1)球台。

球台是台球的最基本设施，形似长方形会议桌，台球由此而生"桌球"的名称。球台一般都是用坚硬的木材制成，特别是球台的四边，并且在四边的边框上镶一条弹性好的三角形橡胶边，以增加边框的弹性，在橡胶台边上还包裹一层呢绒。球台的台面一般由 3～5 块石板铺成，石板台面上再铺一层呢绒。

(2)球。

台球是用硬质材料制成的质地均匀的球体。斯诺克台球共有 22 个彩球，共 8 种颜色，红色球 15 个(1分)，黄色球 1 个(2分)，绿色球 1 个(3分)，棕色球 1 个(4分)，蓝色球 1 个(5分)，粉色球 1 个(6分)，黑色球 1 个(7分)，白色球 1 个(主球)。

(3)球杆。

球杆是用枪木(白蜡)和加拿大的枫木为主的硬木制成，球杆是直接击球的重要工具，在比赛或练球时，虽然可以使用公用球杆，但是对于公用球杆性能，自己可能一时很难适应，所以对于台球爱好者和运动员来说，自备球杆也是必不可少的。

(4)架杆。

在球手击球的时候，由于台球桌比较大，经常会出现距离比较远，或者是有其他障碍球，无法用手支架的时候。在这种情况下，便需要用工具式杆架来代替手支架。杆架主要有短杆架、长杆架、高杆架和探头架(蛇头杆架)等。

(5)巧克粉块。

在打球时为了防止球杆的撞头(皮头)和球之间产生滑脱(即打滑)现象，需要在撞头上涂抹一层像粉笔灰一样的涩粉，增加撞头和球之间的摩擦力，防止打滑。

3. 斯诺克台球竞赛规则

(1)台面规格与球台布局。

①球袋。

球台的四个角各有一个球袋(两个位于黑色球置球点一端的叫顶袋，两个位于开球区一端的叫底袋)；另外在球台的两个长边正中心各有一个袋口(称为中袋)。

②开球线与底区。

距离底岸内沿737毫米画一直线平行于底岸，称为开球线；开球线与底岸之间的区域为底区。

③开球区(D区)。

在底区内，以开球线的中点为圆心，以292毫米为半径画出的半圆形为开球区。

④置球点。

比赛开始前，红球相互紧贴成等边三角形摆在红球区；三角架顶点的那只红球位于球台中心线，并尽可能靠近粉色球，但不得相贴；三角架的底线与顶岸平行。球台上有四个置球点位于纵向中心线上，其中：黑球点：距顶岸垂直距离为324毫米；蓝球点：球桌正中心；粉球点：顶岸与蓝球点连线的正中点；棕球点：开球线的中心点。从开球区的一侧看，D区与开球区的右交叉点为黄球点；左侧交叉点为绿球点。

(2)比赛方式。

比赛开始前，参赛各方应采用抽签或彼此同意的方式来确定比赛次序和开球权(一局比赛中的各盘应由参赛各方轮流开球)。开球后，每轮次的第一击必须是红球，只有红球落袋后(红球落袋或出界不再摆回到台面上)，才可以击打彩球(选手可自己选择要击打的彩球)。如彩球被击进袋，可得分，然后再将彩球放回置球点。选手轮流交替地将红球与彩球击进袋，直到台面上最后一只红球被击落后，随之一个彩球也被击进袋，则按照台面上彩球的分值，从小到大击落袋中，且不再将彩球取出。黑球入袋或犯规后，如果此时双方比分相同，就要将黑球重新置位，由选手掷币决定一方开球，直至将黑球击入袋或选手出现犯规而结束比赛。

（3）常见规则及其应用。

①开球。

自手中球开球，必须放在开球区（D区）线上或线内的任意位置上，可朝任意方向击打主球。

②放置彩球。

已入袋或出界的任何彩球，在下一击球进行前，应被放在置球点上。当需要放置彩球而其置球点被占据时，这只彩球应放在能放置球的最高分值的置球点上。如所有的置球点均被占，彩球应放置在该球置球点与顶岸之间的区域，如该区域都被占，可将彩球放置在台面纵向中心线上距该球的置球点最近的位置上，但不允许该彩球与其他球相贴。

③自由球。

如果一方犯规后，主球被造成障碍球，令另一方无法直接打到红球时，另一方可以指定任意彩球作为红球打，此球就是"自由球"。如果这个彩球入袋，就当做红球入袋得1分，接着照常规打彩球。如果台面红球已被打完，出现的情况是令接着打的一方无法直接打到要打的彩球，接着打的一方可以任选一彩球打，此球即为"自由球"，自由球入袋得分则按台面上所剩的最低分球计算，然后按常规顺序打彩球。

④继续击球。

如果一方打了一个失误球，而使对方处于不利的处境，对方有权要求失误方接着打。

⑤犯规与处罚。

选手犯规，应受到至少4分的处罚，除非在下述情况指出了有更高的分值时，其处罚如下。

第一，处罚为活球分值的情况（规则规定的允许用主球直接击打的球称为"活球"）。

未按击球顺序击球；双脚同时离地击球；击球时杆头触动主球一次以上；开球时主球未放在D区内；空杆；白球落袋；跳球。

第二，下列犯规行为，应判罚有关活球的最高分值。

未等所有球停稳就击球；未等裁判员放置好彩球就击球；使非活球入袋；主球首先击打到非活球；推杆；击球出界；双击，按两球的最高分值处罚。

第三，下列行为应判罚7分。

使用界外球以达到任何目的；使用任何物体进行测量间距或距离；连续击打红球，或击打红球后又连续击打自由球；用白色球以外的任何球做主球；未能根据裁判员的要求指出目标球；击红球入袋后，尚未指定彩球就犯规了。

▶ 第二节　台球运动的基本技术与练习方法

一、击球姿势

1. 身体姿势

由于每个人都有自己不同的习惯，对于身体的姿势，最重要的是要保持好身体的平衡。以下介绍的是最普遍的身体姿势：首先身体面向球台站好，然后左脚向前迈出一小步，右脚站稳。在准备击球时，用右腿作支撑脚，向前俯身，并合理地分布好身体的重量(保持平衡以及自己觉得自然舒适)。

2. 握杆法

先找到球杆重心的位置，从这个位置向球杆的尾部移动 20～30 厘米的距离，这是你的手所处的位置，在一般情况下就是握杆的位置。但是，在击打不同位置的球时，握杆位置也要适当变化。握杆时，拇指和食指要在虎口处夹紧球杆。当球杆后摆时，中指和无名指要放松，以便更好地利用手腕的力量。

3. 手架法

正确的手架法能使打球者把球杆直线送出，由于主球在台面上的位置时时在变化，所以手架的方法也要根据具体情况进行调整，以下仅对两种常用(平背式、凤眼式)手架法进行简单介绍。架杆手的位置应与主球保持约 15 厘米距离。

(1)平背。(图 16-1)

把左手平放在桌面上，手指伸展开，手指紧贴住台面，接着再把拇指跷起，使你的拇指和食指根部关节间形成一个 V 字形凹槽。将食指紧按住台面，以使手架稳固，靠手指的屈伸来调整手架的高度。

(2)凤眼式。

把左手平放在桌面上，手指伸展开，接着将尾指、无名指和中指一起向内侧转动并拱起，手掌左边压在台面上，形成支撑的手势，当左手与球杆接近直角时，将拇指和食指捏紧形成一圆圈，把球杆插入圈内来支撑球杆击球，靠屈伸中指来调整高度。

图 16-1

4. 练习

(1)送主球入袋练习。

把主球放在台面上"D 型区"内任意位置，分别将球击入底袋、中袋和顶袋。

(2)库边横向空推练习。

将主球放在黄球的置球点上，横向向库边瞄准，击打主球中心。击球后保持杆头不动，如回球正好碰到杆头，说明击球姿势动作正确。

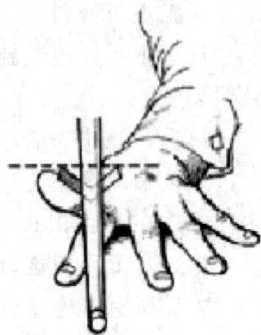

（3）库边纵向空推练习。

将主球放在棕球的置球点上，通过蓝色、粉色、黑色置球点，纵向向库边瞄准，击打主球中心。击球后保持杆头不动，如回球正好碰到杆头，说明击球姿势动作正确。此练习由于距离比练习（2）长，所以难度更大。

二、击球入袋（瞄准）

1. 瞄准方法

想把目标球打入球袋，就需要有精确的瞄准，最基本的瞄准方法是：眼睛、主球、目标球三点成一线。然而，球杆是随着眼睛转的，所以实际击球时，是球杆、主球、目标球三点在同一直线上。

2. 瞄准点

目标球运动的方向，一定是主球与目标球碰撞时的接触点和目标球球心的延长线。因此，要将目标球打进袋，这根延长线必须通向球袋的入口。从袋口画一条通向目标球球心的直线，并将该线延长到目标球球面的一个点，则这个点就是母球应该碰撞到它的触点。但是，在实际击球时，这个触点并不能当成瞄准点。只有在母球和子球的球心及球袋入口成一直线，即正面撞击时，这个触点才可以被当成瞄准点。而在其他球位情况下，瞄准点应该按照以下的方法来确定：把上面所说的延长线从触点再延长出去，截取等于主球半径的一个点，这个点就是主球碰触子球时，主球球心所在的位置，而这时主球的球心，也就是击球时的瞄准点。所以，不论主球在哪个位置，只要母球球心移动的方向指向瞄准点，且球袋、目标球、主球之间的夹角大于90°，就可以把目标球击入袋内。

3. 练习

（1）垂直直线送球练习（主球、袋口和目标球三点形成一条直线，并且此直线与袋口半圆弧顶点的切线垂直）。

①短距离近袋球：把目标球放在袋口，主球和目标球的距离在50厘米以内。击球时先用中杆将目标球送入球袋，熟练后，再用其他杆法进行练习。

②短距离远袋球：把目标球放在距离袋口50厘米以上的位置，主球和目标球的距离在50厘米以内。击球时先用中杆将目标球送入球袋，熟练后，再用其他杆法进行练习。

③长距离近袋球：把目标球放在袋口，主球和目标球的距离在150厘米以上。击球时先用中杆将目标球送入球袋，熟练后，再用其他杆法进行练习。

④长距离远袋球：把目标球放在距离袋口50厘米以上的位置，将主球摆在与袋口和目标球三点形成的直线上，主球和目标球的距离在50厘米以上。击球时先用中杆将目标球送入球袋，熟练后，再用其他杆法进行练习。

（2）斜角度直线球练习。

在很多情况下，虽然主球、袋口和目标球三点形成一条直线，但是此直线与袋口半圆弧顶点的切线斜交。当球的线路与袋口切线垂直时，袋口的相对宽度最大，送球

落袋比较容易；当球的线路与袋口切线斜交时，袋口的相对宽度变窄，送球落袋的难度就加大了。所以，此练习与练习(1)的方法基本相同，只是要注意：在练习的时候，摆球的角度应该从易到难，反复练习，逐步提高。

(3)非直线球练习。

非直线球就是主球、袋口和目标球不在一条直线上。在实战中，这样的情况最多，所以，非直线球练习也最为重要。练习的方法与上面介绍的练习基本相同，但是在练习时要注意：在练习时学会找到目标球上的击点，并且确定主球的瞄准点，摆球的距离应该由近到远，摆球的角度应该由易到难，反复练习。

三、主球的行进路线(走位)

台球打法和其他球类打法不同，它是通过先击打白色主球，再由主球把目标球撞进球袋方可得分。所以，不但要求把球打进球袋得分，还必须考虑打进一个球后，主球能停留在理想位置，以便接着打下一个球，如此反复才能连连取得高分，这点正说明台球的绝技就是控制主球的停留位置，也就是我们常说的"走位"。

1. 主球上的击点

用球杆击打主球上的点叫击点也称撞点，面对主球平视，是个圆形面，这个圆形面上到处都是可以打的击点。为了方便分析研究和学习，在圆形面上以圆心为基点设中心点，以中心点对称选定 8 个点，一共 9 个点。由于球和球杆上的撞头都是圆形球面的，如果球杆上的撞头在圆球的边缘部位时，由于角度过斜，容易发生打滑现象(称滑杆)。所以，我们把主球视平面直径划分 10 等分，取其中 6 等分在球中心画个圆，称其为十分之六的同心圆，在这个范围内击球，就不会发生滑杆现象。当球技达到一定的水平后，击球范围也自然随之延伸扩大，甚至可以超过安全区击球，也很少发生滑杆现象。

2. 主球的旋转

(1)撞击主球中心击点：开始没有旋转，向前滑动瞬间后，因受台布的摩擦阻力作用，球便向前旋转起来。球在哪里开始旋转，能滚到多远的距离，依击球力量的大小而不同。

(2)撞击主球中上点：球开始延着球杆方向，直线向前奔走得很快、很远。因为球受正旋力矩的推动，滚动旋转的摩擦又比滑行摩擦少得多，动能损失很小。

(3)撞击主球中下点：球一开始就具有逆旋的力矩，球一边行进一边倒旋，由于台布的摩擦力作用，倒旋减缓直到为零，球经过一段滑行，便过渡到正旋前进。

(4)撞击主球左中或右中击点：这是一种侧旋球的打法(亦称偏杆击球)。技术难度较大，但又是必须学会练好的侧旋球技术，并懂得在击球中会出现需要侧旋球的重要作用。侧旋球的主球前进线路不是直线，因此主球与目标球之间的距离越长，瞄准的判断越是需要准确。

3. 主球击打目标球后的运动

(1)偏球。

所谓偏球，就是不正面撞击目标球，主球只撞击目标球的偏侧部分。打偏球的目的，就是改变主球和目标球的球路，达到得分的要求。

（2）主球的运动。

主球正面撞击目标球时，如果主球没有旋转运动，则主球的动量全部传递给目标球，主球停住，目标球沿主球原来方向向前奔去，只是主球和目标球互相换了个位置。

当主球偏侧撞击目标球时，主球和目标球的运动方向，都偏离了主球原来的运动方向，一偏左，一偏右。在动量不被吸收的前提下（绝对弹性碰撞），且假定主球不旋转，不管偏球厚薄为多少，碰撞后的主球和目标球运动方向的夹角都为 90°。但是在不同的旋转状态和击球的力量等多方面因素的影响下，主球与目标球之间的夹角也会有所不同。偏球越薄，则主球运动方向和速度改变得越小；主球越小，则主球运动方向改变得越大；反之亦然。

4.几种基本杆法

熟练地掌握几种基本击球方法是非常重要的。在正式比赛时，可以根据球台上所出现的各种球势，灵活地加以运用，有效地控制主球的运动方向和停留位置，不但能为下一击创造有利条件，而且还会较多地给对方造成障碍球和不利球势。

（1）推进球。

水平持杆，击打主球中心点、中左点、中右点，即在击球时采用中杆击球。击球时，主要靠前臂前后运动并带动腕部，将球杆推出。当主球与目标球相撞后，目标球前进，主球也同时跟在目标球后面，缓缓向同一方向前进，行进一段路程后，才慢慢地停住，这就是推进球的打法。这种击球方法，用在当主球跟进距离不大而能为下一击创造条件或给对方制造障碍球时使用。要注意用力适中，不宜过重或过猛，否则会变成跟进或定位球。

（2）跟杆（高杆）。

水平持杆，击打主球中上点、左上点或右上点，即采用中高杆、左高杆或右高杆。主球分别向正前方、左前方、右前方跟着目标球前进。在击球时，要运用小臂的力量，同时摇动腕部，使主球与目标球相撞的瞬间，主球将前进的力传递给目标球，目标球开始向前运动，而主球则较为明显地在原地稍停一下，然后靠自身保存的上旋转力量，迅速向前跟进，并且前进的距离较长。为了准确地掌握不同的跟进距离，可在前进路线的一侧不同距离处，摆上四五个球作标志，由近而远循序渐进地练习，当做到跟进的距离能按自己的意愿实现，此练习就算合格了。

（3）定位球（中杆）。

水平持杆，甩腕出杆即利用手腕的爆发力击打主球的中心稍微偏下一点的击点，主球略带滑动前进。当主球与目标球相撞后，主球把自己前进动力全部传递给了目标球，目标球受力前进，而主球因失去动力，便停在与目标球相撞的位置，因此叫定位球。打出定位球并不困难，只要在击球时运用腕部的抖动力量就行，否则便会击成推进球，另外，当主球与目标球距离太远时，很难打出定位球。这种击球方法，不但能为下一击创造有利条件，而且当目标球在袋口附近，主球、目标球和袋口三者在一条直线上，将目标球落入袋内，主球仍停留在相撞的位置上，可避免一同落袋犯规。

（4）缩杆（低杆）。

水平持杆，甩腕击打主球的中下部击点，利用甩腕的较强爆发力，使主球反转向前滑动，当与目标球相撞瞬间，目标球因被撞前进，而主球则借相撞的反力，而释放了反转力，便向后反转回退。缩杆球主要靠腕部抖动的力量，腕子要活。击球时采用低杆，用小臂向前运动，当球杆杆头快要接触主球时，猛然向前抖动腕部，当杆头与主球接触的瞬间，出现球杆插进主球的感觉。主球在与目标球相撞后有一个明显的停顿，然后靠自身存在的逆旋力量，向后运动。腕部抖动的频率越快，后退的距离也越远。打拉杆球时，要注意主球与目标球间的距离，不可太近也不能太远，后退效果最好是相距30厘米左右，后退距离与球间距离成反比，距离越长则后退距离越短。

（5）双用球。

双用球即同样一个击点能起到两种作用。用球杆击打主球中点稍下方、中点稍偏上方的击点。用大力击打主球时，与目标球相撞后，目标球被撞前进，主球失去动力而原地停住，成了定位球。如果用小力同样击打主球，当与目标球相撞后，目标球前进，主球则缓缓跟进不大一段距离而停住，形成了推进球。说明虽然同是一个击点，由于击球力不同，击球效果也不同。

5. 练习

（1）空推力量练习。

①中力练习：将主球放在开球区棕色球的置球点上，向顶库方向直线击出，经由顶库弹回，再经由底库弹出，行进至台面中间区域。

②小力练习：将主球放在开球区棕色球的置球点上，向顶库方向直线击出，经由顶库弹回，行进至底库附近。

③大力练习：将主球放在开球区棕色球的置球点上，向顶库方向直线击出，经由顶库弹回，再经由底库弹出，再次行进至顶库附近。

④强力练习：将主球放在开球区棕色球的置球点上，向顶库方向直线击出，经由顶库弹回，再经由底库弹出，再次从顶库弹回，行进至台面中间区域。

⑤弱力练习：将主球放在开球区棕色球的置球点上，向顶库方向直线击出，行进至顶库附近。

（2）主球旋转练习。

将主球放在开球区黄色球的置球点上，沿棕色球和绿色球的置球点向库边瞄准，分别击打主球上的9个基本撞点，体会主球运行速度、偏离角度和行进距离的变化。

（3）综合性练习。

①蓝色球综合性练习：将蓝色球摆在置球点上，在其附近（纵轴线上），放置几个红色球。先击落红球，再击落蓝色球，将蓝色球取出，重新放在置球点上；然后，再击落红球，反复进行练习，直到将所有目标球都击落袋为止。一杆将球全部击落袋内，才算合格。练习时，红球的数目应该从少到多，逐渐递增，以增加练习的难度。

②粉色球综合性练习：将粉色球摆在置球点上，在其附近（纵轴线或横轴线上），放置几个红色球。先击落红球，再击落粉色球，将粉色球取出，重新放在置球点上；

然后，再击落红球，反复进行练习，直到将所有目标球都击落袋为止。一杆将球全部击落袋内，才算合格。练习时，红球的数目应该从少到多，逐渐递增，以增加练习的难度。

③黑色球综合性练习：将黑色球摆在置球点上，在其附近（纵轴线上），放置几个红色球。先击落红球，再击落黑色球，将黑色球取出，重新放在置球点上；然后，再击落红球，反复进行练习，直到将所有目标球都击落袋为止。一杆将球全部击落袋内，才算合格。练习时，红球的数目应该从少到多，逐渐递增，以增加练习的难度。

④收彩球练习：将所有彩球放在置球点上，按照其分值，从小到大，最好能一杆将所有彩球击落袋中。

>>>>>>>>>>>>>>>>>>>>>>>>>>> **复习思考题** <<<<<<<<<<<<<<<<<<<<<<<<<<<<<<<<

台球有哪些种类？它是如何划分的？

第十七章　户外运动

户外运动是指在自然环境中进行且具有一定挑战性的运动项目，它主要包括登山、攀岩、定向运动、滑雪、绳降、丛林穿越、山地自行车、野外生存等运动。由于户外运动能在兴奋和刺激中激发人们的潜能，提高参与者克服困难的勇气和决心，在活动中培养和完善人格及培养凝聚的团队精神，同时为人们提供了亲近大自然、重塑人际关系以及使自身创造力得以释放和尽情享受自然风光的各种机会，因而，户外运动越来越受到人们，尤其是年轻人的喜爱。

▶ 第一节　野外生存

野外生存是人在山野丛林中求得生存的一种能力。

一、认知野外生存

野外生存所包括的知识非常广泛，总的来说包括：判定方位、迷途的处置；猎捕和采食野生动、植物充饥；就地取材，构筑简易的露营帐篷、利用草药救治伤病等。概括起来就是走、吃、住、自救 4 项。

二、野外生存的健身价值

在竞争日趋激烈的知识经济时代，科技发展日新月异，现代社会中的人们，尤其是每日穿梭于高楼大厦的职业人士，越来越多地感受到来自于社会、工作、学习及家庭中的各种压力和挑战。他们往往感觉疲惫不堪、力不从心。参加野外生存训练可以帮助人们重新认识自我，挖掘自身潜能，唤起人们面对困难和挑战的勇气。同时，通过活动中的环保意识和行为的树立，使人们更深切地体会到爱护大自然和保护大自然的重要性。通过野外生存训练还能在灾害来临时（如遭遇台风、海啸、山崩、地震、沉船、塌方等天灾人祸），表现出超出常人的自救及生存能力。野外生存训练是一项非常实用和有效的锻炼方法。

三、野外生存的学习方法

1. 负重登山

每人一个背包重 10～15 千克，徒步进行山地穿越。要求所有参训人员不许掉队，不许弃包，因为每一个人肩上的背包被视为人生的责任。

目的：体验人生的艰辛，不要轻易放弃，要树立坚持到底就是胜利的信念。

2. 徒手攀岩

利用支点，移动手、脚和身体重心进行徒手攀岩。即在双手、双脚抓、踏牢 3 个支点的条件下，移动身体重心。身体姿势在攀岩时要自然放松，以 3 个支点稳定身体重心，随攀岩动作的转换，身体重心随之移动。它是不依赖任何外在的辅助力量，只靠攀登者的自身力量完成攀登的过程。

3. 徒步穿越

行进在山地、林间、峡谷、溪流、小路、陡坡等地方，难度和强度各不相同，安全可靠，里程 10～40 千米不等。要求参训人员必须共同协作、互相帮助、团结友爱，不允许有掉队现象和消极言论。

4. 野外露营

要求大家分工合作，修建营地、架设帐篷、寻找干柴、埋锅造饭、点燃篝火，最后拣拾营地附近的垃圾。

5. 定向越野

要求大家从各个方向以最快的速度到达指定的目的地。队员们出发前应准确识别地图、熟悉指北针，快速核准自己的立足点与目的地的方向和路线。通过对照物、地图、指北针向目的地迅速前进。

6. 攀岩

要求每位参训人员必须尽最大努力攀爬上去，挑战自身极限，体验达到目标的艰辛及成功的喜悦。同伴的鼓励会增强必胜的信心。

7. 速降

战胜自身的恐惧，克服心理障碍，挑战自身心理极限。

8. 搜集标本

在野外和山村，要求参训人员在规定的时间内，搜集动、植物标本若干，并了解这些动、植物的习性、特点、生活规律及在自然界（即生物链）的位置和作用。增强大家的环保意识，培养大家热爱生命、热爱大自然和保护大自然的良好习惯。

另外还有其他活动：丛林穿越、野外宿营、帐篷篝火、海上飞伞、攀爬冰岩、悬崖速降、溯溪探源、紧急避险、孤岛生存、识别野生植物、登山观鸟、地质考察等。

四、野外生存的练习方法

野外活动由于是短期的、临时性的，因而决定了野外主体装备具有很强的简易性和目的性。这要求野外生存参训人员在进行装备等准备时，要考虑在完成目的任务的前提下，尽可能少地携带物资；由于野外活动都是在露天条件下进行的，因而环境的变化是参训人员首先考虑的因素之一；活动区域所处的位置，如经纬度、地形、地貌、交通、通信等条件，活动期所处的季节、气候等因素，都必须在活动前进行详细的调查研究。

1. 三个基本因素

进行装备等准备时要遵循三个基本因素，即少量、简易和保证。

（1）少量：是指尽可能地不带。对食品而言，有许多是可以就地解决的，如新鲜蔬菜、牲畜等。少量还包括物资的一物多用，如不怕压的听装、袋装食品，使用前可当作板凳，用过的听装容器可用作水杯等。

（2）简易：是指轻便、灵活、携带方便，但功能多样的物资。食品要在保证营养、热量、口味的前提下，尽可能地携带方便食品、半成品等。

（3）保证：是指必需的物资一定不能少带，如粮食、工具等。

2. 野外必备物资

（1）食品：按计划计算数量，应略有富余。坚持多品种、多口味。

（2）装备：帐篷、炊具、睡袋、衣物、火种和小刀及其他工作用品，如地图、绳索、通信器材等。火种和小刀是野外生存必备的工具，没有这两样东西，在遇到危险时很难应付。火种的用处有驱寒、照明、煮食、联络等；小刀的用途有砍伐、宰杀、削割、自卫等。火种以打火机为好，火柴易受潮而影响使用；小刀以瑞士多用军刀为好。

（3）急救包有四大类：①燃火类：防水火柴、放大镜、火石；②助燃类：棉花、蜡、炉子、酥油；③工具类：体积小，用途多样，针、线、金属丝（铜丝最好）、刀片；④药品类：止痒、止血、消炎、抗过敏消毒类药物。

3. 野外生存的自卫与自救方法

野外自卫是指在野外期间受到来自外部的威胁时，自身采取的保卫自己生命的行为。自救是指在自己的生命已经受到来自外部的伤害时，自己采取的救助生命的行为。

应对野外危险因素的基本原则。

（1）沉着应付。

主要是指心理调整在毫无准备的情况下，突然面对来自外部的威胁，心情紧张是不可避免的，但为了自卫必须将紧张的心情调整到冷静的状态上。

（2）以己之长克敌之短。

在心理调整后，迅速地想出自卫的办法。

（3）工具和技能的准备与使用。

在必备工具随身携带的情况下，当遇到威胁时尽可能地利用工具自卫，如绳索、小刀、火种的使用等。在被困时食物是非常重要的，而你所带的食物是非常有限的，那么你要合理地分配，并坚持到营救人员找到你，以保全性命。

（4）紧急求援。

在孤立无援的情况下，要通过各种手段向外界发出求援信号，争取援助，如无线电呼救等。方法可根据当时的情况临时确定，在没有无线电的情况下，可利用其他的方式如火光（点燃三堆火，白天成三柱烟）、灯光、声音、人为标志等。

▶ 第二节　攀岩运动

攀岩运动就是在岩壁上比赛攀登本领的一项活动。

一、攀岩运动的起源与发展

攀岩运动是从登山运动中衍生出来的竞技运动项目。它兴起于 20 世纪 50 年代末 60 年代初的苏联，是军队中作为一项军事训练项目而存在的。随着攀岩运动的不断发展，20 世纪 70 年代已独立成为国际性比赛项目，1974 年列入世界比赛项目。

进入 20 世纪 80 年代，以难度攀岩的现代竞技攀登比赛开始举办，并引起广泛的兴趣。1985 年在意大利举行了第一次难度攀登比赛。1988 年 6 月国际竞技攀登比赛在美国举行。1989 年首届世界杯分阶段比赛在法国、英国、西班牙、意大利、保加利亚和苏联举行。运动员参加各地的比赛，最后累计总成绩，进行排名。世界杯攀登比赛每年举行一次。

随着攀岩运动的蓬勃发展，国际攀联在各大洲成立委员会，组织洲内地区性大赛。1991 年 1 月"亚洲攀登比赛委员会"在中国香港正式宣布成立，这标志着亚洲的攀岩运动进入了一个新的阶段。1992 年 9 月在韩国首尔举办了第一届亚洲攀岩锦标赛。

二、攀岩运动的健身价值

攀岩运动是从登山运动中派生出来的新项目，也是登山运动中的一项竞技体育项目。它集健身、娱乐、竞技于一体，既要求运动员具有勇敢顽强、坚韧不拔的拼搏进取精神，又需要具有良好的柔韧性、耐力、平衡能力、节奏感及攀岩技巧，这样才能娴熟地在不同高度、不同角度的陡峭岩壁上，轻松、准确地完成身体的腾挪、转体、跳跃、引体等惊险动作，给人以优美、流畅、刺激、力量的感受，使观众在惊险的表演中得到一种美的享受，这是一项极富刺激性而不失优美的极限运动，人们把这项运动誉为"峭壁上的艺术体操"和"岩壁芭蕾"。

三、攀岩运动的装备

攀岩装备是攀岩运动的基础，是完成攀岩过程的保障。它的功能要适应攀岩这一特殊项目的要求，在设计、选材、用料、制作上，应尽量轻便、坚固、科学，使操作者使用方便、安全、具有实效性。

1. 主绳（安全绳）

（1）主绳。

俗称攀登者的生命线。它是轻便坚固的尼龙制品，颜色鲜艳，直径为 9～12 毫米，拉力为 2 200～3 200 千克。主绳分动力绳和静力绳两种，用途各不一样，长度一般 50～100 米。长度可根据攀岩者的要求自行裁剪，它在攀登过程中起保护作用。

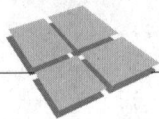

(2)辅助绳。

辅助绳与主绳配合使用，其直径小于主绳，为 6～8 毫米，承受力约为 800 千克，其质料与主绳相同。

2. 安全带

安全带是尼龙制品，它牢固、实用、舒适，由圈套、带子、扣子和卡子等组成，是各种保护装备与人体连接的装置，主要起保护作用。

3. 铁锁

(1)铁锁：由合金材料制作而成，轻便、坚固，设计合理，拉力为 2 200～3 200 千克。

(2)铁锁用途：在技术操作中，装备之间需要交替地进行连接、固定和解脱，也是为了避免烦琐的绳结和绳结操作，使动作迅速简单，有时它可代替滑轮的作用。

4. 下降器

下降器分为两种。

(1)"8"字形下降器：它是由合金材料制作而成，有两种使用方法。

①将主绳套在下降器上；

②将主绳从下降器的"大环"穿过套在与下降器连接的铁锁上。

(2)制动阀和滑轮组成的下降器：由合金材料制作而成。

5. 攀岩鞋

鞋面由尼龙或者皮革制作而成，鞋底为耐磨软胶。它的特点是合脚、整体受力好、受力点多、摩擦力大、轻便。

6. 攀岩辅助器材

①安全帽；②手套；③衣裤子；④扁带子；⑤岩钻；⑥岩锥(多种)；⑦锤子；⑧抹粉袋。

四、攀岩运动的练习方法

1. 结绳练习方法

利用打结使绳索之间、绳索与其他装备之间相互连接的方法，称为结绳技术。依其用途不同可分为固定绳结、接绳绳结、保护绳结和操作绳结 4 种。

(1)绳结类型与用途。

①固定绳结。

固定绳结是将绳索一端直接固定在装备或自然物体上的绳结技术，多采用下列几种办法。

织布结：通过这种绳结可将绳索一端与装备、自然物体固定在一起，也可用此结打胸绳。

通过结：用于固定在自然物体和安全带上或通过铁锁中间环节的各处连接和固定。

双套结：用于特定攀登和固定的一种绳结。

牵引结：用于绳索一端在树干或自然物体上的固定拉紧结。

②接绳绳结。

将短绳索连接成长绳使用的绳结为接绳绳结。它可分为：

平结：用于直径相同绳索之间的连接。

交织结：用于直径相同绳索之间的连接，分为单交织结和双交织结。

"8"字结：用于直径相同绳索之间的连接。

③保护绳结。

绳索之间或绳索与铁锁之间能产生摩擦和滑动的连接方法。它可分为：

单环节，用于沿主缆快速下降时的速度控制，可代替下降器使用。

抓结，用于行进中的自我保护，可分为单抓、双抓和变形抓结三种。

④操作绳结。

用于特殊的攀登和下降技术中的结绳法，主要有双套法。此结法既可用作固定用结，也可用于攀登和下降。

（2）练习结绳的要求及注意事项。

结绳的要求：科学实用，牢固可靠，易结和易解。结绳是每个在野外进行探险活动者必须掌握的基本技术之一，不但要熟练掌握绳结的方法，还要知道各种绳结的用途。

结绳的注意事项有以下几点。

①在利用结绳组合各种技术装置时，对绳索要进行认真检查，看看是否完好无损。

②绳结打好后，一定要仔细检查是否正确，否则要解开重新打，千万不能马虎。

③对绳索的展收要有条理，不能乱拉乱放，如果造成交织缠绕，会影响使用。

④随时观察绳索在岩壁上的磨损情况，一旦发现磨损及时加固或更换。

⑤绳索用过之后必须收好，以便下次再用。绳索不要放在水里浸泡，不能踩踏。

2. 攀岩练习方法

根据不同的岩壁特点，攀岩可分为自然岩石攀岩和室内岩壁攀岩。

攀登岩石峭壁的技术简称攀岩技术，分为徒手攀岩方法和机械攀岩方法两种。它的特点是：险、新、奇、难，并且经费开支少，装备简单，有较强的实用性和观赏性。

（1）徒手攀岩方法。

攀登岩壁的基本方法是利用支点，移动手、脚和身体重心进行徒手攀登。基本要领是"三点固定"，即在双手、双脚抓、踏牢三个支点的条件下，才能移动第四支点，"三点固定法"是攀岩的基本方法。

①技术动作。

身体姿势在攀岩时要自然放松，以三个支点稳定身体重心。随攀岩动作的转换，身体重心要随之移动，这是攀岩能否平衡、稳定、省力和成功的关键。

在攀岩时身体切勿靠得太近，这样会影响观察攀岩路线和支点的选择，同时容易使人较快地疲劳。如果保持身体重心落在脚上，身体保持与岩面平行，就不容易碰撞到岩面，视野开阔，便于观察路线，寻找攀登支点。但在攀登人工岩壁时，身体可贴得近一些。在攀登过程中身体舒展，上下肢要协调用力、有节奏，上拉、下蹬同时用力，身体重心的移动随支点移动而移动。

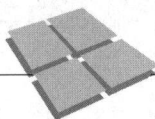

②手臂动作。

手在攀岩中是抓握支点，维持身体平衡，使身体顺利向上攀登的关键所在，手臂力量的大小和技术动作掌握的好坏，直接影响攀岩的质量、效果和速度。初学者不善于用下肢和全身的协调力，手臂力量就显得尤为重要。

攀登人工岩壁与自然岩壁时，手臂动作和重心移动轨迹有所不同：攀登人工岩壁第一关节和腕关节用力较多，重心运动轨迹变化不大，节奏性更强；但攀登自然岩壁时，变化相对大些。

③脚部动作。

在攀岩过程中是否能快速、顺利、省力地完成全过程，充分利用腿部的力量是非常重要的，因为最大力量在下肢，完全用手臂力量是不能持久的。

脚的动作要领是：两脚外旋，大脚趾内侧贴近岩面，两腿微屈以脚踩稳支点，维持身体重心。膝部不能接触岩壁，否则会影响脚的支撑和身体平衡，甚至会造成滑脱而使腿部受伤。切忌用力过猛，注意用力方向。

④手脚及全身协调配合。

攀岩爱好者上下肢及全身力量是协调发展的，但对初学者或技术不熟练的人而言，上下肢力量就显得更为重要。攀登一般是上肢引体，下肢蹬压、抬腿、伸直移动身体，同时需要有腰的动作配合。如果仅仅靠上臂力量，往往会出现麻木、酸痛、僵硬，逐渐失去抓握能力，即使下肢有很大的力量，也难以维持身体的平衡。在攀登过程中，首先要练好上肢力量，上肢又要以手指和手腕、小臂力量为主，再配合以脚腕、脚趾以及腿部的力量，使身体重心随着用力方向的不同而协调移动，手脚动作的配合就应用自如了。在移动下肢的同时，两眼要看好手抓下一支点的位置，及时移动上肢，完成攀登的一个轮回。

(2)机械攀岩方法。

上升器攀登：将主绳一端固定在壁顶上方，另一端扔至下面固定拉紧。利用上升器卡于主绳上，与双脚协调配合，不断攀登。

下降练习方法：在平缓或比较平缓的条件下，危险性小，一般不需要特殊的下降装备和技术，可进行自然下降。但在45°以上的陡坡、峭壁下降，则必须有一定的装备和技术。下面主要介绍利用下降器的下降方法。

固定主绳：将主绳一端在顶部固定，另一端抛至下方，下降者系好安全带，将主绳与下降器、铁锁连接，左手握住主绳上端，右手在胯后紧握从下降器穿绕出来的主绳。

站立姿势：面向岩壁，两腿分开，蹬住岩边，身体后坐，将上方主绳搭于岩边后，便开始下降。

手脚动作：下降时两腿分开，手拉紧主绳，并将左手上方的绳子搭于岩边，左右腿上下支撑，用前脚蹬住岩壁，开始下降，先臀部后坐，同时右手松绳；两腿随着身体的下降而迅速地向下移步，使身体始终保持平衡。如果右手松绳，臀部后坐，而两脚仍不动，则会使身体失去平衡而造成向后翻的危险。

五、攀岩比赛规则

1. 比赛分类

现代攀岩比赛有速度赛和难度赛两种。我国最初的攀岩比赛是以速度和高度来确定比赛成绩的。例如，同一高度用时间少者为胜。为了尽快地与国际登山协会接轨，使我国攀岩水平尽快提高，这两种攀岩比赛逐渐向国际化靠近。

2. 岩壁规格

一般的攀岩壁宽度不少于 3 米，高度不少于 12 米，比赛路线设计长度不少于 15 米。

3. 比赛难度

比赛的路线由专门的定线裁判员设计，设线的难易程度是根据比赛水平的高低来定的，可分为 A、B、C 三级，如 5A、5B、5C，5 是代表级别的系数。

4. 比赛要求

比赛要求定线员将路线设计好后，在比赛开始之前，任何人不得通过其他渠道了解情况，只有在赛前给予运动员 6 分钟时间观察路线，然后开始比赛。在比赛过程中，设有运动员与其他外界联系的隔离区，使比赛能够公平竞争。

5. 成绩计算

比赛将难度赛、速度赛分开。难度赛主要是运动员必须在规定时间内完成攀登，如果不能完成则记录在规定时间内攀登的高度，如果在攀登过程中脱落，则以脱落时的高度为运动员的成绩，不计时间。速度赛则以时间为主，谁的速度快谁的成绩就好，但是，每次攀登必须登顶，否则成绩无效。速度赛是计两条线路时间的总和。

▶ 第三节　定向越野

一、定向越野的起源与发展

定向越野起源于瑞典，最初只是一项军事体育活动，后来逐渐演变成为一项户外体育运动项目。定向这个词在 1886 年首次使用，意思是在地图和指北针的帮助下越过不为人所知的地带。最初的定向比赛于 1895 年在瑞典斯德哥尔摩和挪威奥斯陆的军营区举行。

定向越野是一项高度发挥个人智慧和体能的户外运动。这种根据自己能力选择路线行进是极为独特而令人兴奋的，每一次的行进路线都不同，只有脑力与体力协调配合才能取得期望的理想成绩。定向越野不仅是一项富于冒险和专业运动的体育项目，也是任何喜爱户外运动的人都可以参加的一项大众体育项目。定向越野通常设在森林、郊外和城市公园里进行，也可在大学校园里进行。

二、定向越野的健身价值

定向越野运动对国人而言或许有点儿陌生，但在欧美各国已风行多年，参与活动者需要利用地图及指北针判读地形、地势、方向等，穿越那不可知的地区，活动内容相当丰富并充满趣味性。在定向运动的世界里能让你充分地与大自然结合，体验与大自然合而为一的感受。

定向越野是一项健康和智慧相结合的体育项目，是智力与体力并重的运动，它不仅能强健体魄，而且还能培养人独立思考和独立解决困难的能力，以及在体力和智力受到压力的情况下迅速做出反应、果断决定的能力。

定向越野是一项学生体育项目，因为它能培养学生独立分析问题和解决问题的良好的逻辑思维能力。

定向越野是一项人融于自然环境的体育项目，走进自然是因为热爱自然，同时也应保护自然，并遵守自然环境规则。只要喜欢，定向越野一定能带来全身心的快乐。

三、定向越野的学习方法

1. 定向越野的学习方法

运动员需凭个人定向技术、地图阅读能力、指北针运用及自己的思考判断，在陌生的野外环境中，寻找赛会预先放置的各控制点。控制点的位置是预先绘制在地图上的，当运动员到达控制点时可以找到控制点标志，它是三面一方尺（30厘米×30厘米）的旗号，对角分白色和橙红色，控制点编号印在上方白色位置，运动员利用附在标志上的密码夹，在控制点适当位置上打孔做记号，证明他曾到达该处。但控制点与控制点之间的路线没有限制，通常两点之间的路线会有两个以上的选择，寻找完成所需到达的控制点后，返回终点报到。

2. 定向越野技术的学习方法

（1）野外辨别方向。

在自然界，人们要在野外确定方向，主要还是依靠经验和工具。①利用地物特征可以帮助辨别方向，房屋门一般朝南开；树木通常朝南的一侧枝叶茂盛、色泽鲜艳、树皮光滑，向北一侧则相反；如墙、地埂、石块等，其向北一侧的底部较潮湿；再如河流、水塘、坑等，其向北一侧地缘的情况与凸出的地物相同；②利用指北针辨别方向十分简便快捷。将地图与指北针放于水平状态，转动地图直到地图上的指北针与指北针红色指针平行，地图即被定向。指北针在定向中，红色的指针永远指北。

（2）熟练使用定向越野图和指北针。

熟练地掌握使用国际定向越野图与指北针的各种方法，是为了正确使用越野图，因此在学习定向越野技能的阶段，必须选择合适的场地，用较多的时间去进行使用越野图与指北针的训练。

①越野图的比例尺是越野图上最重要的参数之一。

要学会识别、使用越野图，首先应懂得地图比例尺是图上某线段的长度与相应实地水平距离之比，如某幅越野图的图长为 1 厘米，相应实地的水平距离为 15 000 厘米，则这幅越野图是将实地缩小15 000倍测制的，1 与15 000之比就是该图比例尺。

②越野图符号的识别对于正确使用越野图是十分重要的。

识别符号不能靠机械记忆，需要了解它们的制定原则，了解符号的图形、色彩和其间的逻辑联系，这样才能根据符号联想出每一种地面物体的外形、特点和它的专门功能。

首先是符号的分类与颜色。地貌用棕色表示；岩石与石块用黑色表示，人工地物也用黑色表示；水系与沼泽地用蓝色表示；植被用绿色表示；白色表示普通林区；黄色表示空旷地；紫色是线路。

其次符号是有等级的。根据各类符号在定向越野图上出现的频率，同时为了促进全世界定向越野地图的标准化，国际定联将越野图的符号分为 3 个级别。

最后为了完整而详细地表示出地形，同时又保证越野图的清晰与易读，国际定联还制定了越野图符号的最小尺寸以及相互靠近的符号的关系的处理原则与最小间隔。

③越野图的地貌是定向越野中主要的，甚至是唯一的行进参照物。

只有地貌才是最经常、最稳定、最可靠的向导。要想认识越野图的地貌，就必须清楚等高线显示地貌的方法，等高线是按高程测定的。高程是地面上各点高出平均海水面的高度，即海拔，两点间高程之差叫高差，即比高。等高线显示地貌的原理，可以通俗地解释为：设想把一座物体从下至上地按相等的高度一层一层地水平切开，这时物体的表面便形成了若干大小不同的截口线，将这些截口线垂直投影到一个水平面上，形成一圈套一圈的等高线图，显示出该物体的形态。

④磁北线是地图上表示地磁的方向线。

它不仅可以用来标定地图的方向、测量目标的方位角，还可以用于概略地判明行进路线的方向和距离。磁北线在图上用 0.175 毫米的黑色平行线表示。在 1∶1.5 万的越野图上，要求两相邻磁北线间的距离约相当于实地 500 米；在 1∶1 万的图上，要求两磁北线间的距离约相当于实地 250 米。磁北线在图上的长度，要求贯通整个赛区。

⑤要完整、正确地理解越野图。

由于图上物体的数量、形状、大小、位置等与实地并非总是完全一致的，读图时，可以先综合扫视一下图上的比赛地域，而后确定需要获取需要的信息；对各类符号要综合阅读，要了解它们之间的方向、距离、高差等空间位置关系；要快速而准确地确定自己在图上的位置、下一步的行进路线和方向；由于人为或自然的原因造成的地形变化是不可避免的，因此，越野图的测图时间也要考虑到。

⑥指北针的主要作用为辨别方向，在定向越野中它是不可或缺的工具。

首先，正置地图，使地图跟地面环境互相配合，地图北向正北面，把地图转移至指北线与磁针同时指向北方；其次，测量前进方位，协助找出前进的方向，将指北针放于地图上，基板边缘连接自己(A)及目标(B)，然后将指北针及地图一并转移直至地图正置，这时前进箭头指示的方位便是前往的目标的方向；最后，在比赛中，忽略了自己的位置常是初学者易犯的错误，应保持冷静，利用地理环境及指北针找出自己在地图上的位置，再定出前往目标的路线。

(3)越野跑。

定向越野的越野跑实际上是一种长距离的间歇式跑。一方面要求尽可能地减少人体能量的消耗，维持一定的跑速；另一方面又要能根据比赛情况，具有快速跑进的能力。因此，在比赛过程中要尽量使全身动作协调配合，利用跑中产生的支撑反作用力与惯性不断前进，使身体保持平衡。呼吸时利用鼻子与半张开的嘴自然、有适当深度并有节奏地呼吸。按比赛的阶段不同、路段不同以及自身体能状况的不同来合理分配体力，速度不宜过快，动作要协调而富有节奏，尽量节省身体能量的消耗。越野跑时，由于跑的地点和环境在不断变化，所以跑的技术也要因条件的改变而随之变化。

下面介绍的仅是几种常见地形上的越野跑技术，在平路上时，基本采用与中长距离跑相同的技术；在草地上时，用全脚掌着地，同时留心向前下方看；上坡时，上体应前倾，大腿抬高一些，并用前脚掌着地；下坡时，上体应稍后仰，并以全脚掌或脚跟着地；从稍高处往下跳时，可用跨步跳的动作，并以屈膝来缓和冲击的力量；在树林中奔跑时，一般都用手随时护住脸部；遇到小的沟渠、壕坑、矮的灌木丛或倒伏树木时，要增加跑速，大步跨跳而过；通过独木桥等狭窄悬空的障碍物时，应使脚面外转成八字的跑法或平稳地走过。

(4)选择比赛路线。

果断、细心、迅速地选择最佳的行进路线，是定向越野比赛中取胜的重要手段。选择最佳行进路线的能力是建立在掌握其他定向越野技能，尤其是识图用图能力基础之上的，是体能与技能在比赛中的综合运用。选择路线时需要考虑各种选择的可能性，两点之间通常有多种选择，直线距离并不总是最佳选择。因此，选择路线的标准应该是安全性能最高以及体能消耗最少，易于发挥自己的技能和体能优势。如遇到高地、地坡、围栏之类的障碍时，是翻越还是绕行？当遇到密林、沼泽、水塘之类的障碍时，是通过还是绕行？另外，不同地形对奔跑速度也有影响，公路、空旷地、森林、山地或树林等不同地形，所需的时间也不同。

因此，选择路线要遵循下述原则：尽量沿线形地貌(公路、输电线、小径、湖边等)行进，在线形地貌上容易确定站立点，使运动员更具信心；地面相对平坦，有利于提高奔跑速度，走高不走低；如果不得不越野，应尽量在高处(如山脊、山背)行进，避免在低处(如山谷、低地)行进。因为，地势高，展望好，便于确定站立点和保持行进方向，高处通风、干燥，荆棘、杂草、虫害及其他危险少。在山脊这样的地方，常常会有放牧、砍柴人踏出的小路，利用它，便于提高奔跑速度。在实际操作中，仅依靠上述一般原则决定路线的选择还不够，还要让自己的"感觉"或"估计"变得更有科学依据，才有可能更快地提高定向越野成绩。

四、定向越野的练习方法

1. 地图正置及拇指辅行法

先将地图正置，把拇指放在地图上自己的位置。这样前进的方向便在地图前面，使你能清楚观察四周的环境及地理特征。当前进时，拇指随着移动，当改变前进方向时，地图也要随着转移，即保持地图指向正北方。这样你就可以在任何时候都能立即指出自己在图中的位置。

2. 利用指北针，准确地找出目标的方向

每次前往目标时，可先观察目标周围地势，加深印象，务求快速及准确地到达目的地。

3. 扶手法

利用明显的地理或人为特征作引导，使行进时更具信心。如小径、围栏、小溪涧等，皆是有用的扶手。

①搜集途中所遇特征。确保前进方向及路线正确，切勿将相似的特征误认。

②攻击点。先找出控制点附近特别明显的特征，然后利用指北针，从攻击点准确迅速地前往控制点。攻击点必须是容易辨认的，如塔架、小路交点等。

③数步测距。先在地图上量度两点间的距离，然后利用步幅准确地测量要走的路程方法。先度量 100 米所需步行的步数（设 120 步），当在地图上发觉由 A 点到 B 点的距离是 150 米便可算出应走 180 步。为了减少数步的数目，可以利用"双步数"，只数右脚落地的一步便可把步数减半。

④目标偏测。利用指北针前进，把目标偏移，当到目标的上面或下面，才沿扶手进入目标。

五、定向越野的基本规则及程序

1. 定向越野器材

(1)号码布一般不超过 24 厘米×20 厘米，号码数字的高不小于 12 厘米，字迹要清晰，字体要端正。正规的比赛要求将号码布佩戴于前胸及后背两处。

(2)指北针多由组织者提供，如要求自备，则可能会对其性能、类型做出原则上的规定。目前国际上的定向越野比赛常使用由透明有机玻璃材料制作的指北针。

(3)检查卡片主要用于判定运动员的成绩。用厚纸片制成，分为主卡和副卡两部分。主卡由运动员在比赛中携带，并按顺序将每个检查点的点签图案印在空格中，到达终点时交裁判人员验证；副卡在出发前交工作人员留底和公布成绩时使用。检查卡片的尺寸一般为 21 厘米×10 厘米。

(4)地图是定向越野最重要的器材，幅面的大小是根据比赛区域的大小来确定，比例尺通常为 1∶1.5 万或 1∶2 万，当需要时也可采用 1∶1 万或 1∶2.5 万；等高距为 5 米，当需要时也可用 2 米至 10 米，但在一幅图上不得使用两种等高距；越野图的精度，要使以正常速度奔跑的运动员没有任何不准确的感觉；越野图还要详细表示与定向和越野跑直接相关的地物、地貌，要利用颜色、符号等详细区分通行的难易程度。

(5)检查点标志是由 3 面标志旗连接组成，每面正方形小旗，沿对角线分开，左上为白色、右下为红色，旗的尺寸为 30 厘米×30 厘米，可以用硬纸壳、胶合板、金属板、布等材料制作。标志旗通常要编上代号（国际上过去曾使用数字做代号，现已规定使用英文字母），以便于选手在比赛时根据旗上的代号来判断他是否找到了正确的检查点。

(6)点签是与检查点配合而起作用的,它提供给运动员一个到达位置的凭据。点签的样式很多,但最常见的还是印章式和钳式。

(7)定向越野比赛对运动员的着装没有特殊的要求,通常衣裤以紧身又不影响呼吸与运动为宜。为防止树枝刮伤和害虫侵袭,最好选用面料结实的长袖衣和长裤甚至使用护腿;鞋身防水、轻便、柔软而又结实,有利于上下陡坡、踩光滑的树叶或走泥泞地。鞋底的花纹最好是高凸深凹的齿,避免在碎沙地上奔跑时滑倒。

2. 报到处

运动员在比赛前被带到赛区的报到处,办理登记手续,领取比赛号码布。在会场内可查阅运动员的出发时间和有关比赛的资料。

3. 出发区

运动员出发前 10 分钟到达出发区,通常出发区距离会场数分钟至 30 分钟的路程,运动员依赛会指引,自行前往,如因个人延误迟到,所损失的时间将不予补偿。

4. 比赛

各组的运动员每隔 1 分钟或若干分钟出发一队,出发后运动员必须离开出发方格,以免阻碍其他运动员出发。出发后须寻找所需到访的控制点然后返回终点报到。

5. 终点处

运动员通过跑道,越过计时器后,计时员会把他到达的时间记录下来,然后在地图收集处缴回地图及控制点。运动员返抵终点后须迅速离开,以免妨碍后来到达的运动员。

6. 重返会场

运动员可从布告栏上查阅比赛成绩及在稍后时间取回赛图留念。如有投诉,须于成绩公布后 5 分钟内提出。颁奖后,可各自离场。

▶ 第四节　登山运动

一、登山运动的起源与发展

现代登山运动诞生于 18 世纪欧洲西部的阿尔卑斯山区。由于现代登山运动兴起于阿尔卑斯山区,在世界各国登山运动便又被人们称为"阿尔卑斯运动",把德索修尔、帕卡尔和巴尔玛誉为世界登山运动的创始人。此后,登山逐渐发展成为一项为大家所爱好的运动。

二、登山运动的健身价值

登山是古今中外广为推崇的一项亲近大自然、强身健体的活动。在攀登过程中,手的抓、拉和下肢蹬、踏、跨越等动作,可增强全身肌肉、关节的力量和柔韧性。登山时,人体需要大量的氧气,从而可使心脏搏动和呼吸加快加深,有助于锻炼心肌和呼吸肌,防治心血管系统和呼吸系统的疾病。

三、登山运动入门与基础

1. 登山器材

登山装备是登山活动中集体和个人所使用的专用装备、保障装备和日用装备的总称，它与登山食品、燃料一起构成登山活动的整个物质保障。

(1)登山专用装备。

登山专用装备即直接与登山活动有关的必需匹配的装备，包括被服装备、技术装备和露营装备。

被服装备：主要是常用的保暖、防护等一系列物品，如岩石衣裤、岩石革、御寒服装、风雪衣、高山靴、行囊及防护眼镜等。

技术装备：主要是进行技术操作时的必需装备，如冰镐、冰爪、铁锁、安全带、主绳、辅助绳、雪崩飘带、钢锥、雪铲等。除此之外，可根据每次任务的具体路段情况，改进、制备相应的增效技术装备，如上升器、下降器、走雪橇、金属梯、小挂梯、滑车等。

露营装备：主要是提供休息、饮食的装备，如帐篷、睡袋及灶具等。

(2)保障装备。

保障装备不是登山运动专用，而是为了应付各种意外情况及其他目的而备用的一些器材和用具，如氧气装备、通信器材、摄影器材、自卫武器、交通工具、观测仪器、救护器材和一般用品等。保障装备的种类和数据配备要根据任务性质和队伍规模而定，有时要从简，有时则要加强，其中较重要的有氧气装备、通信器材和摄影器材。

(3)日用装备。

日用装备包括起居用品、卫生用品、简单工具、常备药品、辨向图仪、娱乐用品、纸张文具、缝纫用品、灯火照明、体育用品等。一次登山活动，运动员在高山区活动时间较长，有时可达一两个月，所以各种用品必须携带齐全。

2. 登山技术

登山技术是指登山运动中为克服在复杂地形上遇到的各种困难而采取的科学的操作方法。在登山时遇到的各种地形困难是运动员行动的威胁和障碍。在同一客观困难面前，是战胜它去夺取胜利，还是陷入险境而酿成事故，一般说与登山运动员的技术状况、集体配合有很大关系，因此登山技术对于实现各种登山战术要求具有重要的意义。

登山技术主要分为结绳、保护、攀登、下降、渡河、搭桥等技术。

(1)结绳技术。

结绳技术即绳索之间、绳索与其他装备之间的连接，称为结绳技术。在登山进行过程中，相互保护、越过障碍、攀登岩石或冰雪陡壁、渡过山涧急流，都离不开绳索，所以绳索是登山中所使用的最重要的装备。

结绳方法依其用途不同可分为以下几种。

固定用的绳结：即将绳索一端直接固定于自然物体上。固定时多采用布林结、牵

引结和通过结。

接绳用的绳结：即根据要求，将短绳接成长绳时使用的绳结。多采用平结、交织结（分单双交织结）和混合结。

保护用的绳结：是使绳索之间或绳索与铁锁之间能够产生摩擦和滑动的一种连接。多采用单环结和抓结。

操作用的绳结：主要有双套结，用于特定攀登、下降技术中的操作用结和收绳缠绕后固定绳头的用结。

（2）保护技术。

为防止登山过程中因动作失误而引起意外险情所进行的各种操作，统称为保护技术。在攀登、下降、渡河、救护等技术操作中，为保证安全，都需要各种保护技术配合。保护技术主要分为固定保护、行进保护和自我保护3种。

①固定保护。

根据保护与被保护者的相对位置，固定保护有交替、上方和下方3种保护方式。

交替固定保护：结组通过较陡峭的冰坡时，多采用这种保护。具体要求是，一个结组内同时只能有一个人行进，其他人停止行进，将冰雪锥或冰镐打入坡面，作为牢固支点，并将主绳在它上面按特定的要求缠绕。与行进者相邻的运动员做了上述操作后，还要根据行进者的速度做收绳、放绳动作。行进者走完主绳间隔那一段距离后，停下来，重复做保护者的动作，第二人便开始行动。依次反复行进。

上方固定保护：因固定保护者处于被保护者上方而得名，多用于攀登峭壁的保护中。保护者在峭壁顶部，利用钢锥或自然物将主绳一端牢牢固定，然后将身体牢固地结于主绳的相应位置，构成自我保护装置，以免攀登者失误脱落时被牵动。最后，将主绳另一端抛给峭壁底部的攀登者，攀登者将绳端牢固地结于自己身上，通知上方后便可以行动。保护者随着攀登者的行进要不断做收绳动作，勿使主绳松弛。

下方固定保护：第一人攀登峭壁时，因上方无人，只能采用下方攀登保护，即保护者的位置在攀登者的下方。其装置也是将主绳的一端于保护者附近固定，另一端交攀登者系在身上。攀登者在行动过程中要不断地把主绳挂到自己打入峭壁的新支点上，保护者要随着攀登者的上升不断做放绳动作。在攀登者失误滑落时，因牵动保护者的拉力来自上方，对保护者构不成威胁。故一般情况下，下方保护者可不设自我保护装置。

②行进保护。

行进保护是指行进中不需要预设专人保护，而只是在出现险情后依靠保护装置所采取的一种应急保护技术。最简单的方法是用主绳将2～5名运动员的身体连接牢固，构成一个结组。结组行进中，一旦有人失误滚坠，同组其他人都要利用保护装置进行保护性操作，即立刻以最方便的姿势和最快速的动作，将冰镐全力插入冰雪、碎石或裂缝中，以期通过固定自己的身体而拉住滚坠者。

③自我保护。

不管是行进保护还是固定保护，攀登者一旦失误，都不能消极地依赖别人的保护，而要尽量做出各种自救动作，这叫作自我保护。特别是在采用行进保护的情况下，失误滑坠，要向同伴高呼"保护"，同时迅速将身体成俯卧姿势，并用全力使冰镐尖与坡面摩擦，以减低下滑速度。

（3）攀登技术。

攀登技术是指攀登、下降、渡河等技术。根据不同地区的地貌特点，将攀登技术分为岩石作业和冰雪作业两大类。在两类作业技术中，一般是根据地形的不同程度运用相应技术。攀登技术主要有以下几种。

①攀登岩石、峭壁技术。

垂直路线的攀登：垂直路线，只要攀上的岩壁坡度为90°，属十分陡峭难攀的路段，就必须采用三点固定攀登、抓结攀登及上升器攀登法。

所谓"三点固定"攀登法，即双手、双脚握（或蹬）牢3个支点后才能移动第四点。这是攀登岩石峭壁常用的基本方法。在攀登陡峭的岩石壁，没有可抓握支点的情况下，可在主绳上用辅助绳打上抓结，另一头打上双套结，然后脚踩双套结，手推抓结向上攀登；也可利用上升器的咬齿与主绳的摩擦，使之只能向上推动不能向下滑脱而逐渐上攀。

缘绳攀登：在攀登小于90°的岩壁和陡坡时，可利用上方固定好的主绳扔至下方，攀登者可双手抓绳、脚登岩壁而上，为了安全还可打抓结将身体与主绳连接，手推抓结向上攀登。

双人结组攀登岩石峭壁：遇到攀登路段过长，一次登上有困难时，可两人交替保护攀登。第一个攀登者要带足所需器材和设备，按双人结组装置连接，特别要注意绳套和铁锁。

人工攀登岩石峭壁：遇到岩壁陡峭光滑，无任何可利用的自然支点，或岩壁成屋槽状时，就必须采取人工攀登的方法。这种方法，就是将准备好的挂梯交替向上挂在相应的人工支点上，攀登者利用挂梯作支点向上攀登。

②攀登冰陡坡技术。

在冰雪作业中，主要困难来自超过45°的冰陡坡。在这种路段上攀登时，脚下容易滑脱，平衡较难掌握。一旦滚坠，下滑速度很快。因此，不仅要在脚下佩戴冰爪，而且在一般情况下要用绳索结组，在固定保护下轮流单人攀登。如路段不长，下方又无危险地形，也可结组同时攀登。攀登时，双手在胸前横握冰镐：一手握镐头三通处，镐尖朝下；另一手握冰镐下方1/3处（双手距离约等于肩宽）。双臂用力将冰镐尖扎牢于冰面，然后依次移动双脚，反复进行。踏脚时也要用力使冰爪扎牢于冰面，或者采用双手各握一把短小冰镐向上攀的方法。在攀登45°以下冰坡以及各种雪坡时，脚下佩戴冰爪，在冰镐辅助下自然上攀即可。只是在冰坡上行进时要用力踏足，以使冰爪扎牢于冰面。

③下降技术。

根据路线的坡度，下降分为缓坡、中坡、陡坡、峭壁4种不同难度的技术。其中，在45°以下的缓坡、中坡下降，因危险性小，一般不需要特殊装备和技术，在冰镐辅助下，根据体力情况，自然下降即可。

四、登山运动的练习方法

简单而言，要从事登山活动，在练习中必须要具备体力、装备、知识三大要素，然后前往任何的山区活动，才会是安全、快乐与健康的。

1. 体力

在登山运动中，体力是至关重要的。体力的训练方法：首先要准备一双慢跑运动鞋，使慢跑者不易造成运动伤害。可在运动场、公路等地方，以最舒适的速度进行练习，并尽量的跨大步伐，从 1 000 米跑开始，最好每天都跑，每天加一些距离，当距离已达 3 000 米或 5 000 米时，才将速度慢慢加快，同样的要以舒适为佳，不可超越个人的体能状况。当然，除了慢跑之外，还可进行一些重量训练、柔软度训练。在登山运动者中，许多人或多或少都有些运动伤害，这些运动伤害有许多因素与体力、重量训练的不足有关。

2. 知识与技术

从事登山运动，必须进行相关知识的学习，并接受各项训练，才能得到安全的保障。知识的增加，除了安全之外，更能增加乐趣与情趣，那该去读或听哪些课呢？与安全息息相关的毒虫和蜂的防治、气象学、地图与指北针的认识和使用、运动医学、高山医学、食用植物、登山装备的分析、大型动物的认识等，还有地形地质学、植物学、鸟类的识别、动物昆虫的识别、摄影术等。技能训练上，有求生训练、攀岩训练、急救训练、雪地技术等，甚至连救难方法也是需要学习的。

五、登山运动的有关规定和成绩确认

登山是一种运动，但不是体育比赛。登山没有人们规定的像高尔夫球赛和足球赛那样的比赛规则。当然，登山运动也有其另外的一种规则，如果忽视这些规则就会出现危险。

国内登山团队应当遵守下列规定：①按照国家体育总局登山运动管理中心和山峰所在省、自治区、直辖市体育行政部门核准的山峰和路线攀登，不得攀登其他未经批准的山峰和路线。②使用山峰的名称、高度，应以国家有关部门最新正式公布的名称、高度为准。

>>>>>>>>>>>>>>>>>>>>>>>> 复习思考题 <<<<<<<<<<<<<<<<<<<<<<<<<<<<

1. 户外运动的概念是什么？
2. 野外生存自卫与自救方法是什么？
3. 登山运动和攀岩运动的健身价值有哪些？
4. 定向越野技术野外如何辨别方向？

第十八章　棋牌运动

▶ 第一节　棋牌运动概述

棋牌运动是一种比智慧、比技巧、比体力的体育项目，在全世界有着广泛的群众基础。由于其所需器材简单，不受场地限制，不同年龄、性别、身体条件的人均可参加，因此深受世界各国人民的喜爱。

棋牌运动分为两大类：一类是牌类游戏，它起源于我国汉朝的"叶子戏"，由韩信发明后供士兵们娱乐用，后来逐渐风靡全国，不但民间百姓爱玩，许多文人学士达官贵人也都乐此不疲。以后，在13世纪传入欧洲及其他国家，玩法也越来越多。在意大利出现了一种扑克纸牌，简称"扑克牌"，引起了人们广泛的兴趣，玩的方法也不断增多，现已发展到百余种。扑克牌游戏既有章可循，又变化无穷，智趣合一。它在文化娱乐中既可在街头巷尾打摊，又能登堂入室成高雅风流之举；可双人玩又可多人玩，情趣无穷，在群众中有深厚的基础因而久盛不衰，其中较为高雅且广泛流行的有桥牌等。另一类是棋类游戏，我国自古以来就是棋类的故乡，春秋战国始，弈棋游戏就成了老师教育学生的手段。"余暇善弈""通国善弈"已成为当时社会风尚。所以出现了"棋士"与"棋圣"之说。除我国以外，世界各国和地区也都有自己的传统棋类游戏，加起来有上百种之多，现在较为流行的主要有国际象棋、中国象棋、围棋、五子棋等。

棋牌运动集科学性、艺术性、趣味性为一体，它有助于开发智力，培养逻辑思维和想象力，加强分析能力和记忆力，提高思维的敏捷性和严密性。它能丰富人们的文化生活，增进友谊，陶冶情操，培养顽强勇敢、坚韧不拔的精神。

▶ 第二节　围　棋

一、概述

围棋，是中国一种古老的文化遗产，历经两千多年沧桑而始终不衰。围棋不仅在中国广为流传，隋唐时已传至日本，明治维新后获得很大发展。近代韩国的围棋后来居上，近年来已形成了中、日、韩三足鼎立的局面。目前世界性的重要赛事有：富士通杯、应氏杯和LG杯等；另外还有世界业余围棋锦标赛。

二、围棋的下法与基本规则

1. 棋盘、棋子

围棋盘由纵横各 19 道线交叉组成。棋盘上共有 361 个交叉点，这些交叉点称为"口"；有 9 个"·"，称为"星"，中央的星位又称"天元"；在各个"星"的附近，以地域划分为：右上角、右下角、左上角和左下角；上边、下边、左边和右边；棋盘的 4 条边线称为第一线，向中腹推进一线为第二线。

围棋的棋子为圆形扁片，分黑、白两色。

棋子的数量以黑子、白子各 180 个为宜。

2. 围棋的下法

围棋的着子规则十分简单。对弈时，一方执黑子，一方执白子，执黑方先下第一子，执白方继下一子，如此，双方轮流下子直至终局。让子棋白棋先走。棋子应下在无子的交叉点上，棋子下定后，不得向其他点移动。围棋规则规定的"禁着点"不能下子，最后以占地多少决定胜负。

3. 气和提子

一个棋子或几个棋子都有通过直线与它相连的交叉点，这些相邻交叉点就是一个或几个棋子的"气"。当一个棋子或连接着的数个棋子的相邻交叉点被对方棋子占领时，一个或几个棋子便呈无气状态，就不能在棋盘上存在。

把无气之子提出盘外的手段叫"提子"。提子有二种：一种是下子后，对方棋子无气，应立即提起；另一种是下子后，双方棋子都呈无气状态，应立即提起对方无气之子。

如图 18-1 所示，印有标记的交叉点称为"气"。

如图 18-2 所示，黑棋的气被白子全部占有，此时白方就应该把黑子从棋盘上拿掉。

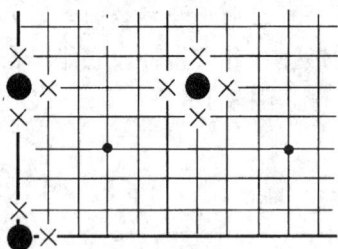

图 18-1

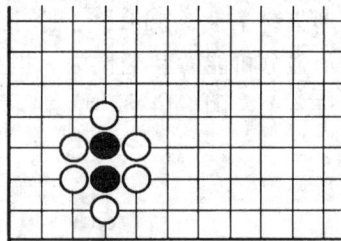

图 18-2

4. 眼、活棋和死棋

所谓"眼"就是用棋子围起来的空白交叉点。当一块棋有两个以上的眼或具备做成两个眼的条件，对方无法吃掉时，这块棋就是"活棋"。如图 18-3，黑具备 a、b 两个眼，因此是活棋。只有一个眼或者不具备做成两个眼的棋，被对方围起来后，就是"死棋"，如图 19-4 的白子。

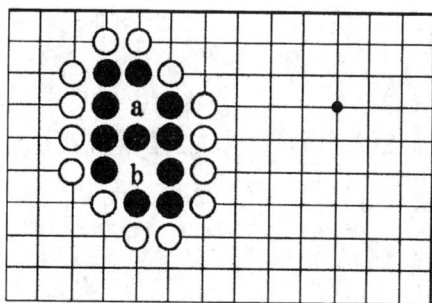

图 18-3

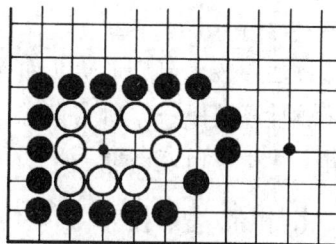

图 18-4

在某种情况下，如图 18-5，被围住的白棋若先手于 A 位下子，可以做成两个眼；但若是被黑棋先手于 A 位下子"破眼"，白即为死棋。

在一种特殊情况下，图 18-6 所示，黑七子与白六子均已被对方包围，双方均无外气，仅剩下 A、B 两口"公气"。此时，以白方为例，若白方于 A 或 B 位再投入一子时，就会被黑方将白七子全部吃掉，若黑子投入亦会被白方吃掉，因此，在这种情况下，双方都不敢入子打吃对方的棋称为"双活"，即都是活棋。

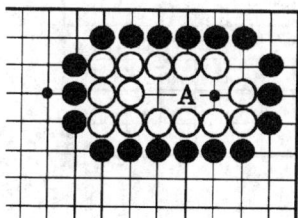

图 18-5

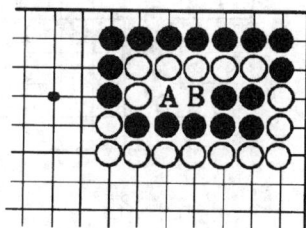

图 18-6

5. 禁着点

棋盘上任何一点，如某方下子后会使这部分棋子成为无"气"状态，同时又不能吃掉对方的棋子，这种空点叫"禁着点"。禁着点内是不允许下子的。图 18-7 中的 A 位是黑的"禁着点"。

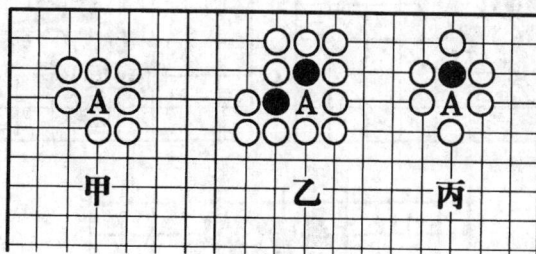

图 18-7

6. 胜、负与计算方法

两人轮流下子，最终占点（地）多者为胜。在互先（即互相先走）的比赛中，为了抵消黑方的先手之利，可规定黑方贴给白方 $2\frac{1}{2}$（五目）或 $2\frac{3}{4}$（五目半）。让先（即让对方

先走)的比赛中,黑不贴子,双方水平如有较大差距时可用让子的办法加以平衡,如让2子、3子、4子……9子等。

计算方法一般采用数子法。即在双方占完单官终局后,先将两方的死子从棋盘上拿净,然后计算其中一方所占的点数,如规定黑方贴给白方五目半,则黑方占得184点为黑胜3/4子,白方占得178点为白胜1/4子。

三、围棋的基本技术

1. 叫吃

叫吃就是棋子再差一步就被提起的形状。如图18-8,此时黑如不应,白走a位可以将黑子提起。

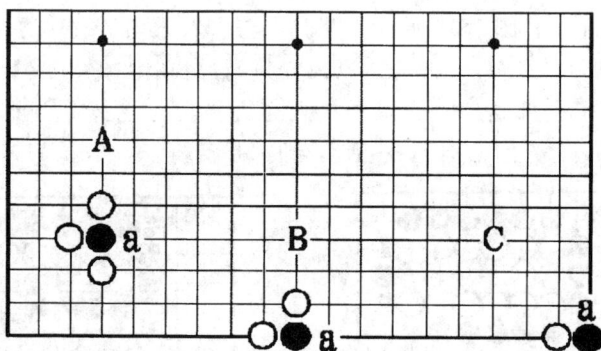

图 18-8

2. 征子

用连续叫吃的方法提掉对方的子,就是征子。如图18-9,A、B、C所示,黑①叫吃,白棋a位逃出,最后黑将白棋全部吃掉。

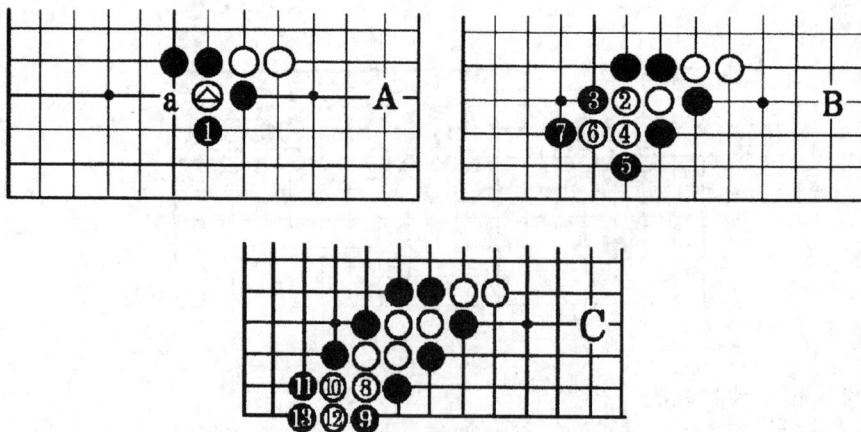

图 18-9

3. 打劫

打劫是指黑白双方互相间的一个子的提取。如图 18-10，黑走 1 位把白子提后，白子不能立即在 2 位提回，必须先在别处走一子后方能提回，叫"打劫"。

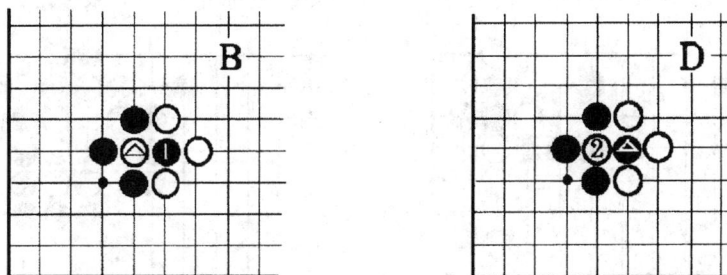

图 18-10

打二还一：图 18-11，白①位下子将黑两子提起，黑可立即走 2 位将白①提起，叫做"打二还一"。

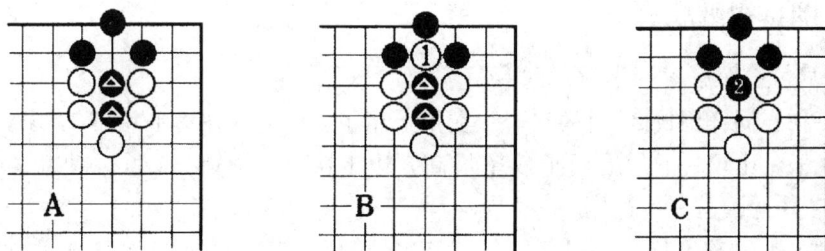

图 18-11

4. 尖

下围棋有句话叫"凡尖无恶手"，图 18-12，白①位尖是攻杀黑棋的绝好手段。

5. 立

图 18-13，黑走 1 位立，成活棋。

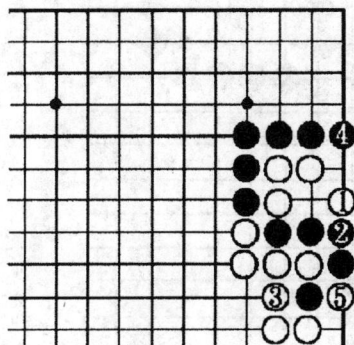

图 18-12

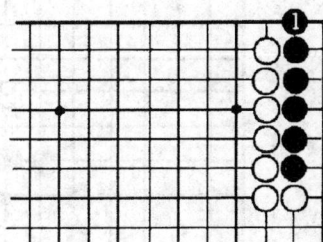

图 18-13

6. 夹

图18-14，白①位夹是好手，③渡过后已吃掉黑棋。

7. 扑

图18-15，黑①位扑是破眼的好手，白无论如何也做不成两只眼。

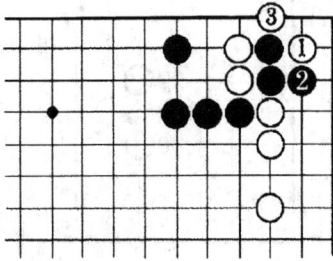
　图 18-14

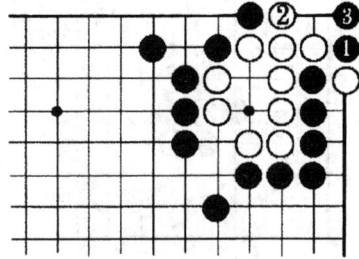
　图 18-15

四、围棋初级战术

1. 布局

图18-16，同样围成26目的空，A在角上用了8子，B在边上用了12子，C在中腹用了16子，比较一下角上用子效率最高，边上次之，故有"金角、银边、草肚皮"之说。

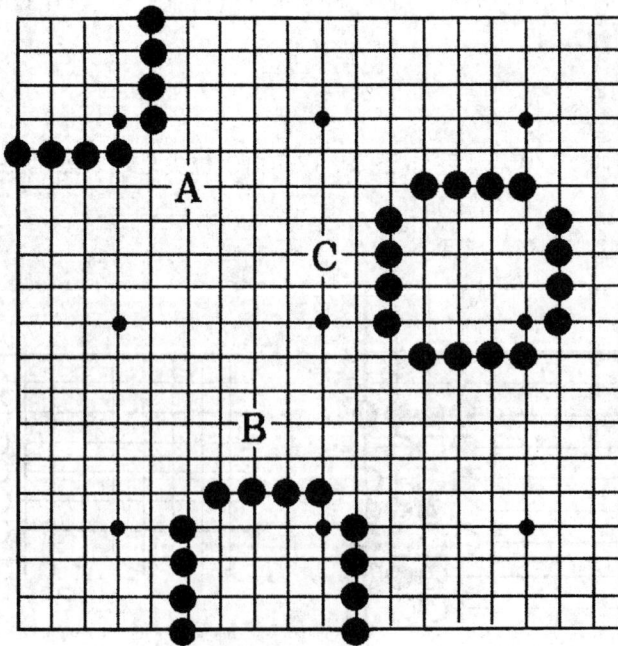
　图 18-16

2. 手筋

在对弈中，往往有一手棋是很关键的，这关键的一手棋就叫"手筋"。如图18-17，黑走1位断是手筋，先送给白一子，然后走3位吃接不归。

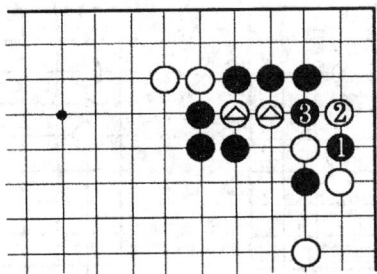

图 18-17

3. 杀气

图18-18，黑白子各有两气，黑先走1位，白2位、黑3位提白子，杀气结果是黑胜。

4. 打入

面对对方布好的阵势，必须用打入的手段进行攻击，如图18-19。

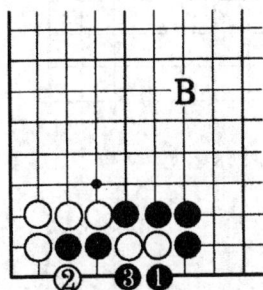

图 18-18

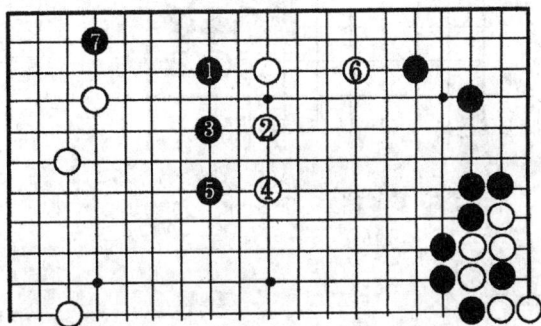

图 18-19

5. 弃子

对局中，为了整个大局的需要，故意送给对方一两个子，并利用送子取得更大的效益，这就是弃子战术。图18-20，黑1位再送一子给白方，7位黑棋先手封住白棋，再9位将白封住，黑弃子成功。

6. 官子

官子是一局棋的最后阶段，收官与胜负是息息相关的。

(1)双先官子：不管哪一方走棋都是先手，这种官子最大，所以收官时要抢收这种官子，必须记住"双先必争"，如图18-21。

(2)双后官子：双方走棋都是后手。所以，即使是目数较大的官子也应放在最后走

棋，如图 18-22。

(3)单先官子：一方先手；一方是后手。是先手就应先走，否则就被对方抢收，如图 15-23。

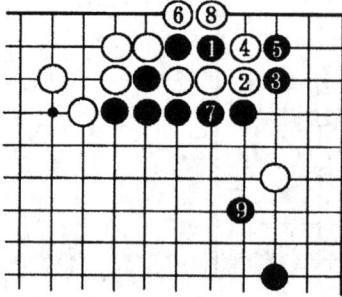

图 18-20

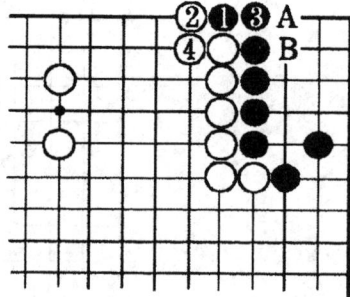

图 18-21

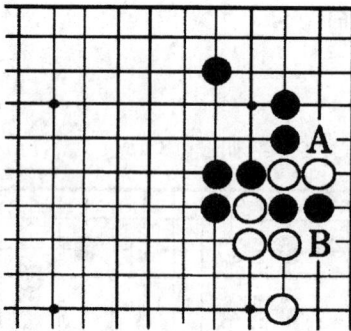

图 18-22

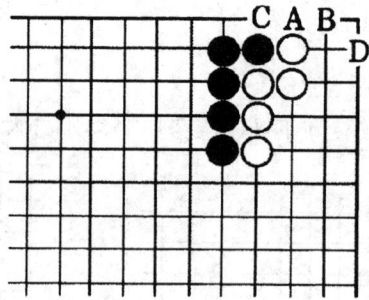

图 18-23

第三节 桥 牌

一、概述

桥牌是一种用扑克牌(除去大、小王牌)进行的对抗性很强的体育项目。它起源于英国，最早叫"惠斯特"牌戏，经过逐步演变，到 1925 年才形成目前世界上流行的定约桥牌(Contract Bridge)，简称桥牌(Bridge)。

二、桥牌打法

1. 打牌前的准备

桥牌是由四人围成一桌，按北、东、南、西四个方位就座，南北方为一对，东西方为一对进行对抗。

(1)发牌。择坐以后，先拣去扑克牌中的大、小王牌，然后洗牌，再由发牌人将洗过的牌从左手方一家开始按顺时针方向每人发一张，到 52 张牌发完（即每人 13 张）为止。

(2)理牌。不管你拿到什么样的牌，都要把四种花色分类理好，以便叫牌和打牌。

(3)估算实力。一副牌中每一种花色都有 A、K、Q、J 四张大牌，在发到的 13 张牌中，大牌的多少代表了这手牌的实力的高低。其算法是将大牌换算成大牌点，或称牌点，即 A＝4 点，K＝3 点，Q＝2 点，J＝1 点。例如：

(a)♠A K 10 9 3

　　♥K 8 7

　　♦Q 9

　　♣10 9 3

在(a)中，有 1 个 A、2 个 K、1 个 Q，共计 12 点，即这手牌大牌实力为 12 点。一副牌 A、K、Q、J 各有四个，共计 40 点，平均每人 10 点，若某一方所持牌的大牌实力高于平均值时就可以开叫。

2. 叫牌

叫牌是为了找到适当的打牌目标——定约所采用的手段，它是桥牌比赛中一个重要部分。同伴间要互相合法地传递消息；要寻找准确的定约；要阻止或干扰对方互通牌情；都是靠叫牌来完成。

(1)叫牌顺序。桥牌中规定，发牌人最先开始叫牌，然后由发牌人左手一家叫牌。叫牌的顺序也同发牌一样按顺时针方向轮流"叫"或"不叫"。在某一家叫出某一定约后，剩下的三家不叫了，即同意这个定约，叫牌就结束。

(2)桥牌术语。桥牌中的叫牌要用专门的桥牌术语来表示。在桥牌中，所有叫或不叫都有其书写形式。四种花色和无将用各自英文名称的第一个字母代替；加倍、再加倍以及不叫用公认的符合代替。即：

♣记为 C　　无将记为"NT"

♦记为 D　　加倍记为"×"

♥记为 H　　再加倍记为"××"

♠记为 S　　不叫记为"/"

当有两家不叫时，第三家也不叫，记为"//"，表示叫牌结束。例如：

第一副：北　　　东　　　南　　　西

　　　　1S　　　/　　　1NT　　　/

　　　　/　　　//

按规定第一副应由北先叫牌。北开叫 1S，东不叫，南叫 1NT。西、北、东均不叫，叫牌结束。东是第三个不叫者，应用"//"表示叫牌结束。这副牌最终定约是 1NT，庄家是南，明手是北，南北方为定约方，东西方为防守方。

(3)"花色"等级。在桥牌中，四种花色和无将有等级之分。其等级由低到高排列如下：

♣ ◆ ♥ ♠ 无将

其中♥、♠为高级花色(Major)，简称高花；♣、◆为低级花色(Minor)，简称低花。

(4)叫牌原则。桥牌中的叫牌有严格的规定，即后一家所叫的牌的定约必须比前一家的大；如果定约数相同，则所叫的花色等级必须比前一家的高。下面是所有叫牌的等级由低到高的排列：

| 1C | 1D | 1H | 1S | 1NT | 2C | 2D | 2H | 2S | 2NT |
| 3C | 3D | 3H | 3S | 3NT | 4C | 4D | 4H | …… | 7NT |

(5)简易精确叫牌法简介。桥牌叫牌一般分两大类。一类为自然叫法，即所叫的牌与花色长度有关；另一类叫约定叫法，花色叫牌常常与所叫花色的长度并无关联，而是有特定的含义。精确叫牌法是当代流行的叫牌法之一，它的主要特点是强迫用1♣开叫，而其他开叫属于限制性叫牌，对牌力、牌型都有比较严格的限制，并且开叫实力低，常常能先声夺人。

①开叫总则(表18-1)。

表18-1 开叫总则

大牌点	牌　　　型	开　　叫
8～10	有一个好的6张高级花色套，主要大牌点集中在该套上	2♥、2♠
8～10	有一个好的7张套，大牌点集中在该套上	3♣、3♠ 3♥、3♦
11～15	◆至少有4张，且没有5张以上的高级花色套	1◆
11～15	至少有5张高级花色套	1♥　1♠
13～15	平均型牌，允许有5张♣套，但不能有单缺	1NT
11～15	有6张或更长的♣套，或5张♣套带4张高级花色套	2♣
11～15	4—4—1—4型或4—4—0—5型，但单缺必须是◆	2◆
16点以上	除22～23点的平均牌型外的任何平均牌	1♣
22～23	平均型	2NT

②第一应叫(表18-2)。

表18-2 第一应叫

开　　叫	第　　一　　应　　叫
1♣	1◆：0～7点　约定应叫　表示弱牌　不保证◆张数 1♥、1♠、2♣、2◆：8点以上　所叫花色至少5张 1NT：8～10点　平均牌型 2NT：11～13点　平均牌型，或者16点以上的平均牌型 2NT：14～15点　平均牌型 2♥、2♠、3♣、3◆：5～7点　跳叫的花色至少6张

续表

开　叫	第　一　应　叫
1◆	不叫：0～7点 1♥、1♠：8～15点　所叫花色至少4张　逼叫 1NT：8～10点　无4张高级花色套 2♣：11～15点　♣至少4张　逼叫 2◆：11～15点　◆至少4张　逼叫 2♥、2♠、3♣、3◆：16点以上　跳叫的花色至少5张（◆可以4张）逼叫成局 2NT：16点以上　平均牌型　逼叫成局 3N：14～15点　止叫
1♥(1♠)	不叫：0～7点 2♥：8～10点　加一支持　配合 3♥：11～13点　加二支持　配合 4♥：14～15点　配合 1♠：8～15点　♠至少4张　逼叫 1NT：8～15点　逼叫 2♣、2◆：11～15点　所叫花色至少5张　逼叫 2NT：16点以上　平均牌型　逼叫成局 3♠、3♣、3◆：跳叫新花，所叫花色至少5张　16点以上，逼叫成局
1NT	不叫：0～7点　平均型或有不好的5张低级花色套 2♣：8～11点　斯台曼约定叫　问开叫者有无4张高级花色套 2◆：12点以上　逼叫性斯台曼约定叫　问开叫者有无4张高级花色套 2♥、2♠、3♣、3◆：0～7点　所叫花色至少5张　示弱止叫 2NT：10～11点　邀请同伴高限进局 3NT：12～16点　平均牌型　止叫 3♥、3♠：16点以上　所叫花色至少5张逼叫成局
2♣	不叫：0～7点 2◆：11点以上　逼叫　不保证◆的张数　要求开叫人进一步报出牌情 2♥、2♠：8～11点　所叫花色至少5张 2NT：8～10点　平均牌型 任何成局叫牌：止叫
2◆	不叫：0～8点　◆至少7张 2♥、2♠、3♣：0～8点　所叫花色至少4张　有时也可以是3张 2NT：9点以上　约定叫　问同伴的◆是单张还是缺门以及开叫的高低限 任何成局叫牌：止叫
2♥(2♠)	不叫：10点以下 2♠、3♣、3◆：11～15点　所叫花色至少5张 2NT：16点以上　一手牌至少有5张，约定叫　问开牌者有无单缺 任何成局叫牌：止叫

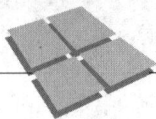

续表

开　叫	第　一　应　叫
2NT	不叫：0～2点　平均牌型或5张♣套 3♣：3点以上　约定叫　问同伴有无4张高级花色套 3♦、3♥、3♠、4♣：0～2点　所叫花色至少5张　示弱止叫 3NT：3～8点　止叫 任何成局叫牌：止叫

3. 打牌

(1)出牌顺序。叫牌结束后，庄家左手方一家先出一张牌——称之为首攻(First Lead)。首攻之后，明手将自己的牌按花色分类堆放在桌子上，由庄家主打(或叫作庄)。明手只能按庄家的指定出牌。

(2)出牌原则与赢墩。四家各出1张牌为一墩(Trick)。按规定在第一家出牌之后，第二、第三、第四家所跟花色应与第一家相同，然后看谁的牌面最大，这一墩就是他们这一对所赢得。牌面最大者领出下一墩牌。若在第一家打出某门花色的1张牌后，跟牌者中有的没有这门花色，可以出其他花色。例如：♠是将牌，西出♥2，北出♥K，东没有♥，用♠3将吃，南没有♥，但没有将吃，而是出♣7，则东西方赢得这一墩，由东领出下一墩牌。又如♥是将牌，东出♣6，南出♣3，西无♣，用♥9将吃，北也无♣，用♥10盖将吃。南北方赢得这一墩，由北领出下一墩牌。

(3)定约数字。定约数字实际上决定了定约方要完成定约，至少要赢得的墩数。这个墩数为定约数与6之和。例如：南定约3♠，定约数是3，南北方至少要赢得9墩才算完成(Make)定约。

4. 计分

桥牌的计分可分为墩分、奖分和罚分三种。

(1)墩分。定约方完成定约后都有一个基本分，其基本分=定约数×该定约的墩分。各花色墩分如表18-3所示。

表 18-3　各花色墩分

各花色墩分 定约种类	是否加倍	未加倍	加　倍	再加倍
高级花色		30	60	120
低级花色		20	40	80
无将	第一墩	40	80	160
	从第二墩起	30	60	120

在桥牌中还有成局与满贯的概念。当定约方最终定约的基本分等于或大于100分时，该定约就叫成局定约。否则叫不成局定约。

（2）奖分。无论完成什么定约，除有基本分外，还有奖分。其奖分见表18-4。

表 18-4　奖分

奖分 定约　　局况	无局方	有局方
未 成 局	50	50
成 局	300	500
小 满 贯	500	750
大 满 贯	1 000	1 500
任何加倍(或再加倍)	50	50

在算奖分时应注意以下几个问题。

①定约方完成小满贯定约或大满贯定约后，除有该满贯奖分外，还有成局奖分。

②定约方完成加倍(或再加倍)后的不成局定约，除有完成任何加倍(或再加倍)定约的 50 分奖分外，还有未完成局定约的 50 分奖分。

③定约方完成加倍(或再加倍)后的成局定约时，其奖分除有成局奖分外，还有完成任何加倍(或再加倍)定约的 150 分奖分。

定约方超额完成定约后，除有基本分和完成定约的奖分外，还有超墩奖分，如表 18-5 所示。

表 18-5　超墩奖分

每超一敦 是否加倍　　局况	无局方	有局方
未 加 倍	墩分	墩分
加 倍	100	200
再 加 倍	200	400

（3）罚分。定约方未完成定约要罚分，即防守方击败定约得分。罚分多少是由宕墩的多少、局况和是否加倍(或再加倍)决定，与定约花色无关。宕墩罚分如表18-6所示。

表 18-6　宕墩罚分

宕墩数	无局方			有局方		
	未加倍	加倍	再加倍	未加倍	加倍	再加倍
1	50	100	200	100	200	400
2	100	300	600	200	500	1 000
3	150	500	1 000	300	800	1 600
4	200	700	1 400	400	1 100	2 200
5	250	900	1 800	500	1 400	2 800
6	300	1 100	2 200	600	1 700	3 400

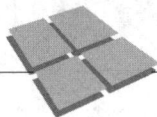

续表

宕墩数	无局方			有局方		
	未加倍	加倍	再加倍	未加倍	加倍	再加倍
7	350	1 300	2 600	700	2 000	4 000
8	400	1 500	3 000	800	2 300	4 600
9	450	1 700	3 400	900	2 600	5 200
10	500	1 900	3 800	1 000	2 900	5 800
11	550	2 100	4 200	1 100	3 200	6 400
12	600	2 300	4 600	1 200	3 500	7 000
13	650	2 500	5 000	1 300	3 800	7 600

▶ 第四节 中国象棋

一、象棋简介

象棋是中华民族的文化瑰宝，它源远流长，趣味浓厚，不仅可以开发智力，锻炼人的毅力，而且可以修身养性，陶冶情操，深受广大群众的喜爱。

象棋由棋盘和棋子组成，整个棋盘由 9 条竖线和 10 条横线交叉组成，共 90 个交叉点。全副象棋共 32 个棋子，红、黑各 16 个，每方有一个帅(将)、2 个车、2 个马、2 个炮(砲)、2 个相(象)、2 个仕(士)、5 个兵(卒)。其中车、马、炮、兵是主要作战兵种，仕、相是防御性的兵种，7 种棋子的具体走法如下。

1. 帅(将)

只能在"九宫"内的 9 个交叉点上行走，每着棋只准走一步，前进、后退、平移皆可。

2. 仕(士)

仕(士)是帅(将)的贴身保卫者，它只能在"九宫"内沿斜线走，每着只能走一步，可斜进或斜退。仕(士)的活动范围只有 5 个点。

3. 相(象)

相(象)和仕(士)一样主要作用是保卫帅(将)。相(象)只能在自己的阵营内行走，不能飞越河界，每着棋斜走两步。如果"田"字的中心有别的棋子障碍时，就不能越过，也就是我们常说的塞相(象)眼。相(象)的活动范围有 7 个点。

4. 车

车的威力最大，它的走法是沿着直线走，包括横线与竖线，前进、后退、平移都可以，且不限步数，车的活动范围是整个棋盘。

5. 马

马的走法是先直着或横着走一格，然后再斜着走一格，即一直一斜，它走的位置正好是"日"字形。如果在马的前进方向紧靠一直或一横的地方有棋子挨着马，就不能过去，俗称"蹩马脚"。马的活动范围是整个棋盘。

6. 炮（砲）

炮（砲）的走法和车的走法完全相同。但炮（砲）在吃子时，中间须有自己或对方的一子，俗称"炮架子"。

7. 兵（卒）

兵（卒）在自己的阵营内只能向前走，每着走一步。越过河界后，可以前进或平移，但不准后退。

二、象棋的语言

用一种特殊的方法把对弈的棋局记录下来的方法称为象棋的语言。棋盘从右到左共有 9 格，用数字 1～9 表示，如开局时红右炮摆中炮记录为"炮二平五"，黑跳左马记录为"马八进七"。

三、象棋术语

象棋术语是下棋过程中具体战术的专用名词，是长期以来流行的通用语，它们在棋书、棋谱中大量出现。

1. 将军

正在盯住对方的帅（将），并在下步要把它吃掉，这称为"将军"。

2. 应将

(1)吃掉对方正在"将军"的棋子。

(2)帅（将）从被"将军"的位置上避开。

(3)用自己的棋子走到对方"将军"的棋子和自己帅（将）之间，称为"垫将"。

3. 杀棋

已经抓住或下一步必定抓住对方的帅（将），称为杀棋。

4. 困毙

亦称"欠行"，是指一方棋子围困住对方帅（将），使对方无棋可走而认输，称为困毙。

四、象棋基本规则

1. 红先黑后

规则规定，由执红棋方先走，如属正式比赛，由裁判抽签决定谁执红棋先走。

2. 摸子走子，落子无悔

对局中轮到自己走子时，手摸到哪个棋子，就应该走哪个棋子。走棋时，棋子落到哪个位置就不能后悔更改。

3. 帅将不能对面

对局中，帅、将中间没有棋子时，不能在同一条竖线上。

4. 不许长将、长捉

连续捉子或将军而又形成循环者，均属违例。

5. 胜、负、和的判定

一盘棋结束后，有三种结局：胜、和、负，而一方胜，另一方则负。双方谁也没

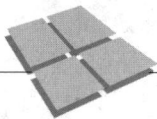

有办法战胜对手时就算和棋。出现下列情况为负：

(1)帅(将)被对方捉死。

(2)困毙作负。

(3)自动认负。

第五节　国际象棋

一、国际象棋的基本下法

1. 棋盘和棋子

国际象棋棋盘为正方形，由 64 个深浅两色的方格交错排列组成。64 个方格各用 1 个拉丁字母加上阿拉伯数字表示；棋盘上由同色的小方格斜角相连而成的长短不一的各行称为斜线，用首位两个格子的坐标来表示。

国际象棋共有 32 个棋子，分为两方：浅色的棋子为白棋，深色的棋子为黑棋。每方各拥有一王、一后、二车、二象、二马、八兵共 6 个兵种 16 个棋子。

2. 棋子的走法

下棋时，由双方轮流走棋，每次走一着。除"王车易位"外，一个棋子从一格走到另一格，均为一着。如果走到的格子有对方棋子占据，就要把对方棋子立即从棋盘上拿掉，这称为"吃子"。

(1)王：横线、直线、斜线都可以走。

(2)后：直线、横线、斜线上的任何格子都可以走。

(3)象：可以走到它所在斜线上的任何格子。

(4)马：和中国象棋的马相似，走"日"字形。

(5)车：可以走到所在直线和横线上的任何格子。

(6)兵：可向前走。它从原始位置可以沿所在直线前走一格或两格。有关兵的特殊规定还有：

①升变。兵一到达底线(对于白方是第 8 横线，对于黑方是第 1 横线)，必须立即升变为自己的后、车、象、马中的一种，作为一着棋。

②吃过路兵。当一只兵攻击着对方兵从原始位置一步走两格所经过的格子时，可以把对方兵走两格当作走一格吃掉它，这叫作"吃过路兵"。

③王车易位

一局棋中，双方各有一次权利，使自己的王和车同时走动，而只算走了一着棋，叫作"王车易位"。走法是：王向参加易位的车的方向横移两格，然后车越过王而置于和王相邻的横格。

二、国际象棋基本规则

1. 胜负

用棋子攻击到对方的王，即在下一步就要吃掉王了，称为"将军""照将""打将"等。

被"将军"的一方必须采用措施卫王，这叫作"应将"。应将的办法有三种：

（1）用自己的棋子，包括王本身，吃掉对方进行"将军"的棋子。

（2）把王走到不受对方棋子攻击的格子，称为"避将"。

（3）把自己除王外的任何棋子，走到对方"将军"的棋子和自己的王之间，用以阻隔，遮拦，称为"遮将"或"垫将"。

判定胜负的规则有：将死对方王的一方获胜；对方认输时另一方获胜；对方超过比赛规定的走棋时限时另一方获胜等。

2. 和棋

国际象棋中有关"和棋"的规定较为复杂。需要单独加以介绍。

（1）一方走出自己轮走的一着棋后，提议作和，对方同意。

（2）走棋者的王未受到照将，但它不能走出任何合乎规则的着法，称为"无子可动"或"逼和"。

（3）双方所剩兵力，都不能"将死"对方。

（4）一方连续不断地"将军"，而对方又无法避免被"将军"，称为"长将"，算为和棋。

3. 记录方法

国际棋联规定在正式比赛中使用的叫"坐标记录法"。下面是几个必须记住的基本表意符号：

×：吃子	0—0：短易位	!：好棋	±：白优
＋：将军	0—0—0：长易位	!!：妙棋	∓：黑优
＋＋：将死	e. p：吃过路兵	?：坏棋	＝：均势

完整记录法记录顺序如下：

（1）所走棋子的名称（走兵时，名称省略不写）。

（2）所走棋子原来所在格子的坐标。

（3）写符号，用"—"表示走到；如是吃子，则用"×"代替"—"。

（4）所走棋子新位置的坐标。如马 g1—f3、象 d3×b5、c5×d4 等。易位只用略语符号"0—0"或"0—0—0"表示。兵变时，应在该着记录后写上"变×"两字。吃过路兵时应加记"e. p"。

>>>>>>>>>>>>>>>>>>>>>>> **复习思考题** <<<<<<<<<<<<<<<<<<<<<<<

1. 简述棋牌运动的起源与发展。

2. 围棋的基本技术包含哪些内容？

3. 桥牌打牌前应做哪些准备？

4. 简述桥牌运动的计分方法。

5. 中国象棋有哪些基本规则？

6. 试述国际象棋棋子的走法。

第十九章　民族传统体育

▶ 第一节　民族传统体育概述

民族传统体育是中华民族灿烂文化的一个重要组成部分，是实现各民族团结奋进、繁荣昌盛的一项重要内容。它是各族人民强身健体、娱乐休息的形式，内容丰富、种类繁多，千姿百态，有的显示出南国水乡的风情；有的散发出北国草原的芳香；有的带有高原的神奇；有的包藏谷地的奥秘。它们伴随着各民族的历史，与其风俗习惯紧密相连，不仅有着高度的技巧，而且又同艺术形式相结合，既增强体质，又益于身心，数千年经久不衰，日益成为人们社会活动中不可缺少的文化娱乐方式和锻炼身体、增强体魄的方法之一。

中华人民共和国成立以来，党和国家领导人对发展民族传统体育非常重视，曾多次做过重要指示。提出："努力发展少数民族体育，繁荣各民族文化，增强民族大团结。""开展传统体育活动，建立社会主义精神文明，开创民族体育新局面。"1981 年，国家体委、国家民委召开了全国少数民族传统体育工作座谈会，会上指明了发展民族传统体育的方针和任务。方针是：积极提高、加强领导、改革提高、稳步发展。任务为：贯彻落实党的民族政策，积极开展民族传统体育和近代体育活动，促进民族团结，建立社会主义精神文明，为社会主义现代化建设服务。为了继承和发展民族传统体育活动，全国各地对民族传统体育进行了挖掘整理，将民族传统体育与现代体育相结合，为今人所用，成为全民健身体育运动的一个组成部分，并将民族传统体育引向深入广泛的发展。

发展民族传统体育，对于贯彻落实党的民族政策，促进各民族间的大团结，共同建设高度文明，繁荣富强的有特色的社会主义中国，具有十分深远的意义。

▶ 第二节　中国式摔跤

摔跤是我国最古老的体育项目之一，古代称为角力、角抵、相扑、争跤等。传说摔跤始于黄帝时代。据《礼记·月令》记载，公元前 11 世纪(周朝初年)把摔跤列为练兵的一项军事科目，"孟冬之月……天子乃命将帅讲武、习射御、角力"。到了汉代，摔跤不仅作为练兵的一种重要手段，还作为表演项目。据《汉书·武帝纪》记载："元封三年春，作角抵戏，三百里内皆来观。"晋至唐代，摔跤在民间开展起来，经常在春秋两季进行比赛，也作为宫廷娱乐的项目，五代时期，摔跤名手辈出，技术上强调轻便敏捷，出现了中国第一部讲述摔跤的书《角力记》，详细记载了我国古代摔跤运动的发展情况。宋代不仅在宫廷内设有摔跤的专门班子——"内等子"，并出现了女子摔跤比赛。民间成立了摔跤组织"角抵社"。据《都城纪胜·瓦舍众伎》"相扑"条载："相扑争交，谓之角抵之戏，别有使拳，自为一家，与相扑曲折相反"，这说明宋代的摔跤与"使拳"不同，比赛中不许用拳打人，目的是将对方摔倒。比赛时还有比较完整的规则、制度以及奖励办法。清代设有"善扑营"，专门训练清朝贵族青年摔跤，常为王公贵族表演或与蒙古族、回族摔跤手比赛，当时把这类比赛称为"官跤"，摔跤手和教练都是终身职业。华北等地的民间摔跤叫"私跤"。摔跤者穿特制的短上衣，叫"褡裢"，系腰带、穿长裤。比赛中，可抓衣、带，可握抱全身，但不许抓裤子，不许击打，不许使用反关节动作，三点着地（两脚加一手一膝着地）为失败，3 跤 2 胜。这种比赛、表演方式一直沿袭至今。

民国时期，北京、天津等地有以表演摔跤为职业的，当时的武术组织"中央国术馆"和"精武会"也有摔跤科目，曾举行过几次全国性比赛。1936 年，进行过女子摔跤比赛。

中华人民共和国成立以后，由于党和人民政府的关怀和重视，摔跤运动有了很大的发展，曾多次举办全国及各省、市、自治区的摔跤比赛。1953 年，中国式摔跤被列入国家体育运动竞赛项目。1956 年，中华人民共和国体育运动委员会颁布了《中国式摔跤运动员等级制》，1957 年颁布了《中国式摔跤规则》。

我国摔跤活动历史悠久，随着时代的变迁，摔跤的技术、规则以及奖励办法也日趋完整，逐渐形成现代的中国式摔跤。

一、中国式摔跤基本技术简介

中国式摔跤基本技术包括基本功练习、倒地技术、攻守技术。

1. 基本功练习

基本功练习不仅是熟练掌握和提高摔跤技术的重要环节，而且是有效地发展专项身体素质的重要手段。摔跤的基本功包括臂功、腰功、腿功和联合功。练习方式有徒手和使用器械两种。

（1）臂功。发展手臂力量和耐力。

①俯卧撑。②推砖：可用哑铃练习。推出时要有脆劲，速度要快。③拧小棒：可用接力棒，中间系一重物。两手依次转动小棒，将重物卷起、放下，反复多次。④平推杠铃：手臂推出要直，速度要快。

（2）腰功。发展腰部力量、柔韧性和肩、髋关节的灵活性。

①前俯腰；②长腰；③涮腰；④下腰。

（3）腿功。发展腿部力量和腿部动作的灵活性。

①压腿：分正压腿和侧压腿；②横叉、竖叉；③踢腿：包括正踢腿、侧踢腿、蹲

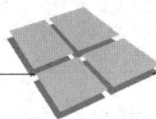

踢腿、外摆腿、后踢小腿、盘腿、大转脚、小转脚、抽腿等。

（4）联合功。联合功是摔跤攻守技术的专门练习。

①徒手背；②挑腿；③抱腿；④立卧撑跳。

2. 倒地技术

初学中国式摔跤时，必须首先掌握倒地技术。倒地技术包括滚动倒地、撑地倒地。

（1）滚动倒地。

这种倒地技术要低头、含胸、收腹、屈臂、夹肘，并护住头部做屈体团身的动作，尽量使身体成为椭圆形，以便落地时滚动，从而减少冲击力。滚动倒地有以下几种。

前倒：同前滚翻动作。

左前倒：由左肩开始，上体前倾，两膝弯曲；左手在前，右手在后，手指向里撑地。接着迅速屈肘、低头、团身前滚。左肩先着地，然后背着地。

右前倒：方法与左前倒相同，只是向右前方倒地。

左后倒：由左肩开始，低头、团身屈膝、身体向左后方倒。左手指向里，并在身体右后方撑地，然后迅速屈臂，使身体向左后方着地。

右后倒：方法与左后倒相同，只是向右后方倒地。

后倒：同"后滚翻"，但是手臂和后背同时着地。

（2）撑地倒地。

身体由直立姿势前倒，两臂微屈，两手手指稍向内指。两手撑地后，以迅速屈臂的动作来缓冲落地时的冲击力。在整个动作过程中要抬头、憋气、全身紧张用力。

练习倒地时，必须注意以下几点：

第一，倒地时，身体接触地面的面积要大。

第二，倒地时，全身紧张，以免内脏受到震动。

第三，手撑地时，手指稍向内指，屈肘。

第四，被摔倒时要及时松手，以防砸伤。

练习倒地技术时，最好先从原地开始，根据掌握技术的情况，再改变姿势或在活动中练习，逐渐增加难度，以便适应比赛的情况。

3. 常用的攻守技术

中国式摔跤的攻守技术复杂、动作繁多。但是不论什么样的进攻或防守，都是在手、腰、腿的协调配合下完成的。而攻和守是互相牵制、互相矛盾的，并在一定条件下互相转化。在进攻时要注意防守；防守时要随时准备进攻。常用的主要攻守技术有：抱双腿摔；抱单腿摔；抓袖穿腿；抓袖手别；抓袖过肩；抓后带背；抓袖裆；抓偏胸襟、带里勾腿；抓袖跪腿摔；抓袖、领踢；抓袖、领外勾脚；抓袖、领拧。

二、运动特点与健身价值

中国式摔跤是对抗性很强的运动项目。经常从事摔跤练习，能促进练习者的身体全面发展，增强心血管系统和呼吸系统的功能，在培养机智、勇敢、顽强、果断的意志品质和力量、灵巧、速度、耐力以及自卫能力等方面都有积极的作用。

三、常见运动损伤及预防

由于中国式摔跤的对抗性很强，如果在练习或比赛中，使用动作不正确和不遵守比赛规则容易造成损伤。因此，在练习时首先要掌握好倒地技术和正确攻守技术；充分做好准备活动；严格遵守摔跤规则，以防伤害事故发生。

四、比赛规则简介

1. 竞赛性质

个人竞赛：以个人在所属级别内竞赛所得的成绩，确定个中国式摔跤国际邀请赛人名次。

团体竞赛：以每个团体所有被录取名次的运动员的成绩总和确定团体名次。

2. 竞赛制度

比赛分为：单败淘汰赛、双败淘汰赛、循环制。

3. 年龄组别及体重级别

(1)年龄组别：根据运动员的年龄分为青年组和成年组。青年组：15～18 周岁；成年组：19 周岁以上。

(2)体重级别。

青年组	成年组	女子组
不超过 46KG 级别	不超过 48KG 级中国式摔跤别	不超过 44KG 级别
46～49KG 级别	48～52KG 级别	44～47KG 级别
49～52KG 级别	52～57KG 级别	47～50KG 级别
52～56KG 级别	57～62KG 级别	50～54KG 级别
56～61KG 级别	62～68KG 级别	54～58KG 级别
61～66KG 级别	68～74KG 级别	58～63KG 级别
66～72KG 级别	74～82KG 级别	63～68KG 级别
72～80KG 级别	82～90KG 级别	68～74KG 级别
80～90KG 级别	90～100KG 级别	74～82KG 级别
90KG 以上级	100KG 以上级	82KG 以上级

4. 比赛局数和时间

(1)每场比赛三局，每局两分农运会中国式摔跤钟，局间休息 30 秒。

(2)比赛中，一切暂停时间均应扣除(如：场上裁判的叫停，宣告运动员得分、判罚及受伤处理等情况)。

(3)比赛进行中，因特殊情况有场上裁判员发令中止比赛时，双方的比分和已用时

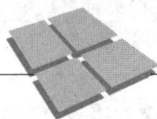

间均予保留,以便比赛继续进行。

5. 得分标准

比赛进行中,除两脚外的身体其他任何部位先着地者失分(跪腿摔除外),一方被摔倒后,根据倒地的情况,判对手得 2 分、1 分或不得分。

(1)得 2 分。

①将对手摔倒至头、躯干着地(肩、背、胸腹、体侧),自己保持站立。

②使用跪腿摔时将对手摔倒,使之躯干着地,自己保持稳定。

注①使用跪腿摔(不限次数)不成功,虽然膝部着地但能迅速起身者,不判失分。

②将对手摔倒至躯干着地后因对手未松手被拉倒者,仍判得 2 分。

(2)得 1 分。

①将对手摔倒,仅使其手、肘、膝、臀部着地者。

②将对手摔倒,自己也随之倒地者。中国式摔跤(2 张)

③双方同时着地,躯干在上者。

④使用跪腿摔将对方摔倒,但自己重心失衡者。

⑤对手受到一次警告,自己可得 1 分。

⑥对手出界,自己可得 1 分。

(3)互不得分。

双方运动员同时倒地,或者双方同时出界,或不分先后、上下时,互不得分。

▶ 第三节　养生保健功

养生保健功在我国有悠久的历史,远古时期将其称为"养生术"。是我们的祖先在长期的生产劳动实践中创造出来的一种强身健体的手段。也是广大劳动人民所喜爱的一项体育活动。据文献记载和出土文物考证,其中最早的是古代医学名著《黄帝·内经》中的"导引养身术"。1973 年 12 月在湖南长沙马王堆汉墓中出土的古代《导引图》,图上描绘了不同性别和年龄的人做举臂、下蹲、收腹、踢腿、弯腰、深呼吸等 40 多种动作。

东汉末年,著名的医学家华佗模仿虎、鹿、猿、熊、鸟 5 种禽兽动作编创的"五禽戏",强调运动对于个体卫生保健作用,据《三国志·华佗传》记载,华佗弟子吴普由于坚持行"五禽戏",年 90 余,耳聪目明,齿牙完坚。这说明了"五禽戏"的养生功效。到了唐宋末年,流传民间的养生保健功有"八段锦",其动作连贯成套,简单易学,能达到全身锻炼的效果,近似于现在的广播操。古代还有一种叫"易筋经"的健身方法,其要领与"八段锦"类似,据考证,清代开始有刻印本。"导引图""五禽戏""八段锦""易筋经"这些导引养生术,是我们祖先在长期实践中创造的,具有锻炼身体、防疫治病的作用。

一、五禽戏

五禽戏也称"五禽气功""五禽操""百步汗戏",是中国汉代著名医学家华佗所编创的一种健身术。因系模仿虎、鹿、熊、猿、鸟5种禽兽的神态和动作而得名。

五禽戏有5种类型的动作,作用各不相同。一般说,经常练虎势,能使周身肌腱、骨骼、腰髋关节功能增强,精力旺盛;练鹿势能引伸筋脉,益腰肾,能增进行走能力;练猿势能灵活脑筋,增强记忆,发展灵敏性,开阔心胸;练熊势能使脾胃功能增强,壮健力量;练鹤势能加强肺呼吸功能,提高平衡能力。练五禽戏不仅要求形似,而且要求神似,应做到心静体松,动静相兼,刚柔并济,以意引气,气贯全身,以气养神,精足气通,气足生精。五禽戏是以中医理论为基础,用五行、脏象、气血、经络等学说来解释其作用的。练时要求守住意,运好气,精力集中,尽快入静,呼吸缓慢柔和、深长均匀、轻松自然,引伸肢体,运动关节,劲蓄不露,以便做到气行则血行。

练习五禽戏时,应力求出汗,以促进新陈代谢,活血化瘀,去邪扶正。神态要模仿得逼真,如模仿虎的威猛、鹿的回首、猿的敏捷、熊的浑厚、鹤的翅立等。全套演练要贯串单腿负重,步分虚实,躬身前进,腰为轴,把强腰固肾放在首位。

五禽戏诀

虎戏者:四肢距地,前三掷,却二掷;长引腰,乍却,仰天即返,距行前却。各七过也。

鹿戏者:四肢距地,引项反顾,左三右二;左右伸脚,伸缩亦三亦二也。

熊戏者:正仰,以两手抱膝下,举头,左僻地七,右亦七;蹲地,以手左右托地。

猿戏者:攀物自悬,伸缩身体,上下各七;以脚拘物自悬,左右七;手钩却立,按头各七。

鸟戏者:双立手,翘一足,伸两臂;扬眉鼓力,左右各七,坐伸脚。手挽足距各七,伸缩二臂各七也。

二、八段锦

八段锦是我国古代民间流传的一种健身防病体操,起源于宋代。"段"为节,"锦"是各种颜色的丝织品,古人把"锦"的含义延伸,以精心选编的不同动作编成体操叫"锦","八段锦"共有八节,故而得名。八段锦最早见于宋人洪迈所著《夷坚志》。据该书记载:北宋政和七年(公元1117年)有人"效方士熊经马伸之术","尝以夜半起坐,嘘吸按摩,行所谓八段锦者"。可见,八段锦流传至今已有800多年的历史。八段锦每节动作歌诀既表明动作术式,又指出了它对人体的作用和有助于防治哪些疾病。在练法上要求肢体运动与吐纳、意念等活动结合进行,因而具有中国传统导引术的特点。

八段锦经过历代相传,形成了很多流派。不仅在动作节数上有多有少,如四段锦、八段锦、十二段锦、十六段锦等,而且在练功的姿势上也有所不同,有站式和坐式之分,在动作风格上也有南派北派之别。南派动作以柔为主,方法简单易学,称为文八

段。北派动作以刚为主，多用马步，称为武八段。八段锦动作简练，歌诀明快，易学易懂，运动量可大可小，男女老少皆宜，既可单练，也可集体练，不受气候影响，不受场地限制。深受人们喜爱。

最为常见的八段锦歌诀如下。

两手擎天理三焦；　左右开弓似射雕；

调理脾胃臂单举；　五劳七伤往后瞧；

摇头摆尾去心火；　两手攀足固肾腰；

攒拳怒目增气力；　背后七颠百病消。

坐势八段锦如下。（文八段，后人也称十二段锦，图 19-1）。

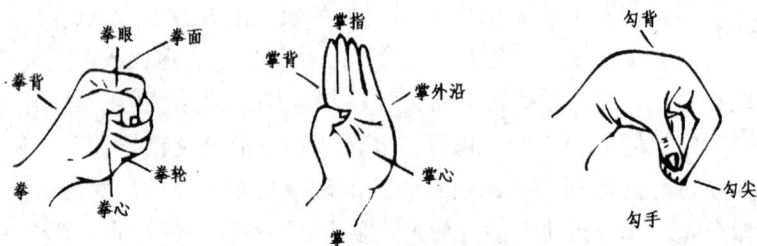

图 19-1

闭目冥心坐，握固静思神；　叩齿三十六，两手抱昆仑；

左右鸣天鼓，二十四度闻；　微摆撼天柱，赤龙搅水津；

鼓漱三十六，神水满口匀；　一口分三咽，龙行虎自奔；

闭气搓手热，背摩后精门；　尽此一口气，想火烧脐轮；

左右辘轳转，两脚放舒伸；　叉手双虚托，低头攀足频；

以候神水至，再漱再吞津；　如此三度毕，神水九次吞；

咽下汩汩响，百脉自调匀；　河车搬运毕，想发火烧身；

旧名八段锦，子后午前行；　勤行无间断，万病化为尘。

三、易筋经

易筋经历史悠久，流派较多，繁简不一。它是我国古代的健身方法之一。"易筋"意即把松弛的肌肉变为强壮结实肌肉的身体练习。易筋经是天台紫凝道人假托达摩之名所作，实为古代劳动人民仿春谷、载运、收囤等姿势编创。有二十种之多，各"经"均不相同。但大体上可分为两类，第一类为多采取站立姿势，上肢动作偏多。第二类采取的姿势多种多样，运动遍及胸、腹、腰、背以及四肢等全身各个部位；动作有韦驮献杵势、摘星换斗势、出爪亮翅势、倒拽九牛尾势、九鬼拔马刀势、三盘落地势、青龙探爪势、卧虎扑食势、打躬势、掉尾势等。（图 19-2）

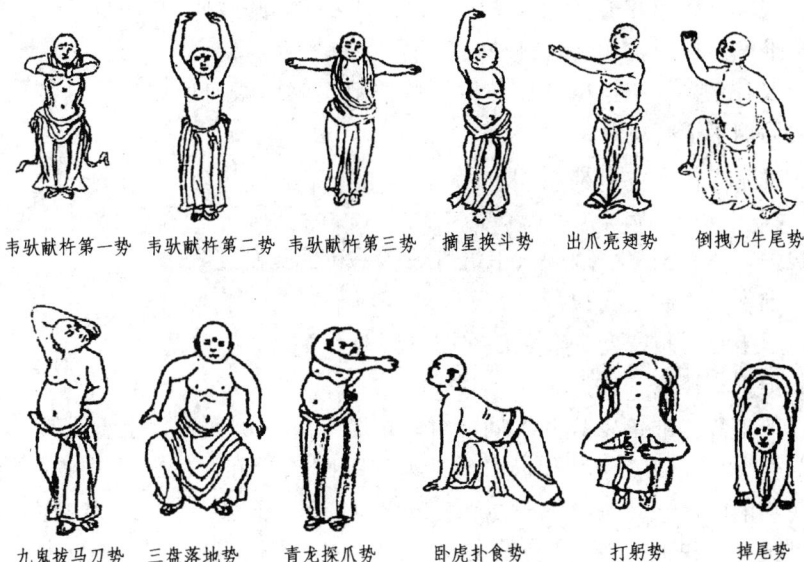

韦驮献杵第一势　韦驮献杵第二势　韦驮献杵第三势　摘星换斗势　出爪亮翅势　倒拽九牛尾势

九鬼拔马刀势　三盘落地势　青龙探爪势　卧虎扑食势　打躬势　掉尾势

图 19-2　清代流行的易筋经十二势

易筋经的特点是动作简单，刚细有力，刚中有柔，动中含静，意力统一。对增强体质、加大肌力有明显的效果，而且也能增强内脏器官的功能。亦为中医骨伤科和按摩科医师的一种基本功。易筋经的锻炼要领与八段锦相类似。练者可参照易筋经和八段锦等编造各种适合于自己的健身动作从事锻炼。

四、自我保健按摩

自我保健按摩是运动保健按摩的一部分，能够改善神经系统的调节机能，消除局部疲劳。其特点是操作简便，不受他人影响，"随心所欲"。不足之处在于不可能采用一系列完整的手法，个人操作技术也不可能十分完善，由于体位限制，按摩某些部位时肌肉不能完全放松。因此，自我按摩不能代替专业人员按摩，也不能代替同伴之间的相互按摩。

1. 各部位自我保健按摩

（1）下肢。

脚：取坐势。被按摩腿弯曲，足跟支撑于床面；另侧下肢伸直。按摩足趾、足底时，足外侧靠在另侧大腿上。

手法：推摩、擦摩、运拉。

小腿：取坐势。两下肢屈膝屈髋，被按摩一侧的足底靠在另侧的足内踝上；该侧大腿微外旋。

手法：推摩、揉捏。

膝关节：取坐势，被按摩的膝关节伸直，靠床面，另侧下肢靠床边下垂。

手法：推摩、擦摩。

大腿：按摩姿势同膝关节。按摩内、后侧肌肉时，膝微屈，大腿外旋。

手法：推摩、揉捏、切击、抖动。

臀部：取直立势。被按摩的肢体微屈膝关节，躯干略向前倾斜，身体重心移向另一下肢；用同侧手进行按摩。

手法：推摩、揉捏、抖动。

(2)上肢。

手与腕关节：取坐势。用一只手给另一只手和手腕作按摩。

手法：推摩、擦摩、运拉。

前臂：取坐势。被按摩的前臂放在同一侧的大腿上。

手法：推摩、擦摩、揉捏。

上臂：取坐势。准备姿势基本同前臂。按摩上臂内侧面时，上臂外旋，按摩后面时，肘关节伸直，前臂垂于两腿间，上臂内旋；按摩三角肌时，同侧髋关节和膝关节弯曲，足底踏触床面。被按摩一侧的肘关节弯曲，靠于膝关节上，上臂微内旋。

手法：推摩、揉捏、抖动。

(3)腰背。

腰部：取站势。两上肢微向后引。按摩时躯干一会儿微向后仰，一会儿稍向前屈，交替地活动。用两手沿脊柱两侧推摩；双手所能触及的范围内做擦摩。

手法：推摩、擦摩。

背部：取站立势，按摩背长肌，两手半握拳，两上肢向后引，用两拳背面掌指关节的骨楼自下而上地擦摩，擦摩后用两手掌自下而上的推摩；按摩背阔肌时，取坐势，被按摩的一侧上肢下垂，前臂支持于同侧大腿上，对侧的手自下而上地揉捏背阔肌。

手法：推摩、擦摩、揉捏。

(4)头颈部。

头部：取坐势或站立势。双手置于头顶，以手指插入头发之间，用指腹做推、擦摩。还可以用掌根沿额角向后擦摩侧头部；用指腹叩击前额、头顶。

手法：推摩、擦摩、叩击。

颈部：取站势或坐势。拇指与其他四指分开，放在下颌下方，自上而下推摩颈前部，两手交替按摩；颈后部用单手(或双手)自上而下推摩颈背部，用指腹按同一方向擦摩，擦摩后用指腹揉捏胸锁乳突肌、斜方肌。

手法：推摩、擦摩、揉捏。

2. 自我按摩的顺序

取坐势或站势。先按摩腰背部，再转向颈后部。完成腰背、颈部按摩之后，主动做屈、伸、侧屈、旋转等运动。

上肢自手、腕部开始，顺次为前臂、肘部、上臂、肩部。先按屈侧，后按伸侧；一侧肢体按摩完毕，再按摩另一侧肢体。

下肢自足趾、足跖、足背开始，然后到小腿后面、前面，顺次膝关节、大腿。先从前面开始，然后做内侧面、后面，接着按摩臀部。先按一侧下肢，再按对侧下肢。

各关节按摩之后，按照它的活动范围作屈伸、旋转等活动。

上述各部位按摩总时间10～20分钟；每个部位每种手法可重复4～5遍。

▶ 第四节 抢花炮

一、抢花炮简介

抢花炮是我国少数民族传统体育项目之一，最初在侗族、壮族和仫佬族等几个民族中流行。正月初三、二月初二、三月初三，侗族、壮族、仫佬族都要举办传统节日——花炮节，进行抢花炮比赛。

传统的"花炮"是将一只直径约为5厘米的铁圈用红、绿绸布缠绕，置于装满火药的一个铁炮上，点响铁炮将铁圈冲上天空，待铁圈下落时抢炮者便蜂拥而上，以抢到铁圈并送到指定地点者为胜。按照民间传统说法，花炮只燃放三次，分为头炮、二炮、三炮。抢得头炮，人财兴旺；抢得二炮，五谷丰登；抢得三炮，吉祥如意。

民间传统的抢花炮多以村寨为单位，由芦笙队为前导，两位德高望重的老年人穿着盛装，带领着数十名青年，他们手举长竿，竿上挂着鞭炮，接着是参加抢花炮的队员。因抢花炮的成败，关系到本村寨的荣辱，队员们都是经过挑选的精明强悍的青壮年。他们头缠长巾，肩扛火炮，身背绣花荷包，腰挂盛火药的葫芦，一路上，精神抖擞，吹吹打打，鸣放鞭炮，一队接着一队，绕场而行。

抢花炮的场地通常设在河岸或一较宽阔的平坝上，无一定界线，场地的一方搭一主席台，台上放着奖品——镜屏。场地四周围着成千上万的观众。

抢花炮开始时，把一枚铁炮置于场地中央，花炮圈悬挂在铁炮口上。由上届优胜队员，高举火枪，一齐鸣枪致意，然后点燃铁炮。只听"轰"的一声，花炮圈射向高空，顿时全场欢声雷动。各村寨的抢花炮队员仰望着空中的炮圈，朝其落点处奔去。顷刻间，花炮圈落处，人群成堆，挤做一团，各队都为了村寨的光荣和吉祥，奋力拼抢。抢到花炮圈的队运用传递、掩护，"过关斩将"，突破重围，依靠集体的相互配合，将炮圈送到主席台。由此看来，抢花炮的抢夺形式和激烈程度，并不亚于一场精彩的橄榄球赛，人们将它称之为"东方橄榄球"。抢花炮对培养拼搏向上、勇猛顽强、集体主义精神有着重要的意义。由于抢花炮具有竞技性、娱乐性、对抗性，深受广大群众的喜爱。为了促进民族文化的交流，我国在保留"抢花炮"民族特点的基础上进行了适应正式比赛的改革，制定了相应的规则，使这种具有浓郁民族特色的运动项目得到了迅速的推广和普及，并于1986年列入全国少数民族传统体育运动会的正式比赛项目。

二、抢花炮的基本技术和战术简介

1. 个人技术

抢花炮的技术动作是由各种各样的奔跑、传递、掩护、躲避等个人技术和集体的配合来完成。

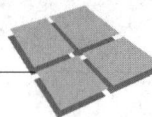

（1）奔跑。以最快的速度进行奔跑，速度训练按短跑方法进行。

（2）躲避。持花炮圈者以假动作虚晃摆脱对手。

（3）掩护。掩护同伴将炮圈送入对方花篮。

（4）握炮。将花炮圈紧紧抓握住，可用单手和双手。单手抓握花炮圈便于快速奔跑和传递，双手抓握花炮圈影响奔跑速度和传递，但花炮圈不易被对手抢去。

（5）传递。持花炮圈者利用巧妙的方法将花炮圈传给同伴。

（6）拦截。力图抢夺到花炮和力阻对方的持花炮圈进攻队员。

（7）拉手。阻止对方进攻队员或同伴的进攻，扫除障碍。

（8）抱腰。抱住对方队员肩以下、髋以上部位，阻止对方抢炮或协助同伴进攻。

（9）假动作。制造假象和迷惑对方的动作。

（10）倒地。抱住对方队员，将其摔倒；自己先着地让对方倒在自己身上。

2. 抢花炮的集体战术

抢花炮是一项集体攻防意识很强的项目，无论是进攻还是防守都需要集体配合。集体配合的基本战术与足球的战术相似，一般有"五五""四二四""五三二""三四三""三五二"。战术的运用视对方特点进行选择。

3. 抢花炮的主要规则

（1）场地。

抢花炮场地长 60 米、宽 50 米。在场地周围 1 米范围内不得有障碍物。场地的线宽不得超过 12 厘米。线的宽度包括在场地之内。较长的两条界线叫边线，较短的叫端线。场地中央有一直径为 5 米的圆圈为发炮区。场地两端以中心线为中心点向两侧 3 米处各向外画一条 4 米与端线垂直的线，再画一条线把其顶点连接起来，与端线平等为炮台区。炮台内放置一花篮。场地四角和炮台区与端线的交接处，各插一面高 1 米的小红旗。场地两端以端线终点为圆心，以 11 米为半径，画一条弧线为罚炮区。

（2）器材。

花炮：直径 14 厘米、厚 1.5～2 厘米，重 150～200 克的橡胶质做圆饼。

送炮器：能把花炮冲上 15 米高，又能发出像炮声的一种发射器。

花篮架：架高 80 厘米，放在离端线中点 3 米的炮台区内。花篮：上口内沿直径为 30 厘米、下底直径为 15 厘米、高约 20 厘米。

（3）参赛队员。

一场比赛应有两个队参加，每队上场队员人数不得多于 8 人，其中 1 人为队长。每队替补队员不得多于 5 人。

（4）比赛规则。

比赛前双方队长选择场地，由裁判员带队员入场，站于发炮点中圈以外，当点炮手在发炮点点响炮时，比赛即开始。比赛分上、下两个半场，每场 20 分钟。进炮、犯规、违例等裁判员鸣哨不停表。如发生特殊情况由裁判员通知计时员停表。半场之间休息 10 分钟，下半场交换场地。

点炮后第一人抢到花炮必须将花炮传递给第二人以后方可进攻，否则作违例处理，由对方在端线外发炮。

持花炮运动员超过端线进入对方炮台区，把花炮投入花篮即为得分。每投进一次得一分。进炮后，重新在发炮区中心由点炮员点炮。持花炮队员误将花炮投入本方花篮内算对方得分。进攻队员进攻炮台区后由于受伤，已无法将花炮投入花篮内，判该队员进炮得分。

比赛中，任何运动员不得无故越出场外，如越出场外，由对方在越出点边（端）线发界外炮。发炮一方应在5秒内将花炮发出，否则判违例，由对方发界外炮。发界外炮必须经由空中传出为有效，不能直接传递。

比赛中双方均不得踢、打对方，不得用脚踢、踩花炮；不许将炮隐藏在衣内，只能把炮拿在手中。

进攻队非持炮运动员不得进入炮台，防守队员可先进入炮台。

抱人：可抱肩以下，髋以上。点炮、发界外炮时不许抱人，只有在花炮接触到第一人手或掉到地上以后，才允许抱人。

（5）暂停与换人。

每队每半场有一次暂停机会，暂停时间为1分钟，只能在进炮后暂停。比赛进行中和暂停时不能换人，只能在半场休息时可换人。

（6）犯规与不正当行为。

在比赛中，不得有意冲撞或踢、绊、踩、压、扭手臂、用肘击打对方。如出现以上不正当行为，裁判员可视情节轻重出示黄牌或红牌，出示黄牌罚出场2分钟，出示红牌罚出场外停止参加该场比赛。

（7）比赛办法和成绩评定。

单循环赛：胜一场得2分，平一场得1分，负一场得0分，弃权一场本阶段全部成绩无效，积分多者名次列前。如遇两个或两个以上的队积分相等，应按他们之间比赛的成绩来决定，进分多者名次列前；如仍相等，则按他们进、失球比率（进/失）决定，比率大者名次列前，如再相等，则按犯规次数决定；先红牌，后黄牌，次数少者名次列前。

单淘汰赛：如两队赛平，应加赛5分钟，如再平，再加赛5分钟，直到分出胜负为止。

三、运动特点及健身价值

抢花炮是深受广大群众喜爱的民族传统体育项目之一。它之所以能在全国范围内广泛开展和被列入全国少数民族传统体育运动会的比赛项目，是因为它具有较强的竞技性、娱乐性和观赏性等特点。

抢花炮是一项集体攻防意识很强的对抗性运动，它要求参加者具有强健的体魄、顽强的毅力、敏捷的反应，良好的身体素质以及集体的整体配合。以智取胜，以速度和力量夺魁。对培养团结友爱的集体主义精神和加强民族之间的团结有着积极的作用。

抢花炮比赛的竞技战术，具有运用的复杂性和紧张激烈的对抗性，从而可以培养

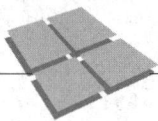

参加者的顽强拼搏的意志品质。在比赛中攻守交替，瞬息万变，采用传递、掩护、奔跑、假动作、躲避、摆脱防守、突破重围、力图将花炮攻入对方炮台。防守方可以抱人、拉手、拦截、围堵等设法抢到花炮或防止对方持炮者前进。抢花炮对提高神经中枢的灵活性和协调支配各器官的能力，起到良好的作用，并能促进力量、速度、耐力、灵敏等全面身体素质的发展。

▶ 第五节　划龙舟

　　贵州、云南、广西、湖南等省的苗族都过"龙船节"，也叫"龙王节"。由于各地情况不同，传说各异，举行的日期也不一致。像贵州台江、施秉交界的清水江边，每年农历五月二十日都云集着邻近各县的各族人民，尽情欢度为时四天的龙舟佳节。清乾隆年间徐家干著《苗疆闻见录》就记载：苗民"好斗龙舟，岁以五月二十日为端节竞渡于清水江宽深之处。其舟以大整木刳成，长五六丈，前安龙头，后置凤尾，中能容二三十人。短桡激水，行走如飞"。

　　苗族龙舟长约20米、宽1米。它由三根形状完整的杉树，挖成槽形捆绑而成。中间一根长23米的为母船，两侧每根各长17米为子船。龙头由一根2米长的水柳木雕刻而成，上涂金、银、红、绿、白各色，犹如鳞片熠熠耀眼，一对龙眼炯炯有神，弯弯的双角，昂首向天，可谓神采奕奕，栩栩如生。

　　划龙舟由鼓头、锣手和水手组成。鼓头是龙舟上的指挥，是全寨推选出来最有威望的人。他坐龙颈处，背靠龙头，面向水手，按一定节拍击鼓，指挥若定。在龙颈与船身相接处挂着一面铜锣，由一个10多岁的孩童担任打锣手，面向鼓头坐着扣击。划龙舟时，击鼓鸣锣和成铿锵有力的节拍。水手共30名，由村寨里剽悍青年担任。他们分站在两条子船上，分4段，每段4人，两边一共32人。龙头上站着1个撑篙人，母船尾巴上站着5人，最末一人执桨掌握船行方向，同时发出调节水手划桨速度的号令。水手们手持一只10锄宽，约1.5米长的扁担形木桨。身披蓑衣，头戴斗笠，以示祈雨。

　　比赛时，铁炮三声响后，几十只身披红绸绿缎的龙舟，如箭离弦，飞驰江面。水手们顶着急浪，奋勇争先。数百条木桨掀起汹涌波涛，沿江两岸万千观众欢呼呐喊助威，欢声雷动。其场面十分激烈，令人振奋，使人向上。

　　划龙舟是一项赛体力、比技术、比智慧、练勇敢、促团结的体育活动，经国家民委和国家体委整理、修订竞赛规则，使之更加合理。它不仅成为全国少数民族传统体育盛会的比赛项目，而且成为深受世界各国欢迎和喜爱的一项体育娱乐项目。

>>>>>>>>>>>>>>>>>>> 复习思考题 <<<<<<<<<<<<<<<<<<<<

1. 中国式摔跤的基本练习方式有哪些？

2. 自我保健按摩有哪些手法？

3. 抢花炮比赛中，常用的基本战术有哪些？

第二十章　体育游戏

▶ 第一节　体育游戏概述

体育游戏是在游戏发展过程中派生出来的一个分支，它融体能发展、身心娱乐为一体，既有游戏特点，又有体育特征，是一项综合性的体育活动。

从以娱乐为主的角度看，体育游戏是指在一定规则约束下，通过身体运动的方式进行的一种娱乐活动。在学校体育与健康课程中，组织和运用体育游戏的目的主要是为了发展身体、增强体能。因此，体育游戏可定义为：以体育动作为基本内容，以游戏为形式，按照一定规则，以增强体能为主要目的的特殊的体育活动。体育游戏是一种重要的、具有很高价值的体育手段，健身性与娱乐性是体育游戏的本质属性。

随着学校体育与健康课程的迅速发展，体育游戏越来越受到人们的重视，其价值与功能日益被人们所认识，并被广泛地运用于体育过程之中。体育游戏发展到今天，已经成为既是文化传承的特殊形式，又是人们全面发展教育的重要手段；既是增强体能的手段，又是辅助运动技能教学的手段；既可作热身性手段，又可作放松性手段，既可作为一种教学组织形式存在，又可作为一种教学方法出现。体育游戏可谓是学生的"良师"，是教师的"益友"，有了它，一个枯燥的练习，可以变得"津津有味"，一个简单的身体活动，可以显示出奇特的健身功效。体育游戏为学生体能的发展与健康的增进，为基本运动技能的学习与科学的运用，为运动参与和健身实践，为个性发展和情感教育，为创造力和想象力的培养，提供了广阔的发展领域和空间。

▶ 第二节　体育游戏的特点与作用

一、健身性

健身性是体育游戏的本质特点，也是体育游戏不同于智力游戏的地方。体育游戏是通过身体运动方式进行的，因此，它本身对人体就具有某种锻炼价值，而在实施中，体育游戏的创编者与组织者又有意识地采用各种不同方法与形式，赋予体育游戏以某些特定的锻炼因素和价值，以便通过体育游戏达到既定的学生锻炼身体、增强体能的主要目的。

二、趣味性

趣味性与娱乐性是体育游戏的显著特征。体育游戏把体能、技能和智能融为一体，使游戏的内容、场地器材的设置、规则的制定、游戏的实施方法等都带有浓厚的趣味性与娱乐性，使体育游戏成为一项既激烈竞争，又轻松活泼、引人入胜、精彩纷呈的运动形式，吸引着众多的参与者。体育游戏本身与现实社会里的利害冲突以及游戏之外的各种目的无关，它使人们从日常生活和学习压力中解脱出来。所以，人们多能主动地、愉快地、没有任何压力负担和功利地参与体育游戏，获得自由表现体能、技能和智慧的机会，获得各种不同的愉快与成功的心理体验，获得身心上的快乐与满足，从而达到增强体能、增进健康的目的。

三、竞争性

体育游戏具有竞争性特点，但这种竞争不同于竞技运动中的竞争。体育游戏的竞争，是一种相对宽松、愉快、气氛活跃的竞争，虽然体育游戏结果一般也是以获胜而告终，但由于体育游戏的活动方式有较大的灵活性，竞争的内容有较大的变通性，可以比体能、比技巧，也可比与同伴的协作、比集体力量，还可比应变能力、比勇气等。因此，体育游戏的结果可能是多种多样的。体育游戏的这种竞争性，可以为弱者提供成功获胜的可能，为强者提供新的挑战。

四、规则性

凡是体育游戏，就有规则，而且这个规则对每个参与者都具有约束力，如果没有这种规则，体育游戏这一共同体就不存在了。规则能约束犯规行为，维护游戏的安全，保证各方的公平竞争，引导体育游戏的技术、战术向正确方向发展，因而体育游戏的规则在体育游戏发展中起着非常重要的作用。体育游戏虽然有规则，但规则却具有较大的灵活性与变通性，并不完全依赖规则，参与者可根据自己的需求和志愿，随时对规则进行修改与调整，从而充分发挥参加者的自主性，做自己的主人，完善个体，实现自我。

五、广泛性

体育游戏内容广泛，绝大部分体育运动项目都可成为体育游戏的内容，是一项综合多种活动技能的体育手段。体育游戏形式多样，方法灵活，内容丰富，受场地与器材限制小。既有激烈对抗的项目，也有以健身为主的娱乐运动，具有很大的可选性，无论男女老少均可根据自己身体条件、兴趣的需求参与相应的体育游戏。

六、综合性

体育游戏的综合性特点主要体现：任何运动项目的练习都可作为体育游戏的素材，任何运动项目都可以将体育游戏作为教学和锻炼的手段，体育游戏既能培养与提高身体的基本活动能力，又能运用它辅佐运动技术技能的学习与提高，同时，又能营造良好的课堂氛围以保证健身锻炼与技术技能的学习效果。

▶ 第三节　体育游戏的价值

一、健身价值

体育游戏是一种积极有效的身体锻炼手段，有着良好的健身强体效果。首先，体育游戏与其他体育活动一样，都是以身体活动的形式进行的，活动的内容与形式又是经预先设计的，因而，它同样具有其他体育活动所具有的健身作用，即在有效促进人体的新陈代谢和正常的生长发育，协调神经系统和运动器官之间的联系，提高循环系统和呼吸系统的功能，提高走、跑、跳跃、投掷等人体的基本活动能力等方面有着重要的价值。其次，由于体育游戏在内容、形式、作用以及参加对象上都具有高度的综合性特点，因而，它对参与者身体具有比较全面的锻炼与健身效果。最后，人们参加体育游戏，一般都出于他们的直接动机，往往都能以积极的心态去体验有趣愉快的游戏过程，参加游戏是他们自觉自愿的行为，这种行为能发挥出最大的能动性，因而，在体育游戏活动中能达到比较好的发展体能的效果。

二、促进个体社会化价值

在特定的社会与文化环境中，形成与之相适应的人格，掌握该社会所公认的行为方式，是每一个人在发展中必须完成的任务，这就是人的个体社会化。体育游戏与处在自身社会化重要时期的学生社会性和个性的发展密切相关，特别是在培养与发展自我意识、社会交往、意志品质、协作与利他性、社会认知能力、社会适应能力等非智力因素中，有着重要价值。

三、情感发展价值

作为一种轻松、愉快的活动，体育游戏不仅能给参与者极大的欢乐，带来愉快的身心体验，而且在丰富和深化其社会情感中，也有着重要价值。体育游戏无论是其内容、形式、规则、要求和情节，还是游戏的竞赛性及结果的不确定性等特征，对学生来说，都能产生一定的情感刺激和情感体验。在游戏中，每个学生都有可能成为胜利者，都有机会充分展现和发挥自己的才能。或者说，体育游戏中胜负角色的转化并非外力强加所为，只能靠自己的努力，靠自己与对手之间的竞争，靠自己与同伴之间的默契配合而自然让渡。当然，在游戏中，有时也要受到对手或目标所施加的压力，但这也刺激了参与者的行为强度，有助于提高其行为的积极性，培养锐意进取、顽强向上的自立精神，增加自信心、自尊心以及追求生活的勇气。体育游戏还是一种在竞争中频繁出现胜负的活动，是一种不过于计较个人一时成功与失败的活动，这在某种程度上，降低了学生对成功的期望和对失败的担忧之压力，从而能使学生承受挫折的能

力变得更强，追求目标更有耐心，更有毅力和坚持性，并使其善于从失败中吸取教训，从逆境中奋发，勇敢地去尝试新的可能性。

四、益智价值

体育游戏以发展体能、健身强体为主要目的，但在一定程度上也具有开发学生思维和智力的价值。现代体育游戏是一种颇具智慧运用，思维、想象与创造等多种成分参与的活动，是一个比较复杂的心理过程和思维过程。在游戏中，要求参与者必须在瞬间根据个人特点和能力，以独立的、创造性的主动精神，通过观察、分析、判断，对体育游戏中信号或突然变化的游戏环境、条件等，做出快速的应答性反应，做出最佳效果的行为选择，从而培养参与者从适应向不适应过渡，从已知向未知探索，从成功的判断向新的成功判断推进的能力，在体力与智慧的较量中，去发展解决各种新问题的能力和心理素质。在游戏中，参与者的心理过程在不断发展，思维过程也在不断发展，体育游戏不仅培养了他们在活动中创造性地运用已获得知识和技能的本领，丰富他们在集体活动条件下行动和定向的经验，而且也提高他们独立选择达到目标的方法的能力，发展他们行为的积极性、自主性、机灵性、颖悟性以及随机应变和自由创造的诸多能力，从而有效地提高其智力水平。

体育游戏除健身、促进个体社会化、情感发展、益智等价值外，还具有明显的教学特征，在辅佐基本教材的学习，促进运动技能的掌握，活跃课堂气氛，提高学生兴奋性，提高注意力，进行准备活动，消除运动后的疲劳或因疲劳而引起的不愉快感以及促进机体恢复等方面，都有着实用的价值。

▶ 第四节　体育游戏的创编原则

为适应体育与健康课程发展需要，充分发挥体育游戏作为体育手段在健身、育心过程中的作用，了解、掌握体育游戏创编的原则是非常有必要的。体育游戏创编原则，是人们对长期体育游戏创编实践经验的概括与总结，是体育游戏过程中客观规律的反映和必须遵循的基本准则。为使体育游戏的创编更具有科学性与实效性，应遵循以下创编原则。

一、锻炼性原则

锻炼性原则是创编体育游戏应遵循的最主要原则。首先，必须按照健身原理和法则去选择适用的锻炼手段。体育游戏中的锻炼手段，主要是反映活动形式和动作方法，无论采用哪种形式和方法，都要依据人体发展规律，充分考虑群体与个体、场地空间、时间、器械、运动技能、环境等体育游戏的内涵要素，确定相应的负荷量和动作难度以及个人活动时间、行进路线和器械的使用方法等。其次，可有目的地从以下四个方面搜集体育游戏的创编素材：①人的基本活动能力动作(走、跑、跳、投、攀登、爬越、钻跨、搬运、追捕、躲闪等)。②某些竞技运动基本技术。③球类基本技术战术。

④力量素质练习动作。

二、教育性原则

体育游戏的内容、方法和思想性是游戏教育性的集中体现，教育性是评定体育游戏质量的一条重要标准。在创编游戏时，应善于选择各种有教育意义的素材，坚决剔除那些无意义、低级趣味、带有封建迷信的极庸俗的、有损参与者身心健康的内容，尽可能做到游戏名称生动形象，具有教育意义；内容健康，情节符合时代教育特点；规则明确，合理而严谨，便于裁判，赏罚分明得当，能激励参与者拼搏向上、积极进取的精神，从而使体育游戏的教育性与游戏的内容、方法、规则等要素融为一体，寓教育于活动之中，成为体育过程中育人的有效手段。

三、趣味性原则

没有趣味性，就不能称为体育游戏。趣味性原则是体育游戏创编的主要原则之一。增加体育游戏的趣味性，可从以下五个方面进行。①适当增加游戏的竞争因素。体育游戏中的竞争必须是一种适度、公平、愉快的竞争，这种愉快的竞争是体育游戏趣味性的主要来源。②提高动作设计的新颖性。主要方法有：使生活中的常规动作戏剧化；用变异动作来代替习惯动作；用器械来限制动作的幅度和速度；把较难的竞技运动技术"简约化"或"松散化"等。③增加体育游戏的故事情节。可采用假设与虚构等方法，安排一些带有故事情节的结构内容。④适当选用一些有惊无险的动作，同时注意辅以一定的安全措施。⑤适当提高动作完成的难度。通过采用限制条件、规则约束和提高要求等方法来适当加大动作难度，以增加体育游戏的趣味性。

四、目的性原则

创编体育游戏，要有明确的目的和要求，具体内容要以教学任务为依据，要针对参与者实际，要注意参与者的身心特点，要考虑气候、场地、器械等情况以及其他影响因素，有的放矢地进行创编。

五、安全性原则

体育游戏的根本任务是增强体能，促进参与者身心健康，因此，任何一种体育游戏，都必须有安全措施保证。由于在体育游戏中，参与者往往兴奋性高，精神放松，全身心投入，这种情况下很容易"乐极生悲"，出现伤害事故。所以，在创编时要高度重视体育游戏的安全性，必须防患于未然，尽可能排除所有不安全因素。创编时可从以下五个环节进行认真仔细的"安全检查"：①体育游戏设计的动作是否容易引起伤害事故。②体育游戏的组织方法安排是否合理。③体育游戏的规则制定是否严谨。④体育游戏的场地布置是否安全。⑤体育游戏的教法提示是否有安全措施。

▶ 第五节　体育游戏实例

一、折回跑接力

1. 游戏目的

发展速度和灵巧性，提高急停和折转跑的能力。

2. 游戏准备

在场地上画一条起跑线和三条折返线，折返线到起跑线距离分别为 5 米、10 米、15 米。

3. 游戏方法

将参与者分成人数相等的若干队，各成纵队站在起跑线后。游戏开始，各队排头迅速跑至 5 米线处返回起跑线；再跑至 10 米处，返回起跑线；最后跑至 15 米线处，返回起跑线，拍本队队员第二人的手后，站至队尾。第二人以同样方法折回跑，如此依次进行，直至全队轮换一次，最后以先跑完的队为胜(见图 20-1)。

4. 游戏规则

(1)发令或被拍手后才可起跑，不得抢跑。

(2)折回跑必须脚触及相应的线后方能折回，否则重新跑。

(五)教学建议

(1)折回跑的距离和次数，可根据参与者能力适当增减。

(2)此游戏也可采用多种方式的综合折回跑，如向前跑、倒退折回跑等。

图 20-1

二、8字接力跑

1. 游戏目的

发展速度素质，提高跑的灵活性和协调能力。

2. 游戏准备

在场地上画一条起跑线，距起跑线 15 米处画两组圆圈，每组两个，圆圈直径 5 米。

3. 游戏方法

参与者分成人数相等的若干队，每队分别成一路纵队面对圆圈站在起跑线后。游戏开始，各队第一人立即按规定的路线绕过两个圆圈，成 8 字形跑回来拍第二人的手，站至队尾。第二人以同样方法

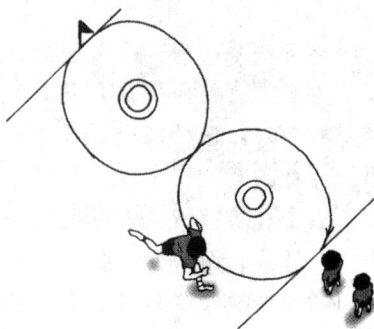

图 20-2

跑，如此依次进行，最后以先跑完的队为胜(见图 20-2)。

4. 游戏规则

(1)起跑时不能踩线，发令或被拍着手后才能跑。

(2)必须按规定路线跑，不得进入圆圈和跨过圆圈。

5. 教学建议

(1)场地可用篮球场代替。

(2)游戏前组织者要向参与者讲解圆圈跑的基本方法。

三、多拉快跑

1. 游戏目的

发展奔跑能力，培养集体精神。

2. 游戏准备

实心球 6 个。在场地上画两条相距 15～20 米的平行线，分别为起跑线和终点线，在终点线前并排画两个圆圈。

3. 游戏方法

将参与者分成人数相等的两队，成纵队分别站在起跑线后，各队排头抱三个实心球做好准备。游戏开始，排头迅速跑到终点将球放进圆圈内，然后跑回起跑线，击第二人手掌，第二人再跑到终点把实心球抢回，交给第三人，如此依次进行，最后以最先完成的队为胜(见图 20-3)。

图 20-3

4. 游戏规则

(1)持球跑时球掉落，必须原地拾起再跑。(2)接球人不得越线。

5. 教学建议

实心球可换成皮球。

四、穿插追击

1. 游戏目的

发展跑的速度，培养团结互助的精神。

2. 游戏准备

一块平坦场地。

3. 游戏方法

参与者手拉手围成一个圆圈，面向圆心站好。组织者指定两个人在圈外间隔 2.3 米站好，前为逃者，后为追者。游戏开始，逃者迅速从站立者手臂下逐个绕过，追者随后追赶，在两圈内追上为胜，追不上则为逃者胜。随后，组织者再指定两人站在圈外作追逃者，前两人回到后两人位置手拉手站好。如此依次进行(见图 20-4)。

4. 游戏规则

(1)追者和逃者必须从站立者的臂下绕过，违者判失败。(2)站立者不得随意放下手臂或缩小圆圈。

5. 教学建议

可根据参与者水平，确定判罚追与逃者的圈数。

五、黄河长江

1. 游戏目的

发展反应速度，提高奔跑能力。

2. 游戏准备

画三条间距 10 米的平行线，中间一条为中线，两边两条为限制线(安全线)。

3. 游戏方法

把参与者分成人数相等的两队，面对面站在中线的两边，一队起名为"黄河"，一队起名为"长江"。当组织者发出"黄河"的口令后，"黄河"队一方马上转身往本方限制线方向跑，"长江"队一方立刻追击，如在限制线内追上一人得 1 分。如此交替进行，最后以累积分多的一方为胜(见图 20-5)。

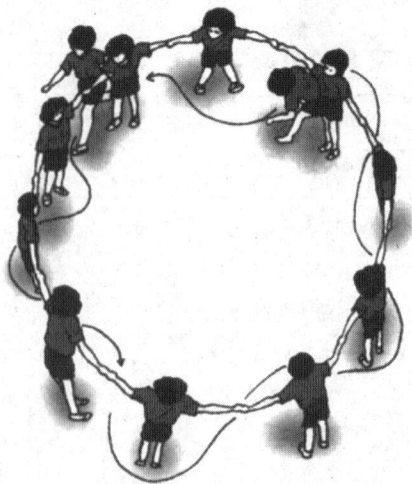

图 20-4

图 20-5

4. 游戏规则

(1)追逐时不得跑出限制线。

(2)不得用力推击对方。

5. 教学建议

游戏前，参与者要进行必要的准备活动。参与者左右间隔以两臂，前后以两步距离为宜。站立姿势可改为背相对站立、蹲立、坐姿等或两队面对面从限制线齐步走向中线，当两队相距 2m 左右时，组织者发出口令。为增加游戏趣味，每个参与者背后可系一根绳子作尾巴，改排为抓尾巴。

六、跳棒接力赛

1. 游戏目的

集中注意力，发展弹跳力，锻炼快速反应和协调、敏捷等素质。

2. 戏准备

在场地上画一条起跑线，在离起跑线前 10 米处并排放若干标志物。备若干体操棒。

3. 游戏方法

将参与者分成人数相等的若干队，各队一路纵队正对本队标志物，站在起跑线后，各队排头持体操棒。游戏开始，排头持棒前跑，绕过标志物跑回本队，把棒的另一端递给第二人，然后两人各握住棒的一端，把棒放低，沿着本队所有队员脚下横扫而过。大家都跳过木棒后，第一人站至队尾，第二人持棒向前跑进，如此依次进行，最后一名参与者完成动作并把棒交至第一人，第一人将棒上举为结束。以先完成的队为胜（见图 20-6）。

图 20-6

4. 游戏规则

(1)棒在脚下横扫时，握棒人不得脱手。

(2)各队第一人必须位于起跑线后，不得越线。

(3)必须绕过标志物后，才能跑回。

5. 教学建议

(1)持棒跑进路线和接棒人位置，要在游戏前给予规定。

(2)棒横扫脚下时，高度要适宜，以免参与者碰棒摔倒。

（3）参与者前后站立间距不应小于一步，以便看清木棒，做好起跳准备。

（4）也可用短绳代替体操棒。

七、跳篱笆墙

1. 游戏目的

增强腿部力量，提高跳跃能力。

2. 游戏准备

接力棒若干。

3. 游戏方法

将参与者分成人数相等的若干队，各队站成横排，参与者两臂侧平举手拉手成篱笆墙状，跪在地上，各队间隔 2 米以上。游戏开始，各队排尾队员手持接力棒，从篱笆墙中间跳向排头，随即将棒交给排头，由排头向后逐个传至排尾。每一个人到达排头后，都依次与排头拉手当篱笆，直至全队每人做完一次后结束，最后以先跳完的队为胜（见图 20-7）。

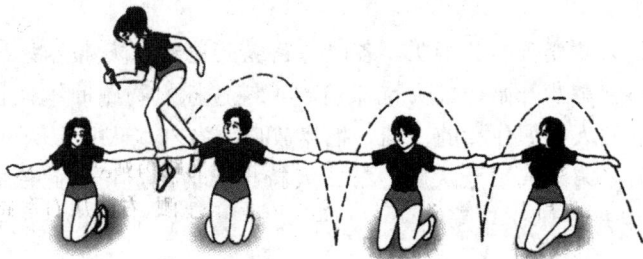

图 20-7

4. 游戏规则

做篱笆墙的参与者必须手臂伸直，不准降低位置，除传接棒外，两臂必须保持手拉手姿势。

5. 教学建议

（1）地面以草地为宜，要保持干净。

（2）各队人数以 8～10 人为宜。

八、飞龙抢珠

1. 游戏目的

发展灵敏、协调等身体素质，培养团结协作的集体主义精神。

2. 游戏准备

排球一个，放在排球场中心。

3. 游戏方法

将参与者分成人数相等的两队，各成一列横队，侧对排球分别站在两端线外，各队手拉手组成"龙体"，远离端线侧为"龙头"。游戏开始，由"龙头"开始迅速穿插于第二人、第三人手臂下面，第二人也跟着穿插，然后依次从第三人、第四人，第四人、第五人等手臂下穿过，后面的人也跟随穿插，全队成"8"形前进，直至"龙尾"，最后由"龙头"抢球，以先抢到球的"龙"为胜（见图 20-8）。

图 20-8

4. 游戏规则

"龙头"抢球时，"龙体"不得解散。"龙头"抢球后排至最后做"龙尾"，第二人做"龙头"，游戏重新开始。

5. 教学建议

可采用三龙戏二珠的方法。

九、步步高

1. 游戏目的

发展灵敏素质和腿部力量，培养勇敢果断的品质。

2. 游戏准备

踏跳板 2 块，不同高度的跳箱 6 架。在场地上画一条直线作为起跳线，线前依次并排放置 2 块踏跳板、2 架一节跳箱、2 架二节跳箱和 2 架三节跳箱。

3. 游戏方法

将参与者分成人数相等的两队，分别成一路纵队面向跳箱站立。游戏开始，各队依次单脚跳在踏跳板上、跳箱上，最后落在地上，然后左队从左侧、右队从右侧跑回起跳线，以全部参与者跑回起跳线最快的队为胜（见图 20-9）。

图 20-9

4. 游戏规则

(1)发令后才能开始跳跃。

(2)参与者必须用双脚同时向前跳，必须依次跳在各个跳箱上，不准漏跳，否则重跳。

5. 教学建议

(1)可根据参与者水平，调整跳箱高度和放置间隔距离。

(2)注意安全，最后落地处可放一块海绵垫子。

(3)可改以全队最先全部站到最后一架跳箱上为胜。

十、滚球入门

1. 游戏目的

发展上肢力量。

2. 游戏准备

在场地上画一条投掷线，距投掷线10米处间隔1.5~2米横向设4个0.6米宽的球门。实心球4个。

3. 游戏方法

将参与者分成人数相等的4个队，各队成纵队面向本队的小球门站在投掷线后。游戏开始，各队排头手持实心球，用单手将球滚进本队球门，然后将球捡回交下一位参与者，如此依次进行，直至全队均完成一次为止，最后以进球门次数多的队为胜（见图20-10）。

图 20-10

4. 游戏规则

(1)滚球时，脚不得踏线，否则判失败。

(2)不允许抛掷，球出手后，必须在1米内着地向前滚动，否则判失败。

5. 教学游戏

(1)球门可用其他标志代替，如可乐瓶子等，触及标志物即为成功。

(2)实心球可用较轻的投掷器械代替。

十一、滚球接力

1. 游戏目的

发展腿部力量，提高身体协调性。

2. 游戏准备

排球若干。在场地上画两条相距 15～20 米的平行线，分别为起点线和折返线。

3. 游戏方法

将参与者分成人数相等的若干队，每队成纵队站在起跑线后，排头者双手各持一球。游戏开始，各队参与者依顺序用双手滚动排球前进，至折返线返回到起点线交下一位参与者，站到队尾，直至全队进行完为止，以先完成的队为胜（见图 20-11）。

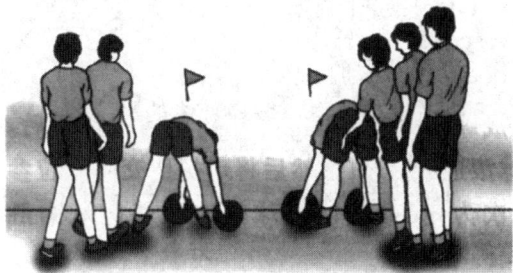

图 20-11

4. 游戏规则

滚球时，双手不得离球。

5. 教学建议

(1)排球可用实心球、足球代替。

(2)根据参与者水平，可同时滚动 2～4 个球进行游戏，滚动距离也可适当增减。

十二、连中三元

1. 游戏目的

发展上肢力量，提高掷准能力。

2. 游戏准备

在场地上画一条投掷线，距线前 15 米、20 米、25 米处各画两个半径为 1.5 米的圆圈，间隔 5 米。垒球或实心球若干。

3. 游戏方法

将参与者分成人数相等的两队，各成纵队分别对准圆圈站在投掷线后，选一名捡球员站在圆圈附近。游戏开始，各队排头手持球，由近至远依次向 3 个圈内投三个球，中一个得 1 分，如连中三个圈，则加倍得分为 6 分，投掷完站至队尾。第二人接着投掷，如此依次进行，直至全队做完，以累积分数多的队为胜(见图 20-12)。

4. 游戏规则

(1)投掷球时，脚不能踩投掷线，否则投中

图 20-12

无效。

(2)三次投掷球必须由近及远，否则取消游戏资格。

(3)守卫者不得踏入小圆内，否则取消游戏资格。

(4)到 3 分钟还未决出胜负为平局，重新更换守卫者。

5. 教学建议

也可由远及近投掷球。

十三、打碉堡

1. 游戏目的

提高投掷能力，锻炼身体的灵活性，培养机智果断的意志品质。

2. 游戏准备

竹竿若干，在场地上画 1 米和 10 米的同心圆两组，用竹竿分别在两个小圆内架成条件相等的"碉堡"两个。

3. 游戏方法

将参与者分成人数相等的两个队，分别站在两个大圆外，两队各派 3 人到另一队的大圆内作"碉堡"的守卫者。游戏开始，站在圈外的人用足球向"碉堡"掷击，守卫者千方百计将球挡住，不让球击中"碉堡"，攻打者可以相互传球以调动守卫者，先打倒"碉堡"者为胜，然后重新更换守卫者继续游戏。可三打二胜，也可五打三胜(见图 20-13)。

图 20-13

4. 游戏规则

(1)掷球者不得踏入大圆内，否则取消游戏资格。

(2)守卫者不得踏入小圆内，否则取消游戏资格。

(3)到 3 分钟还未决出胜负为平局，重新更换守卫者。

5. 教学建议

注意安全，不得用球故意打人。根据具体情况，可采用双手头上抛掷或单手肩上推等不同方法。

十四、击球进圈

1. 游戏目的

发展力量素质，提高掷准能力。

2. 游戏准备

在场地上画三个半径分别为 2 米、4 米和 8 米的同心圆，在半径 4 米的圆上等距离画 4 个半径 0.2 米的小圆，4 个小圆内分别放一个实心球。另备 4 个实心球。

3. 游戏方法

将参与者分成人数相等的 4 个队，分别面对各自的小圆成一路纵队站在 8 米圆外，每队排头持一实心球。游戏开始，各队排头持实心球向小圆内的实心球投击，使其滚向半径 2 米的圆圈内，进圈即得 1 分。排头投击后，迅速捡回球，并将其放入本队小圆内，另一球交给排二的参与者，如此依次进行，最后以得分数多的队为胜（见图 20-14）。

4. 游戏规则

(1) 实心球整体进圈方为有效。

(2) 投掷时不得超过 8 米圆圈处。

5. 教学建议

捡球时不能相互影响，注意安全。

图 20-14

十五、呼号扶棒

1. 游戏目的

发展灵敏素质，提高反应能力。

2. 游戏准备

体操棒 1 根，在场地上画一个半径 3 米的圆。

3. 游戏方法

参与者面对圆心站在圆圈上，从排头依次报数，每人记住自己的号数，选出一人站在圆心扶住体操棒使其竖立。游戏开始，扶棒人喊出一个人的号数后，马上松开扶棒的手，被喊号的人立即跑去扶棒，原扶棒人迅速站到被喊人位置上，如此依次进行。每轮中没有扶住棒的人为失败；对方扶住了棒，原扶棒人没有及时站到被喊号人的位置上，也为失败，应继续扶棒（见图 20-15）。

五号

图 20-15

4. 游戏规则

(1) 扶棒人离棒时放手要轻，不得故意推、拉棒。

(2) 所喊的号必须是本队有的号数。

5. 教学建议

(1) 可用简单算式代替数字，如 5－3＋1 等。

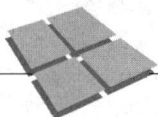

(2)可用体操术语或球名代替数字。

十六、蜘蛛行

1. 游戏目的
发展四肢力量和身体协调性。

2. 游戏准备
在场地上画两条相距15~20米的平行线，分别作为起点线或折返线。实心球4个。

3. 游戏方法
将参与者分成4队，各成一路纵队，间隔适当，站在起点线后。听到组织者的预备信号后，各队第一人面朝上，头朝折返线，四肢着地，仰撑在起点线后的地面上，并将实心球放在其腹部做好准备。游戏开始，迅速以手脚协调配合爬向折返线，臀部不得着地。当到达折返线并以双脚踏线后仍以同样姿势返回，但要求以脚在前向起点线爬回，当双脚踏上起点线后，将球交给本队第二人，自己站至队尾，如此依次进行，全队轮流做一次结束，以先完成的队为胜(见图20-16)。

图 20-16

4. 游戏规则
(1)必须听到开始信号或交接完将球放好后才能启动爬行。
(2)爬行过程中，球不得落地，如落地必须在原地将球放好再继续爬行。
(3)必须按规定方法爬行。
(4)必须双脚踏线才算完成动作。

5. 教学建议
(1)游戏前要做好准备活动。
(2)爬行时可不放球，或改为面朝下，腿腹间夹皮球，四肢着地的方式爬行。
(3)也可采用迎面接力方式进行游戏。
(4)爬行距离视参与者水平可调整。

十七、蟹捉虾

1. 游戏目的
发展灵敏素质和腿部力量，提高跳跃能力和动作协调性。

2. 游戏准备
在场地上画一个大圆圈为池塘。

3. 游戏方法
选两个人面相对双手互握作蟹，其他人用右手在身后抓住抬起的右脚作虾。游戏开始，蟹在池塘内捉虾，虾在池塘内以单脚跳的形式躲避，蟹用拉起的双手将虾从头上套住，待虾被捉住，虾与蟹中的一人交换角色，继续游戏(见图 20-17)。

4. 游戏规则

(1)蟹在捉虾的过程中，双手不得松开。

(2)虾不得出池塘和使抬起的脚落地。

5. 教学建议

(1)可以用右手抓住左脚作虾。

(2)在交换角色时，虾可以放下抬起的脚休息。

图 20-17

十八、拉人进圈

1. 游戏目的

发展力量素质。

2. 游戏准备

在场地上画一个圆，直径约比参与者手拉手围成的圆直径小 2 米。

3. 游戏方法

参与者在圆外手拉手成一个圆圈，每个人到圆的最近距离均约为 1 米。游戏开始，每人都设法把其他人拉进圆内，被拉进圆内者得 1 分。在规定时间内，得分多者为失败，得分少者为胜利(见图 20-18)。

4. 游戏规则

游戏时不得随意脱手，否则判得 1 分。

5. 教学建议

此游戏可原地进行，也可以顺时针或逆时针转动进行。

图 20-18

十九、大鱼网

1. 游戏目的

发展灵敏素质和奔跑能力，培养协调一致、团结合作的精神。

2. 游戏准备

在场地中画一长方形或用篮球场地。

3. 游戏方法

将画好的场地作为池塘。从参与者中选出4～6人作捕鱼人，其余的人作鱼散在池塘内。游戏开始，捕鱼人手拉手做成渔网去捕鱼，被围住即算被捉住。被捉后，立即变为捕

鱼人，组成更大的渔网，直至把所有的鱼全部捕完为止（见图20-19）。

4. 游戏规则

（1）鱼不能跑出池塘，否则算被捉住。

（2）鱼被围不能用力冲破渔网，但可趁机从空隙中钻出去。

（3）捕鱼人只能手拉手去围捕，不能拉人、推人。

（4）捕鱼人手松开就算网破，鱼可以自由出入。

图 20-19

5. 教学建议

（1）如参与者人数多，可规定每捕4～6条鱼后再另结一张网。

（2）此游戏运动量较大，要控制好游戏时间。

二十、钻四门

1. 游戏目的

发展协调能力，提高反应速度和奔跑速度。

2. 游戏准备

在场地上画两条相距30米的平行线，分别为起跑线和终点线。

3. 游戏方法

将参与者分成人数相等的两队，各队成纵队站在起跑线后，两队间隔3米。每队选出4人，在两条线中间处，面向里手拉手成四方形，使其两手构成的"城门"分别正对正东、南、西、北。游戏开始，各队后面人用两手扶前面人腰的两侧，当组织者发令后，各队迅速向前跑去，到接近"城门"时，组织者发出"进东门！出西门！"的口令，各队必须按组织者的命令穿城而过，然后跑向终点线，以先到达的队为胜（见图20-20）。

图 20-20

4. 游戏规则

（1）穿越"城门"时，不得碰到守城门人的手。

（2）跑动中全队不能散开，否则必须原地整队后方能继续前进。

（3）到达终点以队尾通过终点线才算全队抵达。

5. 教学建议

（1）四人构成"城门"时，可令其手臂平举。

（2）此游戏的入城口令可灵活多变，如东入南出、西入北出等。

二十一、三角传三球

1. 游戏目的

发展灵活性与协调能力，提高传球动作速率和支配球能力。

2. 游戏准备

篮球 6 个，在场地上画两个边长为 4 米的等边三角形，相距约 3 米。

3. 游戏方法

将参与者分成人数相等的两队，每队三人一组分成若干组。各队第一组每人手中各持一个球，分别站在三角形的顶角上，向内站好。游戏开始，三人同时按逆时针方向做双手胸前传球后，迅速再接住传来的球，连续传接球，直至其中一人传接球失误，则立即换第二组进行游戏。全队如此依次进行，连续累计传球的成功次数，最后以传接球成功次数多的队为胜(见图 20-21)。

图 20-21

4. 游戏规则

(1)必须用规定的方法传球，否则算失误。

(2)必须站在三角形顶点处进行传接球，不准踩线。

5. 教学建议

此游戏也可变形为二人对传两球、四人传四球(场地为正方形)、五人传五球(场地为五边形)、三人传两球等方法进行传接球比赛。

二十二、九区篮球

1. 游戏目的

发展身体协调能力，提高传接球技术，培养技术战术和对抗意识。

2. 游戏准备

篮球场用二横二竖四条直线分成大小相等的 9 个区域。篮球 1 个。

3. 游戏方法

将参与者分成两队，每队 9 人，分站在 9 个场区内，每个场区每队各站 1 人。游戏开始，中间区域两名参与者争球，得到球的参与者向本队队员传球，使球逐步接近对方球篮，靠近球篮的参与者接球后可伺机投篮(也可传球)，投进一球得 2 分，未得到球的参与者进行防守，阻止对方传球或抢断球，一旦得球，即转为进攻。比赛进行15～20分钟，最后以得分多的队为胜(见图 20-22)。

图 20-22

4．游戏规则

（1）进攻与防守者均不得越出自己的区域。

（2）不得运球和持球走步，否则由对方控制球。

（3）进攻队员持球5秒未能将球传出或投篮，由对方控制球。

（4）防守时侵人犯规，由对方篮下队员在罚球线罚球1次，如罚中得分。（5）中篮得分后由对方在后场中区开始控制球。

5．教学建议

可以允许队员在自己区域内运球、传球。

二十三、端线篮球

1．游戏目的

发展身体协调性，提高传接球和运球技术，培养对抗意识和战术意识。

2．游戏准备

在篮球场两端内侧1米处各画一条与端线平行的直线相交于两边线，作为禁区。篮球1个。

3．游戏方法

将参与者分成人数相等的两队，每队6～10人，各队选1人为接球员在对方禁区内，其余参与者分散在场内。游戏开始，两队在中圈争球后，双方展开攻防对抗。把球传给对方场内禁区的本方接球员即得1分。由对方在端线外发球，游戏继续进行。以先得20分的队为胜（见图20-23）。

图 20-23

4．游戏规则

（1）按竞赛规则执行。

（2）接球员不得在禁区外接球，其他队员不得进入禁区，否则算违例，由对方发边线球。

5．教学建议

此游戏根据参与者水平，可在球场四周画出四个小禁区，每方两个，进行比赛。

二十四、传垫第二球

1. 游戏目的

发展灵敏素质，提高反应能力和传垫球技术。

2. 游戏准备

排球若干。

3. 游戏方法

将参与者分成若干组，每组三人用两个排球。游戏开始，其中两人相对 5 米做对传对垫练习，第三人持一排球站在两人中间一侧，抓住时机把球抛给传垫球中刚垫（传）起对方来球后的一人，此人立即垫（传）第三人抛来的球，接着再垫（传）对方的球，如此依次进行。垫（传）失误者与第三人交换位置（见图 20-24）。

图 20-24

4. 游戏规则

(1)两人传垫时不得随意停止。

(2)垫（传）第二个球必须到位，如球未落在抛球人的控制范围内，则为失误。

5. 教学建议

根据参与者传垫球水平，可调整第三人传球的远度和频率。

二十五、扣球往返跑

1. 游戏目的

提高移动速度和动作敏捷性。

2. 游戏准备

排球若干。

3. 游戏方法

将参与者 6～10 个人一组分成若干组，各组间隔 3 米纵队站在排球场边线外，排头持球。游戏开始，排头用原地扣球的方法将球用力扣向地面，然后立即跑向对面边线，用手触边线后快速返回，在所扣的球未落地前返回原边线得 1 分。如此依次进行，全部都完成一次后，以得分多的组为胜（见图 20-25）。

图 20-25

4. 游戏规则

(1)扣球后才能跑出。

(2)手必须触及对面边线才能返回。

（3）球已落地还未返回原边线者为失败，不得分。

5．教学建议

根据学生水平，可增减其跑动距离。

二十六、发球得分

1．游戏目的

发展上肢力量和身体协调性，提高发球准确性。

2．游戏准备

将排球场两个半场用平行于中线的直线各分为 6 区，从靠中线的一个区开始到端线分别标上 1～6 的号码。排球若干。

3．游戏方法

将参与者分成人数相等的两队，一队每人持一球站在本方场地端线后；另一队分散在场外准备捡球。游戏开始，持球队从排头依次用排球正面上手发球的方式将球击向对方号码区，球击落到几号区就得几分。一队击球全部完毕，换另一队，最后以累计分多的队为胜（见图 20-26）。

图 20-26

4．游戏规则

（1）按规定方法在端线后击球，否则无效。

（2）击球落入号码区内有效，出界不得分。

（3）抛球后，没做挥臂动作可重做，如做了挥臂动作而未击到球，则算一次击球。

5．教学建议

（1）可采用其他击球方法进行，但必须统一。

（2）也可采用发球打靶（或扣球、吊球打靶等）的方式用球击打设定的目标。

二十七、射门击柱

1．游戏目的

发展灵敏素质，提高射门的准确性，培养战术意识。

2．游戏准备

在一块长 30 米、宽 20 米的场地上画一中线，中线的中点为发球区，在两端线内中间位置画长 5 米、宽 3 米的长方形禁区，每个禁区内等距离竖立 5 根小木柱。足球 1 个。

3．游戏方法

将参与者分成人数相等的两队，每队选 1 人为守门员。游戏开始，双方队员通过传、运、突、射、抢、截、防等技术，力争把球踢人对方禁区内，击倒小木柱。每击倒一根得 1 分，然后由对方在发球点发球，游戏继续进行。在规定时间内以得分多的队为胜（见图 20-27）。

4. 游戏规则

(1)如误击倒本队的小木柱，判对方得分。

(2)不得进入对方禁区。

(3)守门员不能越过中线。

(4)取消越位规定。

5. 教学建议

可将小木柱改为悬挂 5 只皮球或其他简易球门。

图 20-27

二十八、方形抢截

1. 游戏目的

发展灵敏素质，提高控制球、抢断球技术和反应能力，培养机智灵活品质。

2. 游戏准备

在场地上画边长为 6.8 米的正方形若干，足球若干。

3. 游戏方法

6～7 人为一队，分成若干队。每队由 4 人分别站在正方形的顶角处，其余 2～3 人站在正方形内。游戏开始，站在正方形顶角的 4 人，用脚控制球，以踢、停、顶球相互进行传递，方形内的人积极抢断、拦截球，抢获球者与传球失误者交换位置，游戏继续进行（见图 21-28）。

4. 游戏规则

(1)顶角上的人可以踢、停或头顶球。

(2)防守的人只要触到球，就算传球人的失误。

图 20-28

(3)任何人不得以手触球，不得推、拉、绊、撞人。

5. 教学建议

此游戏可变形为防守队员若干人，其他人站成圆圈，相互传递和抢截球，或传递球者成三角形、五边形等方式进行游戏。

二十九、跳绳游戏图例(见图 20-29)

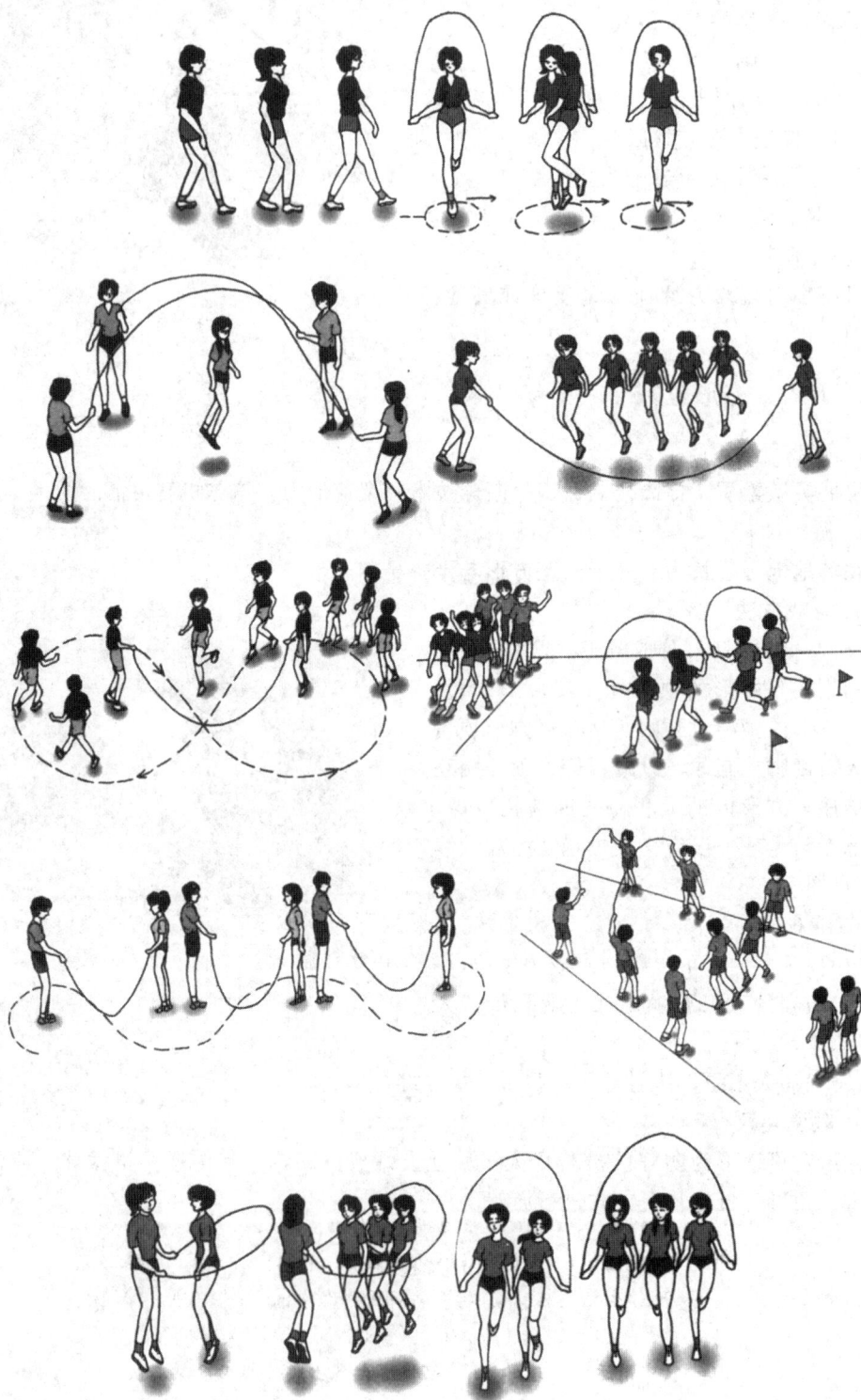

图 20-29

>>>>>>>>>>>>>>>>>>>>>>>>>> **复习思考题** <<<<<<<<<<<<<<<<<<<<<<<<<<<<

1. 体育游戏具有什么价值?
2. 你喜欢哪种类型的游戏? 请创编一个体育游戏。